溝通心理學

主　編　龍長權，張　婷

本書從個體人格成長的視角透視了人際交往中的溝通行為，
閱讀本書，將幫助你掌握真正積極、有效的溝通之道。

崧燁文化

溝通心理學
目錄

目錄

前 言

第一章 溝通概述

第一節 溝通的性質與過程 9
一、溝通的含義 9
二、溝通的重要性 12
三、溝通的要素 19
四、溝通的類型 23

第二節 溝通的基本原則 26
一、溝通中的錯誤 26
二、溝通中常見的困惑 28
三、良好溝通的基本原則 32

第二章 溝通中對他人與自我的認知

第一節 人際知覺與溝通 43
一、人際知覺的概念與認知過程 43
二、影響人際知覺的典型心理現象 46
三、培養同理心 52

第二節 自我與溝通 54
一、自我概念與溝通 54
二、溝通中的自尊和自信 59

第三章 傾聽

第一節 傾聽的本質 73
一、傾聽的作用 73
二、傾聽的定義 77
三、關於傾聽的錯誤認知 78

四、傾聽的過程 79
　　五、傾聽的類型 83
　第二節 傾聽的技巧 88
　　一、傾聽的障礙 88
　　二、無效傾聽的原因 95
　　三、有效傾聽的技巧 97
　　四、影響傾聽效果的其他因素 109

第四章 言語表達

　第一節 語言與溝通 115
　　一、語言的性質 115
　　二、語言對溝通的影響 117
　第二節 清晰的語言表達 122
　　一、語言溝通的內容 123
　　二、影響語言清晰表達的因素 126
　　三、改善語言使用 133
　第三節 語言的積極使用與濫用 137
　　一、肯定性溝通 138
　　二、保留面子 139
　　三、說服 142
　　四、語言的濫用 146

第五章 非語言交流

　第一節 非語言交流的作用與特點 153
　　一、非語言訊息在溝通中的作用 155
　　二、非語言交流的特點 162
　　三、影響非語言交流的因素 167
　第二節 非語言交流的方式與途徑 172
　　一、肢體語言 172

二、聲音 181
　　三、時間和空間的使用 185
　　四、其他 186

第六章 溝通中的個體差異

第一節 溝通中的性別差異 191
　　一、性別與溝通 192
　　二、男女兩性溝通模式的差異 193
　　三、與男女兩性談話的技巧 201
第二節 溝通中的文化差異 208
　　一、文化與跨文化溝通 208
　　二、跨文化溝通的經典理論 210
　　三、跨文化溝通的障礙 213

第七章 溝通中的情緒

第一節 情緒與溝通 221
　　一、情緒的性質與特點 221
　　二、情緒對溝通的影響 226
第二節 情緒表達 229
　　一、影響情緒表達的因素 229
　　二、溝通中情緒的表達 232
第三節 情緒管理 240
　　一、情緒管理的錯誤 240
　　二、無助益情緒的來源 241
　　三、情緒管理的策略 245

第八章 溝通中的衝突及其應對

第一節 溝通中的衝突 257
　　一、溝通中衝突的特徵 257
　　二、溝通中衝突的性質 261

第二節 溝通中誘發衝突的行為及其應對 ······ 264
    一、容易誘發衝突的行為 ······ 264
    二、建設性地處理溝通中的衝突 ······ 270

附錄一 參考答案

前 言

　　如何提高溝通能力，是很多人感興趣的話題。工作順利、家庭美滿、人際關係和諧、個人生理與心理健康，都與溝通有密切的關係。美國國會 2008 年的一項報告中，把溝通能力和解決問題的能力作為人才的核心競爭力。這些都表明溝通在我們的生活中起著非常重要的作用。

　　那麼究竟該如何提高我們的溝通能力呢？溝通是為了在談話中"贏"嗎？溝通技巧的使用，是為了在人際交往中讓他人無條件地按照我們自己的意願行事嗎？我們拒絕從這樣的角度來理解溝通和溝通技巧。我們傾向於把溝通看成是一種實現我們個人成長的方式。溝通涉及的是自我與他人在環境中互動。在這種互動中，我們的溝通能力提升，人格得以完善；人格的完善又進一步提升我們的溝通能力。因此，我們主張在溝通中，既重視自我表達，也尊重他人並重視實現自我、他人與環境的和諧。薩提亞所倡導的表裡一致的溝通，即在言語上尊重現實、尊重自己、尊重別人；情緒上穩定、樂觀、開朗、自信；行為上接納壓力和困難、顧全大局、樂於助人；內心感受雖有時惶恐，但仍充滿勇氣和信心，有堅強的毅力，當時和事後心靈充滿了坦然和安穩；心理反應合情合理、心平氣和、泰然處之的溝通模式，正是我們所追求的目標。

　　基於對溝通的上述理解，我們主要從心理學的角度，同時也參考了應用語言學、社會學、人際關係學的研究成果，編寫了本書，期待與廣大的讀者分享我們的理解，並提出了一些提高溝通能力的技巧與方法。全書分為八章。第一、二章重點在於揭示我們對溝通的理解，後面的六章重點介紹如何提高溝通能力的技巧與方法，並透過溝通技巧的練習和運用，促進個人的自我成長與完善。第一章「溝通概述」，由張恩泰編寫；第二章「溝通中對他人與自我的認知」由王洪和馬一丁編寫；第三章「傾聽」由鄭紅蘭編寫；第四章「言語表達」由吳利華和張婷編寫；第五章「非語言交流」由王洪編寫；第六章「溝通中的個體差異」由龍長權、王蔚默和陳剛編寫；第七章「溝通中的情緒」由付彥編寫；第八章「溝通中的衝突及其應對」由陳剛和王蔚默編

寫。全書由龍長權統稿，王洪和王蔚默協助統稿。本書在編寫過程中力求通俗易懂，但又不以損失學術性為代價，因此不僅適合大專院校作為教材使用，也適合一般讀者閱讀。

感謝鄭持軍和任志林老師的支持。鄭持軍老師5年前就鼓勵和敦促我們編寫此書，現今雖說初步完成，仍是惴惴不安，實在是水平有限，有負鄭老師的期許。也特別感謝鄭老師對我們在生活和學術上的支持和鼓勵。感謝任志林老師，沒有任老師的大力協助，特別是在我們編寫此書精疲力盡之時的鼓勵，此書尚不知何日才能完成。感謝李靖同學，她通讀了此稿，從一個普通讀者的立場提出了很多意見和建議。感謝我的學生們。我多次開設此課程，學生們提出了很多建設性的意見，激勵我在此領域繼續努力學習。溝通心理學深刻地改變了我，使我能夠更加坦蕩地面對人生，也期待本書的出版能夠影響到更多的人。

編者

第一章 溝通概述

　　假如一個人一生下來就沒有了與他人的交流，他的生活會變成什麼樣子呢？也許，他的生活將與動物沒有區別。沒有交流，人就不知道世界是什麼樣子，更不知道自己是誰，不知道為什麼活在這個世界上。在本章中，你將會學習溝通的含義是什麼，溝通的重要性體現在哪些方面，溝通有哪些要素，有哪些類型，溝通中主要的錯誤是什麼，我們該怎樣積極地溝通。

第一節 溝通的性質與過程

　　我們每天都要和人打交道。在家裡會跟爸爸媽媽、爺爺奶奶打交道，在學校裡要和老師同學打交道。我們用語言傳達訊息，表達情感。從我們每個人的內心來說，我們都盼望自己是受歡迎的，希望別人能喜歡自己。老師希望受學生歡迎，學生也希望老師能喜愛自己。這樣，大家都能處在一個溫暖和睦的環境中，都會覺得很舒服，很開心。溝通具有一種魔法一樣的能量，如果你有良好的溝通能力，你的學習和生活就會順利。如果溝通能力欠缺，你就會覺得生活當中多多少少有些缺陷。我們的幸福和快樂、痛苦和煩惱、成功和失敗，都和我們的溝通能力有關。

一、溝通的含義

1. 溝通的定義

　　溝通是一個大家耳熟能詳的詞語，但究竟什麼是「溝通」卻眾說紛紜。據不完全統計，「溝通」的定義有上百種之多。那麼溝通的定義究竟是什麼呢？我們可以先從「溝通」的淵源說起。

　　溝通之說其實自古有之，佔傳統文化主導地位的儒家學說，對禮儀、溝通、和諧等方面更是極為看重。《論語》中就有「忠告而善道之，不可則止，無自辱也」這樣關於溝通技巧和溝通禁忌的記載。

　　《現代漢語詞典》中關於溝通的解釋是：「溝通：使兩方能通連。」溝通本意是指開溝使兩水相通，後來泛指兩方相通，也有彼此疏通的意思。《左

傳·哀公九年》曰：吳城邗，溝通江淮。人因為看到水渠交叉，互相連通，於是聯想到人與人的交流像水渠一樣交匯往來，互相貫通，達到彼此一致，所以就用這個詞來形容個人或群體中訊息、思想和情感的傳遞，並且達成共同協議的過程。近現代以來，在一些著作和文章中更是頻頻出現溝通一詞。

英文「communication」這個詞既被譯作溝通，同時還有交往、交流、交通、傳達、傳播等意。這些詞語在漢語中意思儘管不盡相同，但是它們本質上都涉及了訊息交換和交流，其基本含義是和他人分享共同的訊息。

《大英百科全書》中將溝通定義為：任何方法，彼此交換訊息，即指一個人與另一人之間用視覺、符號、電話、電報、收音機或者電視機等為媒介，所從事交換訊息的方法。」

《韋氏大詞典》認為：「溝通就是文字、文句和消息之交通，思想或意見之交換。」

斯蒂芬·羅賓斯認為，溝通就是「意義的傳遞和理解」。

赫伯特·西蒙認為，溝通可以被視為任何一種程序，借此程序，組織中的每一成員，將其所決定的意見或前提，傳送給其他成員。

哈囉德·拉斯韋爾則認為，溝通就是「什麼人說什麼、由什麼路線傳至什麼人，達到什麼效果」。

庫利認為溝通指的是人與人之間的關係賴以成立和發展的機制，包括一切精神象徵及其在空間中得到傳遞、在時間上得到保存的手段。

此外，溝通還被解釋為用語言、書信、信號、電訊進行的交往，是在組織成員之間取得共同的理解和認識的一種方法。

儘管對於溝通的理解不盡相同，但是，有一點是明確的並得到了多數人的認可：溝通是訊息從發送者到接收者的傳遞過程。在這個過程中，人們進行交流，取得彼此的瞭解和信任，完成某種任務或達到特定的目的，或者建立良好的人際關係。

基於目前我們對溝通本質的理解，我們從心理學角度把溝通定義為：溝通是一種交流過程，在這個過程中，訊息發送者憑藉一定的符號載體，在個體或群體間向接受者進行傳遞並被理解的過程。在交流過程中，參與者經過交換訊息、思想、情感和願望的交流而建立社會關係的過程，會受到外在的、生理的、心理的因素的干擾。

2. 溝通的實質

溝通是人類行為的基礎，並且涉及各式各樣的活動，如交流、談判、勸說、講授等。一個人要在這些活動中遊刃有餘，培養出高效的溝通技巧，首先就必須理解溝通的實質和內涵。

2.1 溝通是一種社會活動

溝通是人的溝通，而人是具有社會性的，這就從本質上賦予了溝通社會性的本質特徵。對於個人或者組織而言，在所有的素質和技能中，溝通技能顯得特別重要。世界上很多著名的大公司都把溝通技能當成招聘員工的一個重要標準。很多研究發現，合格人才最主要的特點之一就是具有較強的溝通能力，溝通能力將成為未來世界競爭的重要武器之一。之所以如此，是由溝通的社會性決定的。人是社會的人，就要與同事、朋友、組織等進行交際和聯繫。而溝通就是人與人之間、人與組織之間、組織與組織之間傳播訊息、思想，完成特定目標，實現共同發展的橋樑。

2.2 溝通是訊息的傳遞

溝通用最通俗的文字表達就是訊息交流，指的是主體將某一種訊息傳遞給客體，並期望客體能做出相應反應的過程。如果僅僅停留在淺層次的理解上，人們會認為溝通既簡單又平凡，例如，有的人認為溝通就是「說話」。其實不然，說話是個人或群體之間僅僅將訊息進行了傳遞，並不能稱為溝通，這就是「說話」和「溝通」的區別。

溝通首先是訊息的傳遞。訊息，從根本上來講是一種符號象徵。而訊息的傳遞其實就是符號的傳遞。動作是符號，語氣語調也是符號。在實際溝通中人們需要表達思想和感情，而思想和感情是人類高級的精神活動，本身看

不見摸不著，要表達它們就需要借助某種可見的載體，於是人們發明了語言和文字。語言和文字的出現讓人們之間的溝通更高效、更便捷，也成為溝通中訊息傳遞的最重要的符號。

2.3 溝通要達到一定效果

如果有了訊息的傳遞，是不是就一定是溝通呢？這還要看傳遞是不是有效果。例如，一個不認識漢字的人，當他看到「狗」這個符號時，理解的是什麼呢？只是一個符號而已，沒有任何意義。同樣的，對於一個不懂英文的人來說，dog 只是一串字母而已，無任何意義。

要實現有效溝通必須具備兩大條件：首先，訊息發送者清晰地表達了訊息的內涵，以便訊息接收者能夠確切理解；其次，訊息發送者重視訊息接收者的反應，並根據其反應及時修正訊息的傳遞，免除不必要的誤解。二者缺一不可。著名管理學大師杜拉克提出了有效溝通有四個基本要素：

(1) 受眾能感受到溝通的訊息內涵

(2) 溝通是一種受眾期望的滿足

(3) 溝通能激發聽眾的需要

(4) 所提供的訊息必須是有價值的

二、溝通的重要性

生活離不開溝通，無論是生理健康還是心理健康，溝通都具有重要的作用，溝通還是人際交往的基礎，是自我認同與自我成長的途徑，是事業成功的得力助手。

1. 生理健康離不開良好的溝通

溝通與我們的生存密切相關。一些有關孤兒院和收養中心的研究發現了人類的交流對嬰兒的存活以及發育和成長都非常重要。例如，心理學家以早產兒為對象所進行的實驗發現，增加與早產兒的溝通，並對他們進行按摩，

有助於提高早產兒的存活率並幫助他們最終實現正常發展，而沒有做這種實驗處置的早產兒，則多數有這樣或那樣的問題。

　　溝通除了對嬰兒的生存和發展有重要作用之外，對成人的生理健康也有影響。例如，一些研究發現，當人們長期被阻止與他人進行交流時，他們的身體健康狀況將會惡化。同樣，研究發現那些缺乏親密友誼和家庭關係等充足社會聯繫的人，比那些擁有良好社會關係的人更容易患心臟病、高血壓等重大疾病，更容易過早死亡，並且他們也更加容易受到感冒等日常疾病的侵擾，需要更長的時間從疾病和傷害中恢復過來。一項長達 22 年的研究發現，無論是 50、60 或 70 歲的男人，整體上已婚者都比未婚者活得久。那些在 70 歲之前就離婚的男性，比沒有離婚的男性更容易因病去世。離婚男性、單身男性比婚姻中的男性患高血壓、中風、心臟病的機率高 2 倍。美國路易斯維爾大學研究人員對過去 60 年中的研究進行了綜合分析，涉及的研究對象約 5 億人。結果發現，單身女性比已婚女性壽命平均低 7～15 年，單身男性比已婚男性壽命低 8～17 年。單身男性和單身女性的死亡危險分別高出已婚男性和已婚女性的 32% 和 23%。在 30～39 歲的人群中，單身者死亡危險是已婚者的 128%。一項針對 8500 位男性的研究發現，沒有患十二指腸潰瘍的男性如果報告太太對他們的愛和支持很低，5 年後他們患十二指腸潰瘍的機率，是其他人的 2 倍。離了婚的男性與女性，患癌症的機率是已婚人士的 5 倍。對澳大利亞 1447 人長達 10 年的研究中，透過控制年齡、收入、疾病、煙酒、運動等多個變量之後，發現良好的溝通對壽命是有益的。那些溝通良好的人有更長的壽命預期。總之，這些研究資料都表明，溝通與我們的生理健康有密切的關係。

　　2. 健康的心理離不開良好的溝通

　　良好的溝通不僅有利於我們的生理健康，也有利於我們的心理健康。在智力活動和智力發展方面，溝通是必要的前提。人們對於因戰爭而獨居深山數十年的特殊案例進行過研究，發現缺乏溝通對於人們的語言能力及其他認知能力都有損害。缺乏溝通機會的孤兒與保持正常溝通的兒童相比，智力發展明顯延後。那些由非人類撫養長大的兒童，他們的智力不能達到正常兒童

的水平。例如，媒體報導的「豬孩」王顯鳳的母親痴呆，父親是聾啞人，她最親的兩人都不能給予她應有的交流與教育，這使得王顯鳳自出生就沒有機會接觸語言與交流，11 年與豬為伍，被發現時其智商只有 39。此外，人們也發現了一些由狼、熊、羊等撫養的小孩，這些小孩的智力都受到了嚴重的損害。最為著名的狼孩卡瑪拉經過 7 年的教育，才掌握 4～5 個詞，勉強學會幾句話，她死時估計已有 16 歲左右，但其智力只相當三四歲的孩子。

　　溝通對人的社會性活動也有重要的影響。大腦的發育，人的成長是建立在與外界環境廣泛接觸基礎之上的。只有透過社會化的接觸，更多地感受到和外界的聯繫，人才可能擁有更多的力量，更好地發展。有研究發現，那些長期生活在孤兒院的兒童，由於缺乏與他人的溝通與交流，他們難以入睡，不適應環境，缺乏自我控制，過分依賴成人，缺乏對他人的基本信任感，情緒上退縮，而且這些情況可以一直持續到成年時期。從這些事例可以看出，人類早期的社交活動，不僅對個體當時的生理和心理發展有影響，對他以後的發展也有重大意義。

　　溝通也影響成年人的心理健康。加拿大麥吉爾大學的心理學家赫布和貝克斯頓在 1954 年徵募了一些大學生為被試進行了一項研究。在這項研究中，這些大學生每忍受一天的感覺剝奪，就可以獲得 20 美元的報酬。當時大學生打工的收入一般是每小時 50 美分，因此一天可以得到 20 美元對當時的大學生來說可算是一筆不小的收入了，而且在實驗中，大學生的工作好像是一次愉快的享受，因為實驗者要他們做的只是每天 24 小時躺在有光的小房間裡的一張極其舒服的床上，只要被試願意，就可以躺在那兒白拿錢。

　　在實驗的過程中，給大學生被試一定的吃飯時間、上廁所時間，但除此之外，嚴格地控制被試者的任何感覺輸入，為此，實驗者給每一位被試戴上了半透明的塑膠眼罩，可以透進散射光，但圖形視覺被阻止了；被試的手和手臂被套上了用紙板做的袖套和手套，以限制他們的觸覺；同時，小房間中一直充斥著單調的空調的嗡嗡聲，以此來限制被試的聽覺。

　　參加實驗的大學生們本以為實驗為他們提供了一次安安心心睡上一覺的機會，他們正可以利用感覺被剝奪後的清靜安寧，思考學業或整理畢業論文

的思路，但學生們不久就發現，他們的思維變得混亂無章，沒過幾天就不得不要求立刻離開感覺剝奪的實驗室，放棄 20 美元的報酬。實驗後，學生們報告說，他們對任何事情都無法做清晰的思考，哪怕是在很短的時間內；他們感覺自己的思維活動好像是「跳來跳去」的，進行連貫性的集中注意和思維十分困難，甚至在剝奪實驗過後的一段時期內，這種狀況仍持續存在，無法進入正常的學習狀態。還有部分被試者報告說，在感覺剝奪中體驗到了幻覺，而且他們的幻覺大多都是很簡單的，比如有閃爍的光，有忽隱忽現的光，有昏暗但灼熱的光。只有少數被試報告說他們體驗到了較為複雜的幻覺，比如曾有一個被試報告說他「看到」電視螢幕出現在眼前，他努力嘗試著去閱讀上面放映出的不清楚的訊息，但卻怎麼也看不清。

後續的大量的感覺剝奪實驗都顯示了在感覺剝奪情況下，人會出現情緒緊張、記憶力減退、判斷力下降，甚至出現各種幻覺、妄想，最後難以忍受，不得不要求立即停止實驗，把自己恢復到有豐富感覺刺激的生活中去。這些研究都一致顯示，溝通對人的心理健康有非常重要的影響。

3. 良好的人際關係離不開良好的溝通

我們每個人都生活在一定的社會群體之中，人際關係是個人和社會的一個連結。

人際關係並不是憑空建立的，溝通在其中發揮非常重要的作用。美國石油大王洛克菲勒說：如人際溝通能力也是同糖或咖啡一樣的商品的話，我願意付出比太陽底下任何東西都珍貴的價格來購買這種能力。」由此可見，溝通是十分重要的，那些成功者是懂人際溝通、珍視人際溝通的人。

在現代社會，不善於溝通的人不但會失去很多機會，而且也將導致自己無法與別人協作。我們每一個人都不是生活在孤島上的，只有與他人保持良好的協作，才能獲取自己所需要的資源，才能獲得人生的成功。現實中大多數的成功者都擅長人際溝通、珍惜人際溝通。一個人能夠與他人準確、及時地溝通，才能建立起牢固的、長久的人際關係，進而能夠使自己在事業上左右逢源、如虎添翼，最終取得成功。

和諧美好的人際關係是我們心情愉快、感覺幸福的重要因素。大約有70%的人認為，自己的幸福感來源於良好的人際關係。那些快樂的人通常都認為自己擁有豐富的社交生活。而研究發現，溝通不暢是導致離婚或者親密關係終止的重要因素，在離婚家庭中，大約45%的受訪者認為溝通不良是他們離婚的重要因素。只要我們有誠意地去溝通，就能化解矛盾，減少衝突，構建良好的人際關係。

4. 溝通是自我認同與自我成長的途徑

蘇格拉底的名言是：「認識你自己。」我們每個人都有認識自己的需要，我們每個人都想知道自己是一個什麼樣的人。例如，我們想知道自己是樂觀的還是悲觀的、是否聰明、是否有吸引力、是否值得信賴等。心理學家艾瑞克森把認識自己是誰、想成為什麼樣的人等關於自我的問題作為青少年所要解決的核心問題。心理學把我們認為自己會是怎樣的一個人定義為自我認同感。沒有建立良好自我認同感的人，他們的自尊很低，往往對生活沒有明確的目標，不知道自己想要幹什麼，很迷茫，不能很好地勝任社會中的各種角色（例如，做一個好父親、做一個好老師等）。那麼，我們是怎麼獲得自我認同感的呢？溝通扮演著十分重要的角色。弗洛姆說，人類與生俱來就具有關係需求，強調每個人都會期待與他人產生情感上的關聯，並借此來確定自己的角色、地位與存在的價值。我們可以透過與他人交流，透過他人的回應來認識自己，建立自我認同。如果人們把你當作害羞的人，那麼你也會認為自己害羞。我們與他人的溝通方式，在塑造自我認同感的過程中，發揮著極為重要的作用。例如，自我認同感一部分是在與他人對比中形成的。如果你認為你是一個聰明的人，那麼你也會認為自己比周圍的人更加聰明一些。如果你認為你慷慨大方，說明你認為別人比你更吝嗇一些。同時，我們的自我認同也是不斷變化的，也需要在溝通中不斷地進行完善，在溝通中展示自我認同。

自我認同的一個重要方面就是不斷地完善自己，積極尋求生活的目的與人生的意義，形成完善的人格，成為理想中的自己。一項超過112000名美國大學生參加的調查顯示，大約75%的受訪者會去探求生活的目的和人生的

意義,並且曾嘗試著和朋友們討論這些問題。超過 60% 的人認為,心靈愉悅、人格完善是生活快樂的重要源泉,大概 50% 的人表示他們會尋找機會來完善自己。在人際溝通中,我們可以透過理解他人、認識自己、管理情緒等多個方面來完善自己,完善自己的人格。

5. 事業成功離不開良好的溝通

哈佛大學教授、心理學家哈沃德·加德納提出了人類智力多元論,即人類有 7 種智力:語言智力、音樂智力、邏輯智力、空間智力、運動智力、人際關係智力和內省智力。語言智力主要是口述和文字語言的表現;而人際關係智力包括領導能力、交友能力、解決紛爭的能力、分析社會生態的能力。加德納對人際關係智力的定義是:夠認知他人的情緒、性情、動機、慾望等,並能做出適度的反應。」

在現實生活中,我們也可以發現,一個人的專業水平和溝通水平是相輔相成的。如果一個人只會幹不會說,就不容易得到他人的理解和支持。一個人在科學技術上有了重大發明或發現,如果不能恰當地表達出來,那麼,不管他的發明或發現多麼了不起,也無法得到社會的認可。

溝通能力是人際交往的工具和橋樑,也是一個人綜合素質的外化表現。許多人相信,有效的溝通是人們在工作和事業上取得成功的關鍵。在對 1000 位人事經理的調查中發現,被調查的經理們均把口頭溝通和傾聽能力列為工作所需的最重要技能。在另一項調查中,某大學的校友們回答,他們工作中最重要的技能是陳述、提問和回答問題及小組討論。美國哈佛大學就業指導小組對幾千名被解僱的男女僱員進行了綜合調查,發現其中人際關係不好者比業務不稱職者高兩倍多;每年調動人員中因人際關係不好而無法施展其所長的佔 90% 以上。美國一家雜誌社的調查就發現,那些獲得高額薪水的人,一個很重要的特點是他們有好的人際溝通,人際關係給了他們幫助。可見,溝通能力及人際關係與一個人的事業成敗是息息相關的。如果一個團隊能夠溝通順暢,上下合力,就能爆發出驚人的力量。所以沃爾瑪公司總裁沃爾頓說:果你必須將沃爾瑪管理體制濃縮成一種思想,那就是溝通。因為它是我們成功的真正關鍵之一。」

生活中的心理學

即時通訊技術的發展對溝通的影響

隨著科學技術的發展，通訊技術也得到前所未有的更新。除了傳統的面談、電話、傳真、電報、書信等通訊方式以外，新技術帶來了諸如電子郵件、Line、FB、微信、IG及部落格等新的以即時通訊為代表的溝通媒介。即時通訊技術下的溝通有大量的優勢。即時通訊具有訊息易傳輸、訊息容量大、處理快等特點，使人類的訊息溝通超越了時空的限制，擴大了溝通方式的規模，加快了訊息的傳遞，而聯絡方式的成本也更加經濟，極大地提高了溝通效率，節約了溝通的成本。同時，即時溝通將「人─人」交流關係演變成「人─機─人」的關係，在溝通的過程中，主觀上可以拉近或放遠溝通的距離，穿越了時空的限制，且有著靈活性和自由性的特點。特別是即時溝通中匿名性的非面對面的溝通使人們在交流時不用太顧忌社會規範壓力，能夠充分宣洩和表達自己的情感，使交流的內容、範圍得以擴大。早期人們擔心即時通訊技術的發展會使人們花大量的時間在使用網路上，從而減少了現實生活中與人的互動，影響他們的溝通質量與人際關係。然而，最新的一系列研究卻顯示即時溝通在很多情形下對人的溝通有正面的影響。例如，一些研究發現即時通訊技術的發展並不會減少人們與家人和朋友的互動，他們會更加珍視與朋友在網路之外的互動。有研究報導那些經常在電腦上與朋友接觸的人，會經常與朋友通電話或者見面來維持關係。由於部分即時通訊技術的非同步性和文本性質，使得部分溝通者能夠花更多的時間考慮如何更好地表達自己，從而提高了他們的溝通能力。部分即時通訊技術的匿名性使得部分人更容易結交新朋友，擴大了他們的社會網絡，同時也使他們得以在虛擬世界中展示不同的自我，從而使他們在現實中更好地認知自我，更好地提升溝通能力。

即時通訊技術的發展對溝通也有消極的影響。即時通訊帶來便捷的同時也使人們越來越難以將生活與工作分開。例如，當你正在渡假時，公司卻透過電話、LINE或電子郵件來要求你處理工作。一項對1300名工作者的調查顯示，那些越頻繁使用電話的人，他們的幸福感就越低，與家庭成員的關係就越不和睦。導致這一現象的一個重要原因是頻繁的電話使他們難以在非工

作時間關注自己的家庭生活。這種影響對男女兩性都存在，但對女性的影響更大。

三、溝通的要素

整個溝透過程由七個要素組成，包括訊息源、訊息、通道、訊息接收人、回饋、障礙和背景。

1. 訊息源

訊息源是具有訊息並試圖進行溝通的人。他們開啟溝透過程，決定以誰為溝通對象，並決定溝通的目的。溝通的目的可以是為了提供訊息，也可以是為了影響別人，使別人改變態度，或是為了與人建立某種聯繫，或純粹為了娛樂。作為訊息源的溝通者在實施溝通前，必須首先在自己豐富的記憶裡選擇出試圖溝通的訊息。然後，這些訊息還必須轉化為訊息接收者可以接受的形式，如文字、語言或表情等。溝通準備過程的一個直接效果，是使人們對自己身心狀態認識得更為準確。一個人每天獲得的知覺、思想觀念和感受是很多的。但是，在人試圖將這些經驗轉化為可溝通的形式之前，這些經驗是混沌的，缺乏足夠的結構化。比如我們讀一本小說，小說中情節和絕妙好詞很多，但我們只有傾向性的印象，而缺乏確切的觀念。只有在我們試圖把小說講給別人聽，精心整理出思路、給出自己的評價和感受時，我們才真正瞭解了小說，瞭解了自己對小說的評價。有過準備講稿經驗的人有深切的體會，只有確切瞭解了某個時期或某種知識，你才講得出，寫得好。如果沒有長時間的溝通準備過程，就常常會覺得有千言萬語要說，但就是什麼也說不出來。

2. 訊息

從溝通意向的角度來說，訊息是溝通者試圖傳達給別人的觀念和情感。由於個人的感受不能直接為訊息接收者接受，因而它們必須轉化為各種不同的可為別人覺察的信號。在各種符號系統中，最為重要的是語詞。語詞可以是聲音信號，也可以是形象（圖像、文字或手勢）符號，因而它們是可被察覺、可實現溝通的符號系統。更為重要的是，語詞具有抽象指代功能，它們

可以代表事物、人、觀念和情感等自然存在的一切。因此，它們也為溝通在廣度和深度上提供了最大的可能性。

語詞溝通是以共同的語言經驗為基礎的。沒有相應的語言經驗，語詞的聲音符號就成了無意義的音節，形象符號也成了無意義的圖畫。如果對不懂中文的人講中文，那對方就不能從你的聲音符號裡面獲得意義，溝通也就不能實現。另一方面，即使是使用同一種語言的人，對於同一個語詞，不同的人在理解上常常是有區別的。因為對於任何一個語詞的意義，不同的人都有不同的經驗背景。由於不同的人在理解上存在差異，實際上完全對應的溝通是很少的，更多的溝通都發生在大致對應的水平上。日常生活中人們時常出現溝通的誤解，也往往是由於對同一語詞的理解不一致引起的。

3. 通道

通道就是指溝通訊息所傳達的方式。我們的五種感覺器官都可以接受訊息，但最大量的訊息是透過視聽途徑獲得的，日常生活中所發生的溝通也主要是視聽溝通。

溝通方式不僅有面對面的溝通，還有以不同媒體為中介的溝通。電視、廣播、報紙、電話等，都可以被用作溝通的媒體。下面介紹幾種常見的溝通通道。

3.1 電腦媒介溝通

電腦媒介溝通包括使用 E-mail(電子郵件)、Line、FB、IG、微信、部落格等。其中電子郵件得到了最廣泛的應用，已經成為一種非常流行的溝通方式。現在許多員工上班的第一件事就是打開電腦，看一看自己的電子郵件。大多數的電腦媒介溝通，如電子郵件、部落格、LINE 等採用的是書面語言溝通。這些溝通媒介的優勢是可以傳遞大量的、準確的訊息，甚至可以傳遞影像、音頻。要進行大量訊息的溝通時，電腦媒介溝通是非常好的一種方法。電腦媒介溝通一個非常明顯的不足之處就是當你和對方要交流情感訊息時，採用這種方式是不合適的。如果你和你的親人朋友長期不見面，採用電腦媒介來溝通，時間長了，你的感情也可能會慢慢地淡化。

3.2 電話

電話是傳統而常見的一種溝通方式。我們知道電話溝通也是語言溝通的一種，但是電話的語言溝通裡不僅包含你說的內容，也包含了你說話時抑揚頓挫的語氣，能夠傳遞給對方一定的情感和思想。當然，電話與電子郵件相比，訊息量會少一些，有時候可能會更不準確一些，因為口頭語言不如書面語言準確。由於在電話溝通中，對方不可能一下子記住大量的訊息，他會遺忘，所以說電話是一種傳遞一些短小的訊息、簡單思想情感的有效方式，如「你是否在家」「明天你是否來加班」等，工作中在確認某件事情的時候，用電話是非常好的。同時，電話有一個比較好的優勢，就是它的回饋速度快，能夠及時地做出某一個決定。當我們遇到緊急情況，首先想到是撥打110、119而不是發;E-mail。

3.3 面對面談話

現在的通訊設備發展迅速，很多人在溝通的過程中，由於習慣，他首先會選擇電話或者選擇 E-mail。但是，心理學家的研究發現，在各種方式的溝通中，影響力最大的仍是面對面的原始的溝通方式。面對面溝通時除了語詞本身的訊息外，還有溝通者整體心理狀態的訊息。這些訊息使溝通者與訊息接收者可以發生情緒的相互感染。此外，在面對面溝通的過程中，溝通者還可以根據訊息接收者的回饋及時調整自己的溝透過程，使其變得更適合於聽眾。由於面對面溝通能夠更有效地對訊息接收者發生影響，即便是在通訊技術高度發達的美國，總統大選時候選人也總是不辭勞苦地奔波各地去演講。

4. 訊息接收者

訊息接收者指接受來自訊息源的訊息的人。訊息接收者在接受攜帶訊息的各種特定音形符號之後，必需根據自己的已有經驗，將其轉譯成訊息源試圖傳達的知覺、觀念或情感。這是一個複雜的過程，包括一系列注意、知覺、轉譯和儲存心理動作。由於訊息源和訊息接收者擁有不同的心理世界，因此，訊息接收者轉譯後的溝通內容與訊息源原有的內容之間的對應性是有限的。不過，這種有限的對應在更多的情況下足以使溝通的目的得以實現。

5. 回饋

回饋的作用是使溝通成為一個交互過程。在溝透過程中，溝通的每一方都在不斷地將訊息送回另一方，這種返回過程就稱作回饋。回饋可以反映訊息接收者接受和理解每一個訊息的狀態。如果回饋顯示訊息接收者接受並理解了訊息，這種回饋為正回饋；如果回饋指示的是訊息源的訊息沒有被接受和理解，則為負回饋。顯示訊息接收者對於訊息源的訊息反應處於不確定狀態的回饋叫做模糊回饋。模糊回饋往往意味著來自訊息源的訊息不夠充分。成功的溝通者對於回饋都十分敏感，並會根據回饋不斷調整自己的訊息。

回饋不一定來自對方，我們也可以從自己發送訊息的過程或已發出的訊息獲得回饋。當我們發現所說的話不夠明確，或寫出的句子難以理解，自己就可以做出調整。相對於外來回饋，心理學家稱這種回饋為自我回饋。

6. 障礙

人類的溝通經常發生障礙，因此，分析溝透過程不能不分析障礙問題。我們可以將人類的溝通系統比作電話迴路。在電話迴路中，任何一個環節都可能出現問題，對溝通形成障礙。在人類的溝透過程中也有大致相同的情況。訊息源的訊息不充分或不明確（如得了相思病而整日坐立不安的人，會認為自己是病了而不是愛上一個人）、訊息沒有被有效或正確地轉換成可以溝通的信號（如愛的感受沒有被轉換成讓被愛者可以理解的語詞表達）、誤用的溝通方式（如以不當的討好來表達愛慕）、訊息接收者誤解訊息（如將愛慕者表達的關懷和幫助解釋成他希望透過這種方式得到自己的幫助）等，都可能對溝通造成障礙。

此外，溝通者之間缺乏共同的經驗，也難以建立溝通，來自兩個完全不同的文化背景的溝通者是很難有效地交流訊息的。例如，一個外國旅遊者在一個鄉村小店想喝牛奶，在紙上畫了一頭牛，結果店主真的牽來了一頭大水牛。其實，即使在同一個國家，由於不同地區、不同民族有其獨特的文化，類似的笑話也是經常發生的。足夠的共同經驗，是溝通得以實現的必要前提。

7. 背景

溝透過程的最後一個要素是背景。背景是指溝通發生的情境。它是影響溝通的一個因素，同時也是影響整個溝透過程的關鍵因素。在溝透過程中，許多意義是由背景提供的，甚至語詞的意義也會隨背景改變而改變。同樣一句「你真夠壞的！」，如果是親密朋友在家裡密切交談的背景下，那麼這句話並不是譴責的意思，而可能意味著欣賞、讚美。可以設想，如果將這句話用於其他情境，例如，一種爭吵的情境下，意義可能會是批評、指責，其所指的對象可能會做出辯解、憤怒等反應。

四、溝通的類型

溝通的類型是十分複雜的，我們的日常生活幾乎與每種類型的溝通都有著密切的聯繫。在這裡，我們主要講幾種人際溝通的分類。

1. 語詞溝通和非語詞溝通語詞

溝通是指以語詞符號實現的溝通。而透過非語詞符號，比如動作、表情、接觸、姿勢以及非語詞的聲音和空間距離等實現的溝通叫做非語詞溝通。

語詞溝通是溝通可能性最大的一種溝通，它使人的溝透過程可以超越時間和空間的限制。人不僅可以透過文字記載來研究古代人的思想，還可以將當代人的成就傳給後代。借助於傳播媒介，一個人的思想可以被很多人分享。所有這些，沒有語詞都無法實現。

非語詞溝通的實現有三種方式。第一種方式是透過動態無聲性的目光、表情動作、手勢語言和身體運動等實現溝通；第二種方式是透過靜態的無聲性身體姿勢、空間距離和衣著打扮等實現的一種溝通，這兩種非語詞溝通被統稱為身體語言溝通。而第三種非語詞溝通的方式是透過非語詞的聲音來實現的，如重音、聲調的變化、停頓、哭、笑等。心理學家將非語詞的聲音信號稱為副語言。比如一句簡單的口頭語「真棒」，當音調較低、語氣肯定時，「真棒！」表示由衷的讚賞；而當音調升高、語氣抑揚時，則可能會變成刻薄的譏諷和幸災樂禍。

2. 口語溝通和書面溝通

口語溝通和書面溝通是語詞溝通的基本形式。口語溝通是指借助於口頭語言實現的溝通。通常提及口語溝通時，一般都是指面對面的口語溝通，而透過廣播、電視等實現的口語溝通，通常被稱為大眾溝通。

　　開會、講課、討論、交談等都屬於口語溝通。口語溝通是保持整體訊息交流的最好方式。口語溝通時，可以及時得到回饋並據此對溝透過程進行調節。口語溝通中，溝通者之間相互充分作用，因而溝通影響力大，不過，與書面溝通相比，口語溝通中的訊息保留全憑記憶，因而容易失誤。鑒於此，在正式的公共場合人們多採用口語溝通和書面溝通相結合的方式。

　　書面溝通即借助於書面文字資料實現的訊息交流。通知、廣告、報紙、雜誌、文件等都屬於書面溝通形式。書面溝通由於有機會修正內容和便於保留，因此溝通不易失誤，準確性和持久性也較高。同時，由於閱讀接受訊息的速度遠比聽講快，因而單位時間內的溝通效率也高。但是，由於書面溝通缺乏訊息提供者背景訊息的支持，因而其訊息對人的影響力較低。當然，有一種情況是特殊的，即權威的文件所激發的重視程度遠比口頭傳達強。

　　3. 有意溝通和無意溝通

　　在多數情況下，溝通都是具有一定目的的，這種溝通是有意溝通。但是，有時我們雖然事實上在和別人進行著訊息交流，而我們卻沒有意識到溝通的發生，在這種情況下，溝通就是無意溝通。

　　有意溝通很容易被理解，每一個溝通者，對自己溝通的目的都會有所意識。通常情況下的談話、打電話、發信、講課、寫文章、發FB，甚至閒談，都是有意溝通。表面上，閒談好像沒有目的，實際上，閒談本身就是溝通目的，溝通者可以透過閒談消磨時光、排解孤獨。

　　無意溝通常常不容易被人所認識。事實上，出現在我們感覺範圍中的任何一個人，都會與我們存在某種訊息交流。心理學家發現，如果你一個人在路上跑步或騎車，那速度常常較慢。如果有人（無論你認識與否）和你一起跑，或者一起騎車，你的速度會不自覺地加快。同樣的現象也發生在別人身上。顯然，你們彼此有了訊息溝通，發生了互相影響。你走在大街上，無論

來往行人的密度有多大，你也很少與別人相撞，因為你與他人在走路過程中，隨時調整彼此的位置，你在與許多人保持著訊息交流。

4. 正式溝通與非正式溝通

正式溝通指在正式社交情境中發生的溝通，而非正式溝通指在非正式社交情境中發生的溝通。每個人在日常生活中都離不開這兩種溝通。在正式溝通中，如參加會議、發表演說等，我們對於語詞性的、非語詞性的訊息都會高度注意。語言上用詞也會更加準確，並會注意語法的規範化。此外，對於衣著、姿勢和目光等也會十分注意。人們希望透過這些表現為自己營造出一個好的形象，以便給別人留下良好印象。而在非正式溝透過程中，如小群體閒談、夫妻居家生活等，人們的行為會更放鬆，溝通者對於語詞和非語詞訊息的使用都比正式溝通隨意。

5. 個人內心溝通和人際溝通

溝通不僅可以在個人和他人之間發生，也可以發生在個人自身內部。發生在個人自身內部的溝透過程就是個人內心溝通或自我溝通。

自言自語是最明顯的自覺的個人內心溝通過程。一個人在做事時，時常對自己發出各種命令，自己選擇接受或者拒絕。小孩疊積木時，常常會唸唸有詞：「這塊應該放這。不對，應該放這。對，就是這。」這就是典型的自我溝通過程。

自我溝通過程是一切溝通的基礎。事實上，人們在對別人說出一句話或做出一個舉動前，就已經經歷了複雜的自我溝透過程。只不過，只有你在必須對一句話反覆斟酌，或對一個舉動反覆考慮時，你才清楚地意識到這種過程的存在。自我溝透過程是其他形式的人際溝通成功的基礎。精神分裂症患者由於自我溝透過程出現了混亂，因而不能與別人有真正的溝通。

人際溝通則特指兩個或兩個以上人之間的訊息交流過程。這是一種和日常生活關係密切的溝通，我們與別人關係的建立和維繫，都必須靠這種溝通來實現。

複習鞏固

1. 溝通的重要性體現在哪些方面？
2. 整體溝通過程包含哪些要素？
3. 人際溝通的主要類型有哪些？

第二節 溝通的基本原則

在日常生活中，自始至終保持有效溝通、保持一團和氣的人際關係是不現實的。在現實生活中，和有些人一起，我們會覺得比較舒服、開心，能一起商量解決問題。和另外一些人在一起，我們會覺得不舒服，覺得沒辦法談攏。對於這兩種情況，有的人會說，這就是「緣分」。我們交往得好，溝通得好，說明我們投緣；如果不能，說明我們沒有緣分。其實，人和人的關係雖然是雙方面的，可是，只要有一方努力，也能改善關係。因為我們改變自己的行為，別人也會做出相對的回應。最為重要的是，我們的確可以透過提高我們的溝通技巧，來改善與他人的關係。

一、溝通中的錯誤

在溝通中，有兩種常見的通病，妨礙了溝通。

1. 沒有考慮到每個人對問題的不同看法

第一種溝通中的通病，是沒有考慮到每個人對問題的看法不同。我們都想與他人能夠透過溝通來解決可能發生的任何問題。但在努力實現這一目標時，我們很可能不會意識到，對方看待問題的角度與我們的不同。通常，我們都會認為自己做的事情是正確的。然而，我們自己認為對的，並不一定是對的。有這樣一個故事。和尚跟屠夫是好友。和尚早上要起來唸經，而屠夫要起來殺豬。為了不耽誤各自工作，便約定早上互相叫對方起床。多年後和尚與屠夫去世了，佛祖讓屠夫去了天堂，和尚卻下了地獄。和尚很不理解，他覺得他天天唸經，應該他去天堂才合理啊。佛祖卻說，屠夫天天做的是善事，因為他是叫和尚起來唸經；相反的，和尚做的事情，卻是天天叫屠夫起

來殺生。有時,雙方的觀點都可能是對的。例如,你看下面這幅圖,你覺得圖上畫的是一個什麼人呢?

少女老婦兩可圖

　　你可能覺得圖上畫的是一個老婦人,而另外的人會覺得畫的是一個少女。無論覺得圖上畫的是老婦人,還是少女,其實都是正確的。之所以出現這種分歧,是因為彼此觀察的角度不同。換言之,事情並不總是非此即彼的,可能大家的看法都正確,只是觀察的角度不同。同樣的,在生活中不同的人也會對同一問題有不同的看法。例如,你可能會覺得某部電視劇非常不錯,可是另外的人會覺得那部電視劇不好看。只有理解了這些不同之處,雙方才有可能解決所面臨的問題。通常,我們在看問題時,會不知不覺地誇大自己,貶低別人,從而加劇了彼此之間的衝突,導致溝通變得困難。例如,在人際溝通中,如果你看重合作、理解和誠實等品質,你幾乎可以肯定地認為自己更易與他人合作、更具理解力、更注重誠實。然而,對方可能並不這樣看你。同樣,如果你和對方關係不佳,又存在嚴重的衝突,那麼對方也就會認為你缺乏這些品質。這時,溝通的雙方都很容易把溝通中出現的問題推給對方,認為是對方的過錯。即使認識到自己錯了,也會覺得自己比對方強得多,甚至會認為對方根本就聽不進去意見,不值得交談,使溝通變得更加困難。討論不同意見可能會使溝透過程不那麼愉快,然而這是唯一能夠成功解決問題的辦法。

　　2. 過分看重對等

溝通中的第二種常見的通病是過分強調在溝通中要對等，認為良好的溝通就是想人家怎樣對待你，你也要怎樣待人。良好的溝通，也確實通常是互利的。就比如我們認為如果昨天同學借了我一支鉛筆，後天我向同學借一塊橡皮擦，這是沒問題的。因此，我們會不由自主地認為，良好的溝通是建立在互利互惠的基礎上的。其實，這種想法有時會妨礙溝通。完全寄希望於別人採取與自己相同的做法是不牢靠也是不明智的。不要以為如果你投別人所好，別人也會以同樣的方式回報你，這一點非常重要，特別是各方所持觀點不同時尤其如此。有時即使你覺得自己的行為符合標準，別人還是有可能認為你做得挺糟，甚至會因此感到憤怒，轉而採取敵對方式。

更為嚴重的是，把「你想人家怎樣對待你，你也要怎樣待人」作為溝通中的法則的人，甚至會在溝通中出現「以牙還牙」的敵對行為。採取這種方式，多半是出於沒有善待對方的心理，或者是基於這樣一種想法，即只有懲罰你的惡劣行為，你才能善待我。但無論如何，這種做法於事無補。我往壞處去解釋你的行為，並以同樣壞的方式對待你，你則以其人之道還治其人之身，結果是彼此沒法溝通，誤解增多，信任消失。這種情形下的一個典型例子就是兩個人都等著對方先道歉。隨著時間一分一秒地過去，彼此的怨氣在上升，便越是拿定主意不先道歉。一聲遲來的、極不情願的道歉使得原來早能解決的問題變得難以解決。

二、溝通中常見的困惑

溝通的困惑，更多地來自朋友間的溝通。兩個人一起合作，參加市裡組織的機器人大賽，比賽結果不理想。如果兩個人的關係很好，他們可能會覺得輸了比賽不要緊，好好地總結，爭取下次贏得比賽。而關係不怎麼好的兩個人，則可能引發一場激烈的爭吵，相互指責、挑毛病，結果不歡而散。因此，很多人都希望既能良好地溝通以解決衝突和分歧，又可以保持良好的友誼。由此，他們也就產生了很多常見的困惑。

1. 溝通中應該無條件地贊同對方嗎

很多人認為,友誼最理想的情況就是我們關係非常好,兩個人對任何事情和事物的看法都相同,沒有任何分歧。因此,在與朋友打交道時,他們會認為言聽計從的關係是好的友誼。一些人傾向於在生活中要就無條件地支持他們的朋友,要不然就執意要求他的朋友同意自己的觀點以促成他們之間的良好友誼。他們害怕如果和對方發生爭執,會損害彼此之間的友誼。而當另外一方的行為使自己感到不滿時,為了表示對另一方行為的強烈不滿,他們通常會終止與對方的交往,說:做的這件事情太過分了,我再也不想理他,再也不想和他玩了!」

其實,這是人際交往中的一種誤會,是對良好友誼的一種錯誤認識。良好的友誼並不依賴於意見是否一致。通常,人們會認為尊重「諍友」是一種高貴的品格。「諍友」就是那些能當面提出不同意見的朋友,這種朋友往往比那些沒有什麼分歧的朋友更加珍貴。此外,不管我們多麼堅定地認為對方應該怎麼做才是最好,都不能把自己的觀點強加於別人,否則不僅不能改善關係,而且還容易為將來更大的衝突埋下種子。

拒絕與對方打交道並不是一個好主意。因為拒絕與對方打交道無助於問題的解決,特別是對那些以後在日常生活中還必須繼續打交道的人來說,拒絕與其打交道一定會影響今後問題的解決。同時,認為好的友誼就應該贊同他人,也是用溝通的好壞來衡量友誼關係的一種誤解。有時候,「相互之間不說話」並不意味著關係已經破裂;「無所不談」也並不表明雙方關係很親密。因此,良好的友誼並不是良好溝通的前提,良好溝通也並非是良好友誼的充分條件。

2. 溝通中應該不斷讓步嗎

朋友間溝通的另一困惑是「為了保持友誼,我是不是需要在溝通時不斷地讓步?」一些人確實把對方做出實質性讓步作為實現「良好」友誼的條件。例如,他們會說:「如果你讓我抄作業,我就和你做好朋友。」另一些人則相信他們可以透過實質性讓步「換取」良好友誼。每當別人提要求時,他們會不斷地讓步,表現得很順從。例如,對方說:想溜出去玩,你就幫我向老

師請病假嘛。他會說：這是很小的事情，我會幫你辦。不值得讓這個問題破壞我們的友誼。

喜歡在交往中透過讓步來建立良好關係的人，通常會認為在人際交往中，雙方讓步越多，矛盾就越少，因而就越容易建立良好的關係。誠然，有時在某些問題上做些讓步是明智的。但是，通常讓步只是為瞭解決存在的問題，不能指望用它來改善雙方的關係。尋求良好的人際關係，實際上是一個做出雙方都能接受的解決方案的過程。這個過程需要雙方能夠彼此諒解、彼此信賴、和諧溝通，光靠在實質問題上不斷讓步是不能獲得這些的。

在人際交往中不斷地做出實質性的妥協，對方就會知道，在你們之間的交往中，他們可以指望我們做出讓步。透過讓步來換取一種關係，就好像向勒索者屈服一樣，你付得越多，對方索價就越高。向對方妥協或要挾勒索，就不可能為將來公平解決問題打下基礎，一個公平合理地解決問題的機制就永遠也建立不起來。導致的後果是雙方解決新問題的能力被削弱，且無助於建立一種解決未來問題的機制。同時，只要在人際交往中任何一方有被勒索的感覺，那麼他的情感就會受到傷害，從而破壞關係。良好的關係並不是一件商品，是不能買賣的。沒有人喜歡被收買的感覺。因此，為了擁有良好關係而做出實質性讓步，只能適得其反。例如，在朋友關係中，所有的事情你都做出讓步，剛開始的時候，你們的關係可能進展順利，可是時間久了，對方會覺得你的存在是可有可無的，因為你的朋友需要一個有思想、有觀點、有情趣的人。

3. 自己主動溝通，還是等對方先做出想溝通的舉動

人際溝通中一個很大的困惑是自己想主動溝通，以解決問題，改善關係，可是對方似乎沒有這方面的意願。出現這種情況該怎麼辦呢？是自己主動出擊呢，還是等對方先有行動再說？當我們希望解決問題，改善同別人的關係時，我們往往會問：我們應該做什麼？這種習慣性的想法反映了人們普遍持有的一種觀點，即解決問題、改善關係應當由對方來努力。換言之，就是既然一方想主動溝通，改善關係，他必須為此付出一定的代價。不管雙方提出的要求是多麼正當合理，但透過迫使一方付出代價來解決問題、改善關係，

對雙方將來處理分歧沒有任何好處，甚至可能會導致雙方提出更多的單方面要求，彼此都不是以共同合作的態度來解決問題，從而破壞關係。有效維護共同的利益、明智解決彼此的衝突對雙方都有利。沒有理由讓某一方做出單方面實質性讓步從而使雙方滿意。良好溝通的基礎是平等，即使短期內一方從中獲得的好處多於另一方，從長期來看，雙方應該是平等互惠的。

在與他人溝通時，我們更能掌握自己的行為而不是別人的，因此，我們更應該想一想自己究竟能做些什麼來改善溝通。雖然良好溝通的建立至少需要兩個人，但是如果想改善溝通，一個人的努力就已經足夠了。只要我們對建立良好的溝通持積極主動態度，就能夠改善溝通。因為一個人的積極行為，往往會導致對方也做出積極的回應。良好溝通的關鍵是對建立和維持良好的溝通持積極的態度，對雙方都有利的事情，一定要去做；損人不利己的事情，一定不要做。

總結溝通中常見的困惑和錯誤，我們可以看到，在良好的溝通中，我們需要做到：

(1) 擺脫偏見。我們必須考慮到雙方看問題的角度不同。我們需要擺脫那種以為自己擁有真知灼見、出錯總在對方的觀點。儘管每次我們都堅信自己是正確的，但是如果總認為對方錯誤的話，雙方根本就無法交往。

(2) 持開放的態度。我們應當隨時修正自己的看法，不要形成對人對事固定看法。你的對手也可能有一天會成為夥伴。你現在不能接受的觀點，以後也許會接受。

(3) 放棄對等原則。我們不應當等待對方先作出表率，也不要認為對方會以我們為榜樣。

(4) 不受意見不一的影響。良好的溝通並不要求溝通雙方意見完全一致。誠然，雙方意見一致，相處起來會容易得多；分歧越是嚴重，就越是需要有良好的溝通。

(5) 做出讓步並不是必需的。良好的溝通並不一定需要任何一方做出讓步。

(6) 積極主動。良好的溝通，依賴於我們積極主動的行為。我們積極主動的行為，通常也會帶來對方積極主動的回應。

三、良好溝通的基本原則

想要有良好的溝通，想要處理好人際衝突，就要有一種基本的原則，就是無論與誰交往，我們都要努力採取既有助於與對方合作，促進彼此之間的關係，又能給自己帶來好處的措施。即使對方不這樣做，不遵循這樣的原則，我們也要堅持。這就是說，良好的溝通，要以積極的心態開始。以積極的心態開始溝通，具體包括：保持理智與情感的平衡，試圖理解對方，做決定之前徵求和傾聽對方的意見，讓人信賴，不強迫，接受他人。

１．保持理智與情感的平衡

人都是有感情的。在人際交往中，也會有感情的因素。情感的範圍很廣，有些情感是積極的，例如，我們在溝通中感到愉快、高興；有些情感是消極的，例如，我們在溝通中感到沮喪、害怕、憤怒。我們在溝通中有情感是正常的、必要的。我們感到高興或憤怒，就像我們感到餓了、渴了一樣，是一種自然的反應。情感也是不可選擇、不以我們的意願為轉移的，因此，也就不必對情感做出評價，認為高興等積極的情感就是好的，悲傷等消極的情感就是不好的。關愛和同情可以幫助我們加強溝通，憤怒的情緒也能激勵雙方積極合作以打開局面。無論是積極的還是消極的情感，都是真實的，都是我們自然而然的感受。

情感在人際溝通中起著非常重要的作用，因為情感能夠幫助我們瞭解自己和他人。事實上，理智也離不開情感，光有道理也不足以保證良好的溝通。因此，我們的理智與情感要保持平衡，既要有情感充實的理智，也要有受理智引導的情緒。這樣，才能進行更加良好的溝通。

任何激動情緒一旦控制了我們的行為，就會破壞溝通。正在氣頭上的時候，我們可能不會願意與對方溝通。大發雷霆的時候往往不能做出明智的決定。甚至過分積極的情感，也可能使我們盲目地行動。幾乎所有人都有這樣

的經歷，在友誼的光環下或一時興奮之中做出的承諾往往一經考慮就會後悔莫及。

過於強烈的情緒會使問題惡化，但我們不能因此而壓抑情感。情感是動力之源。我們願意做某件事是因為我們樂意，或者覺得它具有挑戰性。情感過於冷淡，也會影響溝通和人際關係。如果沒有一定程度的感情投入，包括對彼此的關心，雙方就很難進行良好的溝通。完全用冷靜、理性的眼光來看待世界，會使我們不能體驗到重要的人生經歷，沒有這些情感經歷，我們可能無法理解他人，從而無法有效地處理分歧。因為在良好的溝通中，至少在某種程度上，我們應該體會一下對方的心情。如果我們對別人的感受不聞不問，雙方之間的溝通就會受到影響。有了感情的指引，我們才能體會到別人如何對待我們以及我們需要的是什麼，才能夠實現良好的溝通。

因此，在溝通中，無論在何種情況下，情感和理智應當相輔相成，而不應讓任何一方佔據上風。要做到情理通達，合情合理，以加強雙方共同解決分歧的能力。

2. 試圖理解對方

有時，不良的溝通可能來源於誤解。有位爸爸，他的兒子不認真吃飯，吃飯的時候不斷從椅子上下來玩玩具。當時爸爸在另一個房間看書，叫兒子回到椅子上老老實實吃飯。沒一會，孩子從廚房裡出來跑到爸爸身邊。爸爸往廚房裡一看，盤子裡還剩著飯菜，便打了孩子，叫他回去吃飯。事實上，兒子嘴裡含了一大口飯，跑過來讓爸爸看他正吃著呢。如果父親能很好地理解兒子，這個誤會就不會產生。在溝通中，很多時候我們可能沒有注意到對方看問題的角度，也沒有意識到理解對方的想法有多麼重要。要想有效地溝通，我們應當時時認為自己瞭解對方還不夠，應該更多地去瞭解對方。理解越多，衝突就越少。一般來說，我們總是自然地認為需要對方瞭解更多的情況，而沒有意識到自己同樣也需要更多地去瞭解。

然而，要完全瞭解所有跟我們打交道的人是不現實的。那我們在溝通中要把注意力集中在與解決問題有最直接關係的那一面：眼下你想透過溝通達到什麼目標？你對於自己和這個問題是怎麼看的？你最關心的根本問題又是

哪些？為了理解對方看問題的視角，我們需要放棄一些先入為主的觀念。不要認為別人的視角很「奇怪」，因為他們自己完全不這麼想。我們應當瞭解對方是怎麼合乎情理地持有這些觀點的，以及他們持這些觀點的原因。

3. 做決定前徵求和傾聽對方的意見

通常來說，如果我們在溝通中希望更好地解決彼此之間存在的問題，那麼我們在做出與對方有關的決定之前，應先同對方商量，徵求對方的意見。如果你是在做出決定之後才告訴對方，這顯然是不合適的。

協商並不要求雙方取得一致意見，只是保證一定會採用對方的建議，但應該將待定的事情告訴對方，徵求並聽取對方的意見和觀點，並在做決定時將這些意見考慮進去。這樣的協商應成為建立良好溝通與合作關係的標準。

協商有助於控制情緒，使自己做出合情合理的決定。做決定前徵求和傾聽對方的意見，會給予我們更多思考的時間，減少倉促做出決定所導致的風險。同時，協商的做法也利於我們控制情緒，避免不良情緒對雙方溝通造成破壞性影響，以及這種情緒化的溝通給雙方關係帶來不良後果。

協商有助於促進瞭解。假如我在做出影響到你的重大決定之前都事先同你商量，久而久之，雙方之間的相互瞭解就會加深。我讓你知道我的計劃和想法，同時徵求你的看法、觀點和建議，傾聽並重視你的觀點。這種做法會增進彼此的瞭解。

協商以增加可信度。如果沒有事先通知就做出與你有關的決定，你會感到驚訝甚至憤怒。將單方面做出的決定擺在你面前，且不容修改，會讓你有種被強迫接受的感覺。假如這種情況經常發生，你就會覺得對方的行為令人捉摸不透，不值得信賴。你會慢慢地開始不信任對方。如果對方在做決定前先徵求你的意見，預先告訴你計劃的內容並且確保不臨時變卦，這樣你就能信賴對方。

4. 讓人信賴

信任通常被認為是實現良好溝通最重要的因素。幾乎在所有情況下，雙方都願意看到彼此擁有更多的信任。如果高度信任對方，就可以毫不懷疑地

接受對方之言，相信對方的承諾。反之，極度不信任會導致摩擦，使問題難以解決。如果我不信任你，我也許根本就不願意跟你打交道。因此，以積極的心態溝通，重要的一步是讓他人覺得自己值得信賴。如果我們值得對方信任，不管對方是否同樣值得我們信任，我們的言行肯定會減少爭端。我沒有欺騙你，你就沒有理由生我的氣或反過來欺騙我。如果我誠信可靠，你也知道這一點，我的話對你影響力就更大。你會更加看重我說話的真實性和做出的允諾，你也沒什麼可疑神疑鬼的，雙方能更好地解決問題。怎麼讓別人覺得自己值得信賴呢？有四個法寶能使別人更加信賴我們，這就是靠得住、不含糊、守信用、重誠實。

4.1 靠得住

如果我們的行為反覆無常，那麼我們將無法取得別人的信任。當我們做事讓人摸不著頭緒、猶豫不決或時常出錯，我們就該注意了。有時我們隨便說的一句話，別人卻當真，這就會破壞我們的可信度。例如，有朋友問你，你什麼時候回家，你隨口回答說：「上午9點應該到家了。」你朋友可能當真了，9點15分到你家來找你玩。結果，你9點半才到家。你朋友當然很生氣，你卻認為你只是儘量估計了大致回來的時間，並沒有說9點一定回來。如果你經常說話不當回事，對方卻總以為是說定了，幾次之後，對方完全有理由認為你這個人不可靠。即使做出承諾，對方也認為仍然會有問題。因為有些人很重視信守諾言，有些人卻不怎麼把它當回事。這時，問題並非在於是否故意欺騙他人，而是無法瞭解別人現在對問題的看法以及思維方式。

有人會說，我們在不同場合有不同的做法，這與謊言和騙術毫不相干。因為隨著時間的推移，新的思維和情況的變化會使我們的行為發生改變。因此，即使別人再怎麼瞭解我們，也不能準確預測我們以後的行為。雖然是這樣，但是，我們仍然能夠採用一些措施使別人能夠對我們的行為做出一定的預測。例如，我們答應別人做到的事情，可能突然發現完成起來有困難，這時我們就應盡快讓對方知道。告訴對方問題所在，讓對方不要著急，並告知對方你正在想辦法解決。這樣做無形中會增加別人對我們的信任。做決定前

與別人商量，同樣也會增加自己行為的可靠性。你的朋友會知道，你會在做決定前和他商量，不會做出出乎意料的事情，因此值得信賴。

4.2 不含糊

在溝通中，要使人覺得我們值得信任的重要方面，就是小心謹慎、清楚地表達我們的意思，不要使用容易讓人誤解的語言。例如，你拿不準什麼時候能回家，你就不應該說「9點鐘應該能到家」，而應該這麼說：「我說不準。假如一切順利的話，9點也許能到家，也許還要晚一點。如果我們把自己的意思表達清楚，對方就不會誤解了。」

4.3 守信用

守信用，是為人處世的基本準則，也是中華民族的傳統美德，在我們的道德規範裡佔據了相當重要的地位。要想增加自己的可信度，一是要謹慎承諾，做出承諾前要深思熟慮，量力而行，不要做超出自己行為能力的事情。二是只要做出承諾，不管它看起來有多麼不重要，也要不折不扣地去履行。在小事方面守信，那麼在大事上人們才能更容易相信你的承諾。三是由於某種不可抗拒因素使自己失約，應首先儘可能地採取措施進行補救，若確實無法實現，應向有關方面解釋致歉，必要時還要賠償其損失，應敢於承擔責任。香港著名的企業家李嘉誠就認為，他成功的訣竅，就是守信用。

4.4 重誠實

一句謊言能招致很大的不信任。你說過的一百句話裡哪怕只有一句是假的，你也會因此受到他人的質疑。除非對方能摸準你何時說真話，何時說假話，否則，一旦發現你稍有假話，對方就會全盤否定你的言行，覺得你是一個不值得信任的人，從而影響溝通。以誠實可信的態度對待他人，即使是靠不住的人，也是有效的和必要的。

5. 不強迫

《伊索寓言》中有一則北風和太陽的故事：「北風和太陽是好朋友。可是一次北風和太陽吵了起來，它們都說自己比對方強大。為了一決勝負，太陽向北風下了挑戰書：誰能讓行人脫掉大衣，誰就算贏了。太陽有把握自己

會贏,就讓北風先試。太陽躲到了雲的後面,這時北風呼嘯,寒風凜冽。可是,風越刮越大,行人卻把大衣裹得越來越緊。最後,北風只好放棄了。太陽從雲朵後面升了上來,用它所有的熱量照射著行人。行人感覺到太陽的溫暖,越曬越熱,最後不得不脫掉大衣,坐到樹蔭底下乘涼去了。事說明,待人處事不是給人壓力、給人逼迫就能成功。用命令的語氣、疾言厲色或者使用暴力,是無法令人心服口服的,反而是要給人溫暖、安詳、尊重、愛語,讓人心生歡喜、心悅誠服,才是勝利者。仁慈、溫和與說服勝過強迫。

在溝通中,如果對方強迫你必須按他的方式來,或者必須做出讓步才能解決彼此之間的問題,你或許會感覺到憤怒和沮喪,認為對方不值得信任。這樣,你與對方的相互理解就變得困難,有效溝通就難以實現。即便你迫於壓力接受了對方的意見,你也會覺得這是不公正、不合理的。因此,在溝通中採用強迫的行為,也許一時會佔據上風,卻破壞了彼此之間已經建立起來的真誠理解和相互信任,導致在將來難以有效溝通。

在溝通中,採用強迫而非以理服人的一個典型方式是人身攻擊,批評對方的行為舉止、觀點、品行甚至性格。例如,你可能會說,「你別太猖狂了」「你出賣了我。」在溝通中對對方進行人身攻擊,通常是錯誤地認為,只將注意力集中在對方而不是在具體問題上,就能迫使對方接受自己的意見。其實,所有的溝通都包含兩個基本的要素:人和事。在溝通中,重要的是對事而不是對人。雙方可以就事情展開討論,而不進行人身攻擊。對人強硬,而對事模糊,並不是良好的溝通之道。

將溝通看成彼此之間的爭鬥,容易在溝通中採用強迫的手段。很多人都認為溝通就是一場比賽,既然是比賽,就一定要分出勝負,那麼採用強迫手段也是必要的了。其實,溝通是彼此合作解決問題的機會,因此以協商的語氣會更有利於問題的解決。例如,在溝通開始的時候,你可以表達你自己的意願,但同時向對方表明,你的意願並非不能改變,你樂於接受別人的觀點,樂於接受不同意見。如果在雙方開始商量前就單方面拋出自己的想法,並聲明只有對方靈活讓步雙方才能達成一致,這樣是會妨礙問題的解決的。

限制對方的選擇也是一種強制手段。在溝通中,你只給對方有限的選擇,拒絕考慮更多的選擇餘地,必然會引起對方的反感。留給對方的選擇餘地越小,對方的被迫感就越強。如果溝通時雙方能提出大量的相關意見和建議,溝通就能取得良好的實質性效果。可供選擇的方案越多,協調不同意見的機會也就越大。以這種方式取得的實質性成果會更有價值,其過程也不帶有強制意味,從而利於雙方解決問題而不會破壞雙方的關係。

6. 接受他人

生活中,總有一些與你合不來、你不願意交談、但又不得不和對方交談的對象。排斥別人會給雙方解決問題帶來人為的障礙。例如,當你和別人衝突之後,你關上門揚長而去,掛斷電話或拒絕與對方交談,這就失去了讓對方瞭解情況的機會,也放棄了兩人合作一起解決問題的機會,使你不得不獨自面對。

當你心裡排斥對方,即使你沒有關閉你們溝通的渠道,也會在實質上破壞你們之間的溝通。設想一下,有人對你說「你在回答問題之前用腦子想一想吧」給自己找藉口了,這些話,損你一頓,又不給你辯解的機會,你會不會覺得對方沒有誠意與你溝通?你會不會覺得對方根本就不相信你,不想理解你的看法?最終,導致的結局就是雙方不可能很好地進行溝通。更為糟糕的是,在溝通中擺出一副居高臨下的神情,透過貶低對方來抬高自己,不僅會限制雙方之間的交流,也會阻礙雙方產生進一步理解對方的願望,從而更為嚴重地破壞溝通。在溝通時排斥他人,其實傳遞了這樣一種意思,即我是對的、你是錯的,你對我無關緊要,我絲毫不會受你的影響,我根本沒必要和你說什麼。這樣,本來對方可能非常有誠意同你溝通、瞭解你的看法、信任你,非常願意與你合作,一旦他領悟到你的這層意思,誠意也就消失殆盡了。最後,降低了雙方共同解決問題的可能性。

為了更好地溝通,處理雙方之間的分歧,我們應當求同存異。為瞭解決彼此之間的分歧,我們需要互相打交道,彼此都接受對方。接受,並不是指你要完全贊同對方,而是你在意、關注對方,願意傾聽他的意見,願意與他合作,願意和對方一起解決問題。無論我們對對方的行為有多麼不滿意,也

沒必要將他看得一無是處。但這並不表示要對對方的錯誤行徑視而不見。例如，你的同學為了翹課，希望你能幫忙撒謊，幫他向老師請病假。你可以說，我不贊同你逃學，但是想聽聽你有什麼正當的理由想翹課。這種方式既表達了你不同意對方行為的態度，也表明你對對方的尊重和關心。

接受他人要尊重他人。每個人都有不同的經歷、背景和知識，也會有自己的獨特情感和個性。要承認他人和我們有不同之處，並且尊重這種不同。

擺脫成見能幫助我們更好地接受他人。喜歡先入為主，並以此決定是否與他人交往及如何交往，難免損害雙方的溝通。已有的成見往往會使我們貶低他人，懷疑他人，認為對方不值得我們關注和重視。對方也可能會以其人之道還治其人之身。如此下去，雙方就很難進行良好的溝通了。為了克服已有的成見，我們需要更多地去瞭解對方，例如，瞭解對方的家庭、對方的經歷等等。

接受他人就要適當地關心他人。只有關心對方，雙方的關係才能有效保持下去，才能利於溝通。如果對方只把你當成謀取利益的工具，你一定不情願同他合作。雙方之間的溝通，只有符合雙方的利益，能夠滿足雙方的需要時，才能行之有效。只有關心對方，對方才願意跟我們合作。

當我們瞭解到良好的溝通要從積極的心態開始，就要積極地將理論應用於實踐。改變自己的行為方式有助於改變思維方式。接受對方是向良好溝通邁出的第一步。每次發生問題，其實都為雙方提供了一個機會，使我們能夠合作解決問題，增加彼此的瞭解，增進彼此之間的關係。只有認真對待他人，才能讓我們擁有美好的人生。

拓展閱讀

如何成為溝通高手

儘管良好有效的溝通依賴於具體的情境，但溝通高手還是具有相當一致的溝通特徵。

溝通高手的第一個特徵是溝通行為具有適應性。溝通高手掌握了多種多樣的溝通方式，他們或者暗示或者保持沉默或者直言不諱，他們不會在溝通中一成不變地使用某種溝通方式，相反，他們懂得在適當的時機選擇最得體最恰當的行為，他們懂得在適當的時間、適當的地點根據自己的目的和溝通對象的特點選擇溝通方式。

　　溝通高手的第二個特徵是同理心。同理心是一種換位思考的能力，能夠站在別人的立場考慮問題，能理解他人的想法和感受。同理心能讓我們超越不同的觀點，使溝通順利，使溝通雙方相互瞭解。

　　溝通高手的第三個特徵是複雜的認知能力。具備複雜認知能力的溝通者在溝通中能夠對同一情境做出多重解釋。例如，當你的同學從你旁邊走過卻沒有理你，你可以將這一情境解釋為：（1）他對你有意見了；（2）他正在思考，沒有注意到你；（3）他對你微笑了，但是你沒看到。將同一情境進行多重解釋能夠防止我們做出錯誤的判斷和不恰當的反應。

　　溝通高手的第四個特徵是具有良好的個性品質。他們通常都具有良好的自我控制能力，能夠清楚地認識到自己的行為可能對他人產生的影響，在溝通中比較謹慎，使自己的行為與情境相適應。同時，他們也具有良好的道德品質，在溝通中重視承諾守信，能在人際溝通中遵守社會道德，做到認真傾聽、說話能讓別人理解、對他人的意見持開放的態度。

　　每個人都具備一定的溝通能力，但有程度的差別。溝通技巧也是可以透過學習而得到提高的。當你經過一段時間的練習以後，你也會成為溝通高手。

複習鞏固

　　1. 溝通中常見的錯誤與困惑有哪些？

　　2. 良好溝通的基本原則有哪些？

本章小結

　　溝通是參與者經過交換訊息、思想、情感和願望而建立社會關係的過程，通常由訊息源、訊息、通道、訊息接收人、回饋、障礙和背景等組成。溝通

對生理健康和心理健康都具有重要的作用，是人際交往的基礎，是自我認同與自我成長的途徑，是事業成功的得力助手。根據不同的標準可以將溝通分為語詞溝通和非語詞溝通、口語溝通和書面溝通、有意溝通和無意溝通、正式溝通與非正式溝通、個人內溝通和人際溝通等。

有兩種常見的通病妨礙了溝通。第一種是沒有考慮到每個人對問題的不同看法。第二種是過分地強調在溝通中要對等。朋友間溝通中常見的困惑包括：我是否應該無條件地贊同對方；我是否應該不斷讓步；是應該自己主動溝通，還是等對方先做出想溝通的舉動等。擺脫偏見、持開放的態度、放棄對等原則、不受意見不一的影響、不一定都要做出讓步和積極主動能幫助我們進行良好的溝通。

良好溝通的原則，是以積極的心態開始，具體包括：保持理智與情感的平衡，試圖理解對方，做決定之前徵求和傾聽對方的意見，讓人信賴，不強迫，接受他人。良好的溝通，要從積極的心態開始，要積極地將理論應用於實踐。

本章關鍵詞語

溝通 溝通的要素 溝通的類型 溝通的錯誤 溝通的困惑 溝通的原則

課後複習題

1. 最常見的溝通通道有哪些？（ ）
A. 簡訊 B. 電話 C. 面對面談話 D. 視訊
2. 以下哪些屬於電腦媒介溝通？（ ）
A. Line ；B. FB ；C. 微信 ；D. E-mail
3. 在各種溝通通道中，影響力最大的是（ ）。
A. 面對面談話 B. 電話 C. 電腦媒介
4. 自言自語是（ ）。
A. 人際溝通 B. 個人內心溝通 C. 正式溝通 D. 無意溝通
5. 杜拉克提出有效溝通的四個基本要素包括（ ）。
A. 受眾能感受到溝通的訊息內涵 B. 滿足受眾的期望

C. 激發聽眾的需要 D. 所提供的訊息是有價值的

6. 良好溝通中讓人信賴這一基本原則體現在哪些方面？（　）

A. 靠得住 B. 不含糊 C. 守信用 D. 重誠實

7. 非語詞溝通的實現方式包括（　）。

A. 目光 B. 表情動作 C. 手勢語言 D. 身體運動

E. 身體姿勢 F. 衣著打扮

8. 下面哪些屬於口語溝通？（　）；

A. 開會 B. 講課 C. 討論 D. 交談

9. 辨析題：溝通就是談話。

10. 辨析題：良好的友誼是良好溝通的前提。

第二章 溝通中對他人與自我的認知

　　良好的溝通依賴於我們對他人和自己的良好認識。溝通是我們瞭解他人、認識自我的一種重要途徑和方式。學習溝通技巧不是為了讓我們在談話中用強勢的態度佔得先機或者為了達到自己的目的利用技巧來影響對方，溝通技巧的核心是透過積極有效的溝通來完善個體的自我，同時改善與他人的關係。在本章中，你將會學習到：

(1) 人際知覺與溝通：

我們對他人的認知會如何影響我們的溝通行為，如何改善我們的人際知覺；

(2) 自我與溝通：

我們對自我的認知影響著溝通，展示積極正向的自我有利於溝通。

第一節 人際知覺與溝通

一、人際知覺的概念與認知過程

1. 人際知覺

　　人際知覺是指個體對人與人之間關係的知覺，包括對人的外部特徵、個性特點的瞭解，對人的行為的判斷和理解。這種知覺主要是在人際交往中發生的，以各種交際行為為知覺對象。交際行為指的是人們在交往中相互接觸和交換的言語、態度與行為動作，包括交談、表情、禮儀、風俗、援助、侵犯等行為。總之，人際知覺反映的是我們對人際關係的認知。

　　人際知覺會影響人際溝通。人際知覺影響溝通的一個方面是投射效應。有一則經典的故事。一次，蘇東坡和金山寺的佛印大師在一起，蘇東坡問性格憨厚的佛印大師：師，你看我的坐姿如何？禪師答道：好，像一尊莊嚴的佛像。東坡聽了滿心舒暢。佛印接著問蘇東坡：「學士，你看我的坐姿又如何呢？」蘇東坡嘲弄禪師道：「像一堆牛屎！」禪師聽了也顯得很高興。蘇

東坡自以為佔了便宜，高高興興地回家告訴了妹妹。殊不料，冰雪聰明的蘇小妹正色道：「哥哥你錯了，佛家說『佛心自現』，禪師心中向佛，所以他看你像佛，而你心中如牛屎，所以你看禪師才像牛屎。」蘇東坡啞然。人常常不自覺地把自己的心理特徵，如個性、好惡、慾望、觀念、情緒等移植到他人身上，認為他人也具有同樣的特點，這就是投射效應。由於投射效應的存在，我們常常可以從一個人對別人的看法中推測這個人的真正意圖或心理特徵。

人際知覺影響溝通的另一個重要特點是情感因素會參與到知覺過程中，影響我們對人際關係的判斷，從而影響人際溝通。人們在溝通時不僅相互感知，而且對溝通對象和彼此關係形成一定的態度，在這個基礎上又會產生各種各樣的情緒。如對某些人喜愛，對某些人同情，而對另一些人反感等等。人際知覺過程中產生的情緒由多種因素決定，如兩人的接近程度、交往頻繁程度以及彼此相似程度等，都會對人際知覺過程中的情緒產生很大影響。尤其在初次認識他人時，有許多因素會影響我們的知覺和判斷，這種初步感覺和態度又會進一步影響我們與他人的後續溝通。

2. 人際知覺的認知過程

人際知覺對溝通的影響是多方面的。當代認知心理學的研究證明，人們對客體和事件的知覺不是外界刺激的簡單複製和拷貝，由於主客觀因素的不同，有些因素會被注意到，有些因素則被忽略。同理，個體對客體和事件的記憶也不是原始知覺的簡單複製品，而是對原始知覺簡化地、有組織地重建。這種記憶結構稱為景象。在記憶中搜索、輸入與感覺訊息最符合的景象的過程稱為景象加工。景象和景象加工使人可以更有效地組織、加工和編碼生活中面對的大量訊息。人們不必感知和記住每一新客體和新事件的全部細節，只需編碼和處理其典型特徵，查明其與已有記憶中的某個景象的相似點。景象加工通常是無意識的、快速自動的過程，個體很難覺察到這個過程。

個體在成長過程中，在日常社會生活中會形成許多有關人和事件的景象。如，當有人告訴你，某某是一個外傾型人格時，你馬上就會從記憶中提取一個具有外傾型人格特徵的形象和景象，便會預期將見到一個什麼樣的人，預

期自己採用什麼樣的方式與對方交流比較合適。一般情況下，外傾型人格的景象是由一組有內在聯繫的屬性和特徵構成的，如喜歡笑、熱情、主動、好交際、易衝動、說話聲音大等。這種關於人的景象稱作原型。原型指某個範疇的最典型的代表。當我們對一個人有了進一步的瞭解時，就會逐步形成關於這個人的更形象、更具體的一個景象，同時我們已有的相關原型也會根據這次的經驗進行調整。例如，當你進一步與已經認識的某個人格外傾型的人交往之後，你可能會發現對方某些獨特的特徵，如感情容易外露、比較喜歡講笑話、有很強的幽默感。再進一步交往，你會發現對方是個喜劇演員。有了這些更詳細的特徵，你就能更好地決定和對方交往的方式。同時，你關於人格外傾型的原型，也可能進行微調，在已有的基礎上添加感情容易外露、幽默等屬性和特徵。

　　除了原型外，我們還有關於各種各樣事件的景象，這些景象稱為劇本，即在典型情況下進行典型活動的程序。例如，當我們應邀參加一個生日晚會時，我們頭腦中便會出現一個生日晚會的景象。生日晚會通常都有生日蛋糕、生日蠟燭。當生日蠟燭點亮以後，過生日的人會許願，參加生日宴會的人會一起唱生日歌，然後由過生日的人吹蠟燭、切蛋糕，給所有的人分蛋糕吃。這個抽象的景象幫助我們預料將發生的情況並決定採取什麼樣的行動來應對。由此可見，景象能夠幫助我們有效處理各種問題，快速、自動地編碼、組織和加工各種繁雜的訊息，以便我們能夠及時做出正確的反應來應對各種情況。

　　景象加工可以促進和優化人類的認知過程，但同時也易於造成扭曲和偏向，因為景象是現實的簡化，與現實刺激並不是一一對應的。所以在加工過程中，現實刺激與景象有關的訊息易受到注意力的重視，與景象無關的訊息容易受到忽視。每個個體的景象與自己的經歷有關，受個體的知識和經驗的制約，個體都是在自己過去的經驗中形成潛在的、關於事物各種特質之間相互關係的構想。所謂潛在的，指不是正式表達出來的，但影響對人的判斷。例如，有些人傾向於把友好和聰明放在一起，而不把聰明和自我中心放在一起。這種理論被稱為潛在個性理論。潛在個性理論是人們對他人特徵的一種簡單看法，透過這種看法把訊息簡化並加以組織、加工。這種看法可能是對

的，也可能是錯的。人們還傾向於認為他人的行為和態度是連貫的、穩定的，嘗試用某種穩定的特質去解釋說明他人行為的恆常性，忽視行為的變異性。例如，相信某人是誠實的，你可能就會忽略對方某次撒謊的行為。潛在個性理論在一定文化社會內部可能有一定的共同性，也有一定的變異性。

二、影響人際知覺的典型心理現象

正是因為人際交往中訊息加工過程有上述特點，所以，我們在人際交往中，往往會出現一些典型的心理現象或心理效應，這些現象或效應會影響我們的人際知覺，從而影響溝通。

1. 首因效應

首因效應，就是個體在人際交往過程中對某個對象形成的第一印象，即對他人初次知覺時形成的印象，它在以後的人際知覺或人際交往時會不斷地在頭腦中出現，影響並制約著新的印象的形成。

社會心理學家的研究揭示，通常情況下，首因效應在人際知覺的過程中發揮重要作用。這是因為第一印像一旦建立起來，便會對隨後的人際知覺、訊息的獲得、理解和組織有著強烈的定向作用。如，你在初次認識一個人時，他的很多不禮貌的行為和語言給你留下了非常深刻的印象，由此你認為他是個沒有教養、不懂禮貌的人。那麼在之後的交往過程中，儘管他可能表現出了禮貌得體的形象，你對他的印象也不會有太大的改觀，你也許會忽略他的這種行為，也許會認為這幾次的禮貌只是碰巧而已，也許還會將其解釋為這是一種故作姿態的表現而非其本性。

著名的社會心理學家阿希在 1946 年以大學生為研究對象做了一個著名的實驗。大學生被分成兩組，分別對同一個人的總體印象進行評定。實驗基本過程如下，第一組大學生被告知待評定的人的特點是「聰慧、勤奮、衝動、愛批評人、固執、妒忌」。很顯然，這六個特徵的排列順序是從肯定到否定。第二組大學生被告知的內容，仍然是這六個特徵，但排列順序正好相反，是從否定到肯定。研究結果發現，大學生對被評價者所形成的印象顯著受到特徵呈現順序的影響。先接受了肯定訊息的第一組大學生，對被評價者的印象

遠遠優於先接受了否定訊息的第二組。這意味著，最初印像有著高度的穩定性，後繼訊息甚至不能使其發生根本性的改變。

同樣，社會心理學家陸欽斯1957年的研究，也驗證了首因效應的存在。他用兩段文字材料描繪一個叫吉姆的學生。其中一段為：吉姆去買文具，與兩個朋友一起邊走邊曬太陽。他走進一家文具店，店裡擠滿了人，他一面等待店員招呼，一面與一個熟人談話。另一段為：吉姆放學後，獨自一人離校，在陽光明媚的馬路上，他走在背陰的一邊。該研究結果表明：只看第一段描述的被試，絕大多數將吉姆看成一個友好、外向的人；而只看第二段描述的被試，絕大多數將吉姆看成了沉默、內向的人。當兩個段落一起呈現時，多數被試對吉姆的印象都受到先呈現的資料影響，無論將哪段材料放在前面都是如此，後呈現的材料所產生的影響則很小。為什麼第一印象如此重要呢？這是因為最初印象對於後面獲得的訊息的選擇、注意和解釋有明顯的定向作用。也就是說，人們總是以他們對某一個人的第一印象為基礎，去組織加工他們後來獲得的有關此人的訊息。

首因效應的研究告訴我們，第一印象對以後的人際溝通產生著非常重要的作用，並且這種印像一旦形成也是很難改變的，所以在初次交往時建立一個良好的第一印象就變得尤為重要。也由於第一印象的片面性和其不可忽視的作用，所以在人際交往過程中，不能僅憑對他人的第一印象就武斷地給他定性。每一次交往你都能獲得交往對象的新的訊息，你應該根據這些訊息隨時調整你對他的印象和看法。

生活中的心理學

利用首因效應給人以良好的印象

在日常生活中如何利用首因效應給人以良好的印象呢？

(1) 著裝整潔

如何著裝，在日常生活中是非常重要的事情。通常，我們在不同的場合會有不同的著裝。但是，幾乎在所有的場合，著裝整潔都是基本的要求。因此，衣著打扮的重點，並不是要多麼華貴，關鍵是要整潔。整潔的著裝容易

給人留下幹練、穩重、積極向上的印象。過度的包裝、誇張的首飾、濃妝艷抹，都有可能在第一印象中發揮反作用。根據色彩服飾心理學的研究，在第一次見面時，靠近臉部的衣著為白色的衣服（例如白襯衫、白圍巾等）較容易取得良好的第一印象。

(2) 舉止有禮

在日常生活中，要注意社交禮儀，行為舉止要有禮貌。例如，當你去公司面試時，對櫃臺接待人員或面試室外其他參加面試的人都要以禮相待，不要忘記多說幾聲「謝謝」「請您」之類的客套話。不要旁若無人，隨心所欲，自己想幹什麼就幹什麼。如被傳召，在入面試室時應先敲門，最好說一聲「我可以進來嗎？」，等待對方說「請進！」時才推門進去，在進去之前千萬不要忘記向引領人員表示感謝。見到主試官後先問一聲好，然後轉身，靜靜地把門關好。面試完畢，在離開前也要主動和主試人握手道別。誠懇地說聲「謝謝」和「再見」，才走出面試室。

2. 近因效應

近因效應與首因效應相反，是指當人們辨識記憶一系列事物時，對末尾部分項目的記憶效果優於中間部分項目的現象，也就是說，在多種刺激依序出現的時候，印象的形成主要取決於最後呈現的刺激。前後訊息間隔時間越長，近因效應越明顯。究其原因，在於先前的訊息在記憶中逐漸模糊，從而使近期訊息在短時記憶中更為突出。

人與人之間初步建立了關係之後，在隨後的交往中，即使彼此已經相當熟悉，近因效應的影響也同樣重要。如，李林和張海兩人是初中同學，從那時起，兩個人就是好朋友，雙方相互之間非常瞭解，到了大學關係也一直不錯，可是近一段時間李林因家中鬧翻了，心情十分不快，在與張海相處的過程中，動不動就生氣，而且因一個偶然因素的影響，李林捲入了一宗盜竊案。此時，張海認為李林過去一直在欺騙自己，於是與他斷絕了往來。這就是近因效應在起作用。同學、朋友之間的負性近因效應，大多產生於交往中遇到的事情或行為與願望相違背，願望不遂或感到自己受委屈、善意被誤解時，其情緒多為激情狀態。所以在人際交往中，你在朋友心目中辛辛苦苦建立的

良好形象，可能因為最近一次的不小心改變了，導致兩人關係的疏遠；也因為近因效應，你與一個人之前不太友好的關係，也可能因為你們最近一次好的交流而改變。

3. 暈輪效應

暈輪效應，也稱為光環效應、月暈效應，是指人們對他人的認知判斷主要是根據對象的某個優點或者個人的好惡得出的，然後再從這個判斷推論出認知對象的其他品質。如果對象某個優點突出或者被標明是「好」的，他就會被「好」的光環籠罩著，並被賦予一切好的品質；如果對象某個缺點突出或者被標明是「壞」的，他就會被「壞」的光環籠罩著，他所有的品質都會被認為是壞的。暈輪效應是在人際溝透過程中形成的一種誇大的社會現象，正如日月的光輝，在雲霧的作用下擴大到四周，形成一種光環籠罩在周圍。例如，你在大學剛剛認識了一個人，而你又恰巧得知他是剛剛上任的學生會會長，同時擔任學校的多項職務，那麼他給你的第一印象是能幹、有責任感並且善於組織協調。由於暈輪效應的影響，他身上的光環讓你可能同時還會認為他功課一定很好，並且是個熱情自信、善於團結同學的人。然而，這些印象並不一定是完全正確的，需要你在今後的相處中慢慢發現。

暈輪效應會對人際關係產生積極的作用，如你對人誠懇，那麼即便你能力較差，在工作中，同事對你也會非常信任，因為對方關注到你的誠懇，由此掩蓋了你其他方面的不足。生活中青年男女的一見鍾情、俗語中所說的「愛屋及烏」，都是暈輪效應的一種表現。暈輪效應在人際交往中的最大弊端在於以偏概全，對人際交往也可能產生負面影響。在婚姻中有「三年一小癢的說法，婚姻心理學的研究顯示平均是，七年一大癢（婚姻心理學的研究顯示平均是 7 年）」是因為夫妻雙方戀愛時，由於暈輪效應只看到對方的優點，忽略或者無視對方的缺點和不足，結婚後雙方關係更加緊密，長時間的共同生活使雙方的新鮮感喪失，戀愛時掩飾或被忽略的缺點充分暴露出來，於是親密關係受到損害。又如，當我們看到某個明星在媒體上曝出醜聞時，有時我們會很驚訝，這也是暈輪效應的影響。因為我們心中這個明星的美好形象，

來自她在銀幕或媒體上展現給我們的那圈「月暈」，而明星真實的人格，我們是不知道的。

4. 知覺定式

知覺定式，也稱為刻板印象，屬於思維定式的一種。在每種社會文化背景裡，都會對每種類型的人形成一種比較固定、概括而籠統的看法。在人際關係中，我們習慣根據知覺對象的非常容易辨認的典型特徵將其歸屬為某一類型，隨後將這一類型成員所共有的典型特徵附加到對象身上，並以此來知覺和判斷對象。知覺定式在我們的人際交往中很常見，大家都有「溫州人精明會做生意、重慶妹子潑辣、東北人豪爽能喝酒」這一類的印象，都是社會長期流傳下來的關於各地人特點的總結。

知覺定式既有積極的一面，也有消極的一面。積極的一面表現為可以簡化認知過程，提高認知效率。知覺過程需要我們花費很多時間和精力來探索知覺對象的各種訊息，並進行編碼、組織和加工。對具有許多共同之處的某類人在一定範圍內，直接按照已形成的固定看法和結論進行判斷，這就簡化了認知過程，節省了大量時間、精力。例如，經人介紹你認識了一位台灣大學的學生，那麼你馬上就可以推論他的功課可能比較好，不然也考不上台灣大學。消極的一面表現為知覺定式往往有偏差，容易產生先入為主的錯誤。由於收集到的訊息有限，在有限的訊息上進行推論具有一定的不確定性，容易使人們在認知、評價他人時忽視個體的差異，從而導致知覺上的錯誤，妨礙對他人做出正確的評價。例如，你可能會發現有的溫州人也不怎麼會做生意、有的重慶妹子很溫柔、有的東北人一喝就醉，如果完全按照思維定式的影響，會嚴重影響對人的判斷。

5. 自我中心

自我中心是瑞士著名發展心理學家皮亞杰提出的一個術語，指兒童不能區分自己的觀點和他人的觀點的現象。例如，三歲半的男孩子可能會選擇一輛玩具小汽車，作為送給媽媽的生日禮物。這個小男孩的行為就是自我中心的表現，因為他是把自己的喜好投射到了媽媽的身上，沒有考慮他媽媽的興趣與自己的興趣是不同的，認為自己喜歡小汽車，媽媽也會喜歡一樣的東西。

在皮亞杰看來，自我中心並未含有自私或自高自大的意思。在上面的例子中，這個小男孩並不是自私或貪心，他同樣期待媽媽喜歡這個禮物，只是他無法區分自我的觀念與母親的觀念。

在溝通中，自我中心有其積極的方面。例如，青少年時期自我中心的一種典型心理表現是假想觀眾。他們認為其他人，特別是其同伴一直在關注他們、評價他們並且對他們的想法和行為都很感興趣。這使得青少年們必須時刻保持警覺，以避免做出任何可能導致尷尬、嘲笑或拒絕的行為。這無疑在人際交往中起著約束青少年行為的作用。

自我中心也會導致溝通中出現偏差。自我中心容易導致在溝通中出現自利偏差，即「對己寬容，對人嚴厲」。我們對自己比較寬容，認為自己的本意是善良的。當別人遇到問題的時候，我們會傾向於認為是對方個人的因素導致了壞的結果，而當自己遇到同樣的問題時，則傾向於將問題歸咎於外界因素，而不是自己的個人因素。例如，他人在溝通中情緒失控，我們會認為對方太敏感，太情緒化。自己在溝通中情緒失控，則認為是對方的做法太過分了。

6. 情緒效應

情緒效應是指認知主體的情緒狀態或特定心境會使個體在知覺他人和事件時具有偏見，就像戴上一副有色眼鏡，看出來的人和事都染上了自我的情緒色彩。生活中，當你心情沮喪時會覺得周圍的人都對你很不友好，對你含有敵意，此時你會非常容易以一種敵意的態度和錯誤的溝通方式來對待他人；而當你真正平復心情後，你會發現之前的論斷是錯誤的，別人待你如以前一樣，並沒有什麼不同。但是，你的態度以及不恰當的溝通方式卻很有可能嚴重地影響了你們之間的關係。

良好的情緒管理和情緒理解與表達就變得尤為重要。良好的情緒理解與表達對個體本身具有很大的益處，它會讓人們更快樂、更多自我肯定，在人際交往中更加自信、較少沮喪、遊刃有餘，有更多積極健康的心理體驗，較少感覺社交孤立，易於接受別人的感情，更容易處於滿意的人際關係中。

在人際溝通中，這些典型的心理現象或心理效應，對我們的人際關係有非常深遠的影響，在以後的生活、工作中，要注意這些心理效應對你和你的交往對象的影響，迴避這些效應的不利方面，利用積極的一面，提高與人交流的能力。

三、培養同理心

瞭解他人常用的簡單方法是把自己當作他人，把自己放在他人的位置上，從而建立有關他人的內部狀態的假設，這就是認識、瞭解他人的一種認同機制，類似於我們常說的「設身處地、以己度人」，也就是我們常說的同理心。同理心是指正確瞭解他人的感受和情緒，進而做到相互理解、關懷和情感上的融洽。通俗地講，同理心就是將心比心，同樣的時間、地點、事件，而當事人換成自己，設身處地去感受、去體諒他人。同理心不是天生的，但是可以培養。缺乏同理心的人無法表達相互關懷、理解，達到融洽的人際關係。同理心可以讓我們擁有良好的人際關係、融洽的工作氣氛。

那我們應該怎樣鍛鍊同理心呢？要學會站在對方的角度、專心聽對方說話，讓對方覺得被尊重。能正確辨識對方情緒，能正確解讀對方談話的含義。但是要做到完全的同理心也是非常困難的，因為每個人都有不同的文化和生活背景，每個人的知覺方式也千差萬別，因此，要想完全瞭解另一個人的想法是不可能的，也是不現實的。雖然如此，培養自己的高感受性，透過別人的角度看待世界卻是有可能的。

枕頭法就是一個很好的建立同理心的方法。枕頭法因問題由四個邊和一個中心組成像枕頭的形狀而得名。四個邊分別是立場一、立場二、立場三、立場四，中心為結論。

立場一：我對你錯。我們通常會採取這個觀點。當我們看待一件事時，我們是從自己的角度出發，看到的是自己的對和別人的錯誤，而對方的立場正好相反。比如，正值過年，商場打折，週末你要求男友陪你逛街，但是他因為沉迷在遊戲中忘記了與你約定的時間。雖然最終他還是陪你逛了街，但是逛街過程中你總是悶悶不樂，最後你們大吵了一架。吵架的原因是你覺得

他根本不在乎你，但是他卻覺得不是不在意你，只是忘記了時間並且自己不太喜歡逛街而已。怎麼解決這個衝突呢？在枕頭法中，立場一要求考慮自己的觀點，你會想：平時又不經常要求他陪我逛街，只是正值過年期間，商場打折而已，他竟然因為遊戲忘記了我們約定的時間，被我強行拉著逛街之後還悶悶不樂，這就是他不在乎我的表現。

　　立場二：你對我錯。這是一種轉換視角的方法，用來解釋對方如何以不同的方式看待相同的問題。在上述逛街爭吵的場景中，根據立場二，你可能會想：「過年這一天難得沒事，男友希望在寢室好好玩遊戲享受一下假期是對的，並且男生本來就不喜歡逛街，他最後也放棄遊戲跟我一起逛街了，我還跟他吵架，都是我的不對。場二的特點是找自己的缺點，認清對方立場的長處，並試著支持對方的立場。這往往需要相當程度的勇氣。然而，根據大部分人的經驗，轉換視角能讓我們看出別人觀點中的優點，從而使我們找到方法，理解其他人為什麼用你原先無法溝通的方式行事。

　　立場三：雙方都對，但雙方也都有錯。在此立場之上，你認識了自己的缺點和長處，同時，你也很清楚，對方也有缺點和優點，此時，你將用更公平的方式看待此事，讓你不會吹毛求疵，也比較能瞭解對方的觀點。同時，立場三也可以幫你找到雙方共同的立足點，能夠讓你看出這個議題並非像起初所見。例如，在逛街衝突的情景中，持立場三的你可能會想：不常讓男友陪我逛街，在這個節日裡我想和他一起度過，他卻因為遊戲不陪我，我很生氣。他因為遊戲忘記了我們約定的時間確實不對。但是我也有不對的地方，男友不喜歡逛街這類事情，想趁假期打遊戲讓自己好好放鬆下，也沒什麼不對，我向他發火生氣讓兩個人的假期都過得不愉快，這是我不對。

　　立場四：這個問題不重要。我們很容易為了爭辯一個問題導致關係變糟，以至於忘了有比爭論輸贏更重要的部分。「這個問題不重要」的角度將幫助你瞭解到，問題有時並非像你想像的那麼重要。雖然一開始很難將事件看成是無關痛癢的一件事，但是大部分的事情冷靜思考一下，就會發現它不像我們想像中的那麼重要。例如，在上述爭吵中，立場四讓你可能會想：為這個

問題爭吵非常不值得，能不能陪我逛街與他在不在乎我根本就是兩個不太相關的事情，這與我們之間的愛無關。

　　結論：四個立場都有道理。在瞭解了這四個立場之後，最後就要認識到這四個立場都有自己的優點，你自己的經驗將會顯示每一個立場都有其合理的一面，它們可以增加你對別人的容忍度，並因此改善溝通的氣氛。

複習鞏固題

　　1. 人際知覺對溝通的影響體現在哪些方面？

　　2. 人際知覺中容易對溝通產生影響的典型心理效應有哪些？

　　3. 培養同理心的枕頭法的基本步驟是什麼？

第二節 自我與溝通

一、自我概念與溝通

　　英語詞彙中，自我是 Self，原意為「同樣的」或「同等的」。當用於人時，它指一種獨特的、持久的同一性身份。拉丁文詞彙中，自我是 Ego，指一切精神活動都圍繞其轉的核心。自我在認知內容上主要有三種形式：一是個人的記憶，與情境記憶有關，如「我記得上次與這個人在一起感到羞怯」；二是語義表徵或關於自我概括化的知識，如「我是一個羞怯的人」；三是在最抽象水平上關於自我的理論，如有人有這樣的信念：「我的羞怯是固有的，我總是感到羞怯」，有些人則相信「如果我努力，我可能就會克服羞怯，變得大方」。

　　自我在心理學中佔有重要的地位。人們的思想、情感和行為的一致性是由自我決定的，自我是人格的核心內容，統籌各個部分。認知自我是溝通的第一步，我們需要在溝通中瞭解我們的認知、情感和需要。

　　1. 自我概念

自我概念（Self-Concept），即個體對自身存在的感覺和體驗，是關於自己本質的所有認知和信念組成的動態心理結構。它是指一個人透過經驗、反省和他人的回饋，逐步加深對自身的瞭解。

自我概念是一個有機的認知結構，包括自身的認知、情緒情感、意志、需要、動機、興趣愛好、觀念、態度、信仰、價值觀、能力、氣質、性格、行為習慣，最想成為的理想自我，預期要扮演的可能自我，對自己積極和消極的評價（自尊、自卑等）以及關於別人怎麼看待自己等等。

2. 自我概念的結構

關於自我的信念並不是獨自沉思的結果，很容易受到他人對自己的看法的影響。自我概念的形成、發展和完善是在瞭解他人對自己的反映評價（如對個體品行的議論）後，與他人比較衡量自己的標準後，以自己獨特的方式對自己進行感官知覺和體驗。自我概念由反映評價、社會比較和自我感覺三部分構成。

2.1 反映評價

反映評價是個體從他人那裡得到的有關自己的訊息。在社交過程中，如果個體從他人尤其是重要他人處得到了積極、肯定的回饋和評價，就會建立一個良好的自我概念。如果這種回饋和評價是消極、否定的，個體的自我概念就可能很糟糕。例如，學期開始時，如果老師對一個學生說：行，你一定會成為一個好學生。這位學生聽了以後就很可能會以好好學習的行動來回應老師的這種正向評價；如果老師說：認了吧，你以後沒有什麼發展。可能會因此而消極起來，反正老師都認為自己功課不行，自己可能真的不行吧，破罐子摔破，懶惰一點也無所謂。

別人對我們的議論和判斷會使我們認為那實際上是我們自己。兒童由於認知和經驗的不成熟，很容易將父母對自己的議論、評價和看法內化到自我概念中，當這種情況重複出現後，就像催眠暗示一樣誘導兒童的行為與父母的看法相符合。例如，父親多次對兒子說：是個有教養的孩子，是一個順從聽話的孩子，讓你做什麼就做什麼。在這種誘導和說服下，孩子相信自己是

個有教養的孩子。一旦這種感覺和體驗（信念）內化到自我概念中，在其與他人相處時，其相處方式、行為表現必然引導別人像他自己一樣看待他。我們根據父母的看法定義我們自己，以自己的實際行動證實這個定義，同時又誘導和說服他人相信我們就是這樣子的。獲得被他人（重要人，一般是父母）定義的身份，接受它並內化到自我概念中，然後說服他人也以相同的方式看待自己，這種循環會延續終生。

2.2 社會比較

在生活和工作中，個體往往會有意或無意地與他人比較，或者參考他人來制訂自己的標準，這就是社會比較。例如，在學校時，當考試成績公佈之後，我們都會習慣性地問一下自己的隔壁同學考了多少分，自己的其他朋友又是多少分；步入社會，我們又和同時進入社會的同事比，跟同年齡段的朋友比，跟與自己有相似學歷、經歷的其他人比；當自己有了孩子，就比自己的孩子聽話還是別人的孩子聽話，自己的孩子學習好還是別人的孩子學習好；當擔任主管管理一個單位時，就和其他單位比哪個單位的成績突出，等等。無論什麼人，從出生到長大，從家庭到社會，從學習到工作，都是在社會比較中建立、發展和充實自我概念的。

2.3 自我感覺

童年期個體對自己的認識大多數來自人們對其的回饋評價。個體在成長過程中，逐步學會以自己的方式和眼光來看待、評價自己，這種看待自己的方式被稱為自我感覺。如果從成功的經歷中獲得自信，自我感覺就會變得更好，自我概念就會改進。例如，當透過自己的能力安裝好一台電腦時，通常我們的自我感覺就非常好。

3. 自我概念的形成

自我意識是人格的核心，其並非簡單的意識層面的認知，而是個體對自身的自主性、獨立性、物質和精神存在的一種體驗和認知。自己既是世界的一部分，又是相對獨立自主的個體；自己與他人有共同的特質，也有獨特的特質；自己的存在狀態（生理和心理）既是穩定的，又是可以變化的。

個體在遺傳與環境交互作用下，在與環境的各個關係的互動中，在社會化過程中獲得自我認識。這是一個漫長的過程，並且這種自我認識具有相對穩定性，也具有可塑性。所以自我概念的形成受先天生物因素和後天環境因素的影響，當自我概念開始形成後，自我概念又會影響其隨後的發展和變化。

在生物因素方面，一些研究顯示害羞的小孩成年以後仍然可能是害羞的。對雙胞胎的研究結果也表明，在控制了成長環境之後，同卵雙胞胎在興趣愛好、氣質特點以及心智特點上具有極大的相似性。

後天環境對自我概念的影響，主要表現在反映評價和社會比較方面。人們的自我概念很容易受到他人對其看法的影響。個體關於自我的信念並不僅僅是個人沉思的結果，他人對其品行議論、評價後給予的回饋也很重要。

在童年，當個體還未形成完整穩定的自我概念時，成年人對其的反映評價就帶有諸多社會比較，如「你看別人小孩多聽話，功課多好」，這種外在的社會比較對兒童自我概念的影響是巨大的。當個體形成了比較完整穩定的自我概念時，社會比較對自我概念的影響力主要是受到個體自信等其他心理因素的影響。例如，果斷堅定的人的看法不容易受到來自社會比較的影響。此時，社會比較對自我概念來說就是一個參考。

4. 自我概念的作用

自我概念的作用體現在以下幾個方面。

4.1 保持自我看法一致性（自我引導作用）

個人需要按照保持自我看法一致性的方式行動。自我概念在引導一致行為方面發揮著重要的作用。自我勝任概念積極的學生，成就動機和學習投入及成績明顯優於自我勝任概念消極的學生。有關品德不良學生的研究也證明，學生有關自己名聲與品德狀況的自我概念直接與其行為的自律特徵有關。當學生認為自己名聲不佳，被別人認為品德不良時，他們也就放鬆對行為的自我約束，甚至破罐子摔破。很顯然，透過保持內在一致性的機制，自我概念實際上起著引導個人行為的作用。在這個意義上，在兒童的發展過程中，引導他們形成積極的自我概念，對於「學會做人」有著非常重要的意義。

4.2 經驗解釋系統的作用（自我解釋作用）

一定的經驗對於個人具有怎樣的意義，是由個人的自我概念決定的。不同的人可能會獲得完全相同的經驗，但他們對於這種經驗的解釋卻很可能不同。某次考試，學生 A 和學生 B 都考 95 分。學生 A 平時認為自己能力一般，學習這門功課有些困難，對於這次考 95 分感到欣喜，鼓舞他繼續努力爭取更好成績。而學生 B 平時對這門功課很感興趣，學習也很有信心，一般都取得好成績，這次考試卻由於粗心只考了 95 分，認為是失敗和挫折，感到懊惱、沮喪，決心再努力。這個例子說明，個人的自我滿足水平並不簡單取決於他獲得多大的成功，還取決於他的抱負水準。自我概念就像一個過濾器，進入心理世界的每一種知覺都必須透過這一過濾器。知覺透過這一過濾器時，它會被賦予意義，而所賦予的意義則由個人已經形成的自我概念所決定。

4.3 自我期望作用（自我期望作用）

心理學家伯恩斯 1982 年指出，個體對自己的期望是在自我概念基礎上發展起來，並與自我概念相一致的，其後繼的行為也取決於自我概念的性質。例如，自我概念積極的學生自我期望值高，當他取得好成績時就認為這是意料中的事，好成績正是他所期望的。自我概念消極的學生，當他取得差成績時，也認為這是意料之中的事，假如偶爾考了個好成績，就會覺得喜出望外。反過來，差的成績會加強他消極的自我概念，最終形成惡性循環。消極的自我概念不僅引發了消極的自我期待，而且也決定了人們只能期待外部社會消極的評價與對待，決定了他們對消極的行為後果有著接受的準備，也決定了他們不願更加努力學習，因此對其喪失了信心與興趣。

4.4 引導成敗歸因的作用（自我成敗歸因作用）

社會心理學家海德（Fritz Heider）（1958）和溫納（Weiner）（1972）提出並建立了一套從個體自身的立場解釋自己的行為的歸因理論。自我歸因理論認為動機是介於刺激事件與個人處理該事件的行為之間的中介，每當個人處理過一樁刺激事件之後，個人將根據自己所體會到的成敗經驗，並參照自己所瞭解的一切，對自己的行為後果提出六方面的歸因解釋，這就是：

（1）能力——個人從事工作是否有足夠的能力；

（2）努力——反省此次工作是否盡了最大努力；

（3）工作難度——憑個人經驗，對此次工作感到困難還是容易；

（4）運氣——自認為此次工作成敗與否與運氣好壞有關；

（5）身心狀況——當時的心情及身體健康狀況；

（6）別人反應——在工作時及之後別人對自己工作的態度。

這六項因素中，（1）、（2）、（5）三項屬於內在因素，（3）、（4）、（6）三項屬於外在因素。對工作成敗的歸因取向，將影響個人以後再從事類似工作時動機的高低。一個人具有積極的自我概念，相信自己的能力，會將成敗歸因於自己的努力程度。

5. 自我概念與人際溝通

良好溝通的重要方面就是展示積極、正向的自我。我們都有這樣的經歷：當我們以一種積極向上的健康姿態去面對生活，現實中的問題其實並不如想像中那麼嚴重，我們會覺得生活是充滿希望的，會更容易感受到幸福。當人生態度比較消極時，我們會覺得生活是沒希望的，會更容易感覺到痛苦。同樣，在溝通中當你展示了積極正向的自我的時候，你的溝通對象也更容易受到這種積極正向力量的影響，也會更積極地參與溝通，從而使溝通變得良好，也更容易建立更加親密的關係。如果你展示負面的消極的自我，那麼對方也可能以相同的方式來和你溝通，從而使溝通變得困難，使關係受到破壞。進行良好的自我展示，很重要的方面就是要建立積極正向的自我概念。

二、溝通中的自尊和自信

1. 溝通與自尊

所有人都有對自尊、自重和來自他人的尊重的需要或慾望。自尊是對自我的一種態度，是個人對自我價值和自我能力的情感體驗，是個體對其社會角色進行自我評價的結果。

自尊作為一個人自我價值嚮往的體現形式，是一個人的行為遵從自己所重視的規範的基礎。若一個人失去自尊，他遵守規範的理由也會喪失。自尊也反映個人按照一定的價值標準對自己進行價值評判後獲得的自我價值感。當評價的結果是肯定的，自我價值感得到確立時，個體就得到較高水平的自尊，反之，自尊受到傷害，就出現自貶。

根據對自我整體狀況的滿意程度，自尊被分為高自尊和低自尊。高自尊表現為一個人有「足夠好」的感覺。通常，研究者們把在自尊測量（自我報告）上的得分低於其他大多數被試（50%～80%）的個體，稱為低自尊個體。低自尊個體通常以強烈的消極自我觀點為特徵，他們在與別人互動的過程中經常感受不到被接納和自我價值感，他們更傾向於將別人的行為理解為拒絕，存在對拒絕性訊息的注意偏向。不過 Michael 和 Rene（2006）指出，低自尊並不是以強烈的消極自我觀念為特徵，而是以自我矛盾為特徵。自我矛盾是指積極的自我評價和消極的自我評價共存。在他們的研究中，自尊與自我矛盾之間呈顯著負相關。

1.1 自尊對溝通的影響

心理學家舒茨（Will Schutz）認為，在社會交往中，人們有三種人際需求：控制力需求、參與度需求和情感需求，自尊透過影響我們的人際需求來影響溝通。

所謂控制力需求，是指在人際交往的過程中，我們通常對保持人際關係抱有一定的控制慾望。當我們感到對人際關係沒有多大控制力的時候，常常會感到壓抑與不滿。同時，當我們擁有太多控制力的時候，常常也會有過多責任的壓力。因此，當我們對人際關係有適度的控制力的時候，通常會感到最快樂。研究發現，自尊越高的人，他們對生活的控制力會越高一些。

參與度需求是指我們每個人都會有參與社會活動、積極尋求與他人接觸、渴望被社會接納和尋找歸屬感的需求。當人們的參與度受到限制的時候，他們的身心健康會受到極大的影響。大量的研究發現，保持良好的社會參與度並維持良好的人際關係與自尊水平存在密切的關係。例如，對大學生自尊、人際關係與主觀幸福感的關係的研究發現，人際關係的好壞程度制約著大學

生自尊的發展。良好的人際關係有利於增強大學生自我價值感。研究也發現，高自尊的人更加外向，他們有更強的動機來滿足參與度的需求。

情感需求是指我們在人際溝通中尋求滿足愛與被愛的需求。高自尊的人比低自尊的人更能夠向他人表達自己的愛意。

舒茨認為我們每個人在某種程度上都會有這些需求，這些人際需求都同等重要。當我們越是需要滿足這些需求的時候，我們就會越積極地去尋求能夠滿足這些需求的人際關係。高自尊的人並不一定就會擁有較高的人際需求，但是他們在人際交往的過程中更能夠滿足這些需求，從而達到良好的溝通效果。

1.2 影響自尊的因素

1.2.1 社會比較

社會比較是對自我的認識途徑之一，它包括比較自己與他人的個性品質、觀點和行為。與此相應的研究發現：低自尊者在社會比較中力求自我保護，而不是力求提高自己的自尊。低自尊者在得到成功反饋後才尋求較大量的社會比較；而高自尊者則在失敗後才進行大量的社會比較以尋求失敗的補償。總體來說，在社會比較中，低自尊者傾向於採用自我保護的策略，而高自尊者則傾向於採用自我提升的策略。此外，人們還常常會使用自我妨礙來避免自己被看作無能或失敗的，從而保護自尊。

在社會比較中選擇坐標系是極其重要的。通常，我們會選擇地位、身份相似的人與之比較，使個體處於恰當的位置，這就是社會比較的相似性原理。為了清晰地完成自我認知和建立積極的自尊，根據相似性原理正確進行社會比較是較好的方法。

1.2.2 自我覺知

自我覺知是個人瞭解自己的過程，是對自己各方面心理特徵的認識。個體對自己的正確認識與評價是一個複雜的過程，除了認知這一重要因素外，還會受到動機、需要、願望等其他心理因素的影響。而自我覺知中的自我服

務偏向對個體的自尊具有保護和提升的作用。積極的自我覺知使人能夠客觀地全面地發展地看待自我，從而產生積極的自我體驗。

1.2.3 歸因風格

歸因是指個體對導致自己或他人行為結果的原因的知覺和推斷。很顯然，積極的歸因能夠提升自尊，而消極的歸因則會減損自尊，而且歸因方式會影響個體對自己的認識和今後的行為。不恰當的歸因容易對個體發展產生不良影響。研究發現，高自尊和低自尊的人在成功或失敗後的歸因方式不同，成功後高自尊者比低自尊者更有可能改變自己的行為，而在失敗後，低自尊者比高自尊者更有可能改變自己的行為。

1.2.4 家庭教養方式

霍妮認為，自尊來源於早期父母的愛以及適當的讚許和鼓勵。自尊發展的情感模型假設自尊是在早期形成的，無條件的歸屬感和掌控感是自尊的重要成分，這些情感主要是親子相互作用的結果。因此，個人與父母的關係在青春期早期和晚期會持續影響自尊。

2008 年，Ronald 和 Debaran 做了一項親子關係與青少年自尊的研究，探討了父母的陪伴、關係質量與青少年自尊的關係。結果表明，無論是父親陪伴還是母親陪伴，都與青少年的自尊有統計學意義，即父母的陪伴越多，對於青少年的自尊發展就越有利；父子和母子的關係質量與青少年自尊呈正相關。這一系列結果反映出一個事實：即親子關係為高質量時，對青少年應對壓力是一個積極的緩衝。1994 年，Sakinah 和 Ste-phan 對寄養青少年對出生家庭的認同狀況與自尊的關係進行了一項研究，結果顯示對出生家庭認同低的青少年比對出生家庭認同高的青少年自尊水平低，說明無論是父母還是其他的主要撫養人與孩子之間的關係，對孩子自尊的高低起著至關重要的作用。

2. 溝通與自信

我們需要在溝通中正確地表達自己的真實想法，否則，我們很容易感到沮喪，並對我們的人際關係造成影響。而在溝通中展示出自信，則能夠避免

因沒能正確地表達自己的真實想法而產生沮喪。個體的自信對溝通以及人際關係有不可忽視的重要作用，一個自信的人往往可以影響其周圍的人，並在溝透過程中占有主導地位。自信甚至被認為是最具魅力和最具人際吸引力的特徵。

2.1 自信溝通的特點

所謂自信溝通，是指在溝通中以一種直接、堅定、積極甚至在必要時堅持的態度進行真誠的表達，這種表達重視促進人際關係平等，在維護自己的利益和行使自己的權利時不踐踏他人的權利。直接、堅定、積極和堅持使自信的溝通者能夠把自身的感覺、想法和希望清楚地表達出來。他們在溝通時自然地顯示自己的憤怒和不滿，表現出自己的喜愛和友好，承認害怕和焦慮，能夠向相關的人表達自己的想法和感受，表達自己的觀點，並能夠讓他人重視自己的觀點和感受。重視促進人際關係的平等，意味著在溝通中不貶低對方，不強迫他人服從自己的需要。對爭論和分歧能夠坦誠地平等協商，在不損害自身的權利和尊嚴的前提下能夠坦率地妥協。維護自己的利益則是主動地採取行動實現自己的目標，能夠說「不」、表達自己的反對或者支持，可以有效地處理批評、羞辱而不會變得有敵對性或防禦性。行使自己的權利而不踐踏他人的權利是指在溝通中不對別人進行不公平的批評、傷害、指責、操縱和控制。

2.2 建立自信溝通的技術

有一些技術能幫助你自信地溝通。

2.2.1 「破唱片」技術

當你想說「不」或用其他的方式與對你的訊息理解有困難的人劃分界限時，「破唱片」技術是一種有用的技巧。它包括四個步驟。

第一步，弄清楚你想要什麼，不想要什麼，知道在這種情況下你的感覺、想法和願望。

第二步，對你想要什麼形成一個簡短、具體、容易理解的陳述。最好可以將其整理成一句話。不要提供理由或解釋，避免說「我不能……」，因為

這是一個最糟糕的理由，其他人可能會回答「你當然可以」，並且告訴你怎樣去做。說「我不想……」更簡單、更直接，也更誠實。在頭腦中回顧你的陳述，儘量刪去他人可以用來擴展他的論據的漏洞。

第三步，用身體語言支持你的陳述。站直或坐直，看著對方的眼睛，將你的手放在身體的兩側。

第四步，平靜而堅定地重複你的陳述，使對方獲得你的訊息並且意識到你不會改變主意。

2.2.2 「空椅子」技術

剛開始進行自信溝通的時候，你可能會感覺到尷尬。「空椅子」技術對你很有幫助。這個技術的核心就是想像一個你想對其表現出自信的人正坐在一把椅子上面對著你。用你頭腦中的眼睛看著這個人。他是怎麼坐的，穿什麼樣的衣服，儘量看得更清楚。

首先，你開始自信的陳述，就好像那個人真的坐在椅子上聽。陳述完成後，轉到空椅子上。假裝你是那個坐在空椅子上的人，想像他會怎麼反應。然後回到你的椅子上，想像你怎麼認識對方的反應，做一個適當的自信的回應。繼續這一過程，在兩個椅子之間來回移動直到完成對話。

如果這種「空椅子」技術讓你感覺不太自然，你可以根據「空椅子」技術的步驟，把它編成劇本，或者在鏡子前練習或者透過錄音來進行練習。

三、溝通中的自我表露

在火車上，你的身邊坐著一位看起來和藹可親的女性。冗長而枯燥的旅程使你有找她聊一聊的衝動，於是你開始和她攀談起來。談話從你們是什麼地方的人、此次旅行的目的等問題開始，但不一會兒她就開始談學習壓力問題，你也開始對她抱怨同學間緊張的人際關係。當到達目的地的時候，你對她的過去有了很多瞭解——她是一個大三的學生，正在進行考研究所前的準備工作，但她對未來能否考上缺乏信心。你發現，自己也向她吐露了不少，你告訴她你在學校交了男朋友，忽略了和同學的關係。當你們說再見的時候，你感覺這個人很好，甚至有點像你自己。

我們都有過這種傾訴。和一個陌生人開始一段談話，談話剛開始的時候你們都在說一些禮節性的話題，什麼天氣啦，見聞啦，逐漸地，你們的話題漸漸深入，涉及家庭、薪水、人際關係。你們有很好的互動，和對方輪流分享著自己的訊息。結束這次談話的時候，你會對這個陌生人有著超常的好感。同時你感覺到，他對你的感覺一樣好。這次邂逅使你進入了一個愉快的心境，這種心境使你在這一天裡都有好精神。

你為什麼會因為這樣一次談話就有了好心情呢？根據心理學家的研究，在兩個人分享了私人訊息後，那些感覺是很特別的。當人們把有關自己的秘密訊息展示給另一個人的時候，他就在進行「自我表露」。你和其他人在一起的時候總是在不自覺地表露自己。即使你忽視他們，但你的語言、姿勢都透露了關於你自己的訊息。

1. 自我表露

1955 年，美國心理學家約瑟夫·勒夫特（Joseph Luft）和哈里·英厄姆（Hay In-gham）提出了「周哈里資訊窗」，他們把「自我」劃分為下面的四個像限。

```
              自己知道      自己不知

         ┌─────────────┬─────────────┐
  別     │  開放的自我  │  盲目的自我  │
  人     │  了解自我    │  不了解自我  │
  知     │  被別人了解  │  別人了解    │
  道     ├─────────────┼─────────────┤
  別     │  隱藏的自我  │  未知的自我  │
  人     │  了解自我    │  不了解自我  │
  不     │  不被別人了解│  不被別人了解│
  知     │             │             │
  道     └─────────────┴─────────────┘
```

周哈里資訊窗

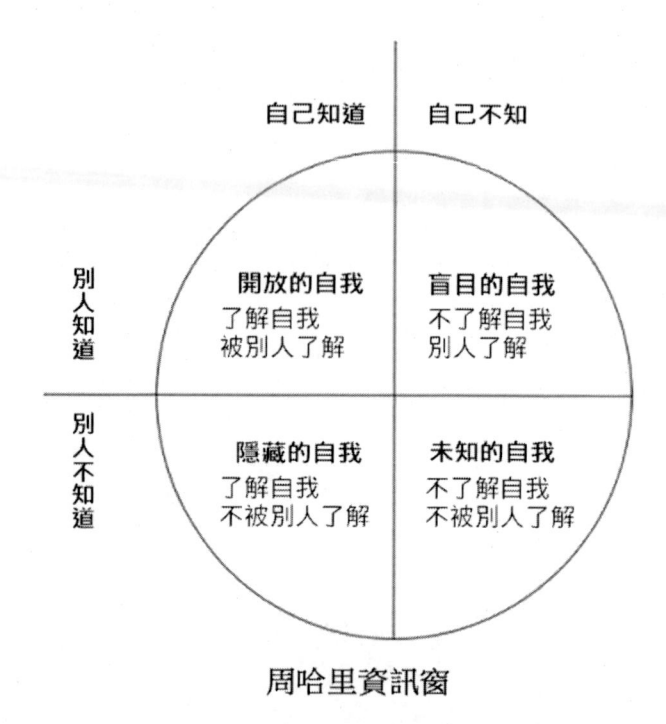

2 第一象限代表開放的自我,表示你自己知道並能向他人公開的。第二象限是盲目的自我,指他人瞭解而你並沒有意識到的一些方面,如習慣、怪癖、防禦機制、處事策略等。第三象限是隱藏的自我,它包括你所有的秘密——你所思考的、感覺的和要求的每一件事情,這些都只有你一個人知道。第四象限是未知的自我,代表了你自己和他人都不瞭解的自我維度。夢是未知自我的例子。再如,你在沒成為父親或母親之前,你和別人都無法知道你能否成為好家長,這也是未知自我的例子。在周哈里資訊窗中,對每個人來說,這些像限都不是固定不變的。在日常活動中,觀察、思想、情感和想法會從一個像限移動到另一個像限。你在外部世界看到、聽到和接觸到的種種都進入隱秘的自我中。某些經歷會影響你無意識的習慣,並進入盲目的自我中。有些你記得但從來不表露的東西就留在了你隱秘的自我中。有些你注意到並告訴別人的東西就進入你開放的自我中。當你深入洞察自己在這個世界上如何行為時,你就從盲目的自我進入隱秘的自我中,而把這些意識告訴給別人時你又進入開放的自我中。

所謂自我表露，是指在交際中將個人的有關問題和私人感情、個人愛好、往日經歷、各種願望以及缺點和不足傳播給對方的一種交際行為。也許有人認為這些都是私事，不便公開，尤其是使自己的缺點和不足外揚於人會使人看輕自己。其實不然，在人際交往中，自我表露既可平衡自我心態、取得他人理解和幫助，又能增加對方對你的信任，加深友誼。

馬斯洛、羅杰斯等許多人本主義心理學家在自我適應和心理治療中關注到了自我表露的作用。例如羅杰斯提出，在一個值得信任的關係背景中把自己表露給另一個人，是別人逐步瞭解自己的第一步，並且會因此變得富有成效。朱拉德認為，經常的自我表露是一個人有健康人格的重要表現。他認為，如果不把我們的思想變成語言文字表達出來，那麼我們的真實情感很容易被否認和歪曲，只有我們對每一個人都是公開透明的時候，我們才能公開透明地看待自己。

2. 自我表露的益處

2.1 增加自我認識與自我認同

有時把自己的想法轉化成可以表述的語言會使自己注意到平時意識不到的想法，常有頓悟之感，有利於人們更加瞭解自己的情緒、想法，同時也能在溝通中獲得他人的反饋，更全面看清自己。同時，自我表露也能幫助我們獲得自我認同。例如，你可以透過袒露訊息來尋求聆聽者對自己的行為和信念的認同。

2.2 維持和加強親密關係

良好的自我表露會令雙方產生信任的感覺，這會大大拉近彼此的距離，在親密關係中，經常的自我表露會將自己的想法更多地表達給對方，雙方能進一步增強親密關係。大量的研究顯示，自我袒露的品質與婚姻中的滿足感之間有強的關聯，同樣，在一般人際關係中，自我表露的品質也與人際關係的滿意度之間存在密切的關係。

2.3 增進交流

健康的自我表露是一個學習什麼時候告訴誰什麼事的過程。一般而言，你表露的訊息越多，你就可以更好地交流。你隱藏的訊息越多，你的交流就越沒有效果。

2.4 情緒宣洩

自我表露能夠使自己壓抑的情緒得到發洩，從而保持心理的健康。例如，內疚是一種複雜的情緒，它通常包含氣憤、害怕遭到報應等，容易給人帶來痛苦。透過自我表露，暴露你所做的或所想的，你就不需要處心積慮地隱藏那些過失；而且，當你將自己內疚的事情暴露出來之後，你就能夠客觀地看待它。有研究發現，創傷性經歷的表露對健康有益，正視創傷有利於把身體從高壓狀態中解脫出來，會使壓力降低，改善健康。研究者還表示，那些經常隱藏自己消極訊息的人更可能遭受焦慮和抑鬱。因此，說出或者寫出創傷經歷對攻克創傷是非常重要的一步，強迫人們把情緒體驗變為清楚的語言表達會產生頓悟，透過它可以更好地理解問題的來源，增加解決問題的途徑。

3. 自我表露的最佳水平

自我表露中有一個互惠原則，兩個談話者暴露的隱私大都在一個水平上，其中的一個人把自己的某些私人訊息展示給另一個人，另一個人就會把同等水平的私人訊息告訴他。如果一個人只是坐在那裡傾聽而不會談及自己的一些私事，那麼我們很有可能不會再進一步表露自己。自我表露來自吸引和信任感。當別人把自己的訊息展示給你的時候，你就會被他吸引並產生信任感。如果你很擅長自我表露，你的開放自我部分相比其他部分就會大得多。開放自我部分越大，你就越容易透過自我表露受益。

自我表露有時也是有風險的。例如，我們可能會被拒絕。你透露了一些別人不知道的事情，可能這些訊息會導致他人對你的反感。一些研究發現，大幅度地進行自我表露對人際關係會有相反的效果。魯賓（1973）在一項研究中，要求在機場候機的旅客對一些書法作品進行評價，實際上這些書法作品是由同一個人寫的，不同的是這些書法作品的內容是不同的自我表露，結果發現，中等水平的表露最受歡迎，過多和過少的自我表露都影響人們在人際中的吸引力。

運用自我表露應注意以下幾點：(1) 隨著交際的進行，呈階梯狀地逐步表露。初次見面你便滔滔不絕地說出自己的心裡話，對方即使不認為你神經不正常，至少也會覺得你心直口快、有欠穩重。(2) 區別場合、對象。如果在慶祝會上大談特談自己過五關、斬六將的輝煌業績，容易引起人們的反感；在約會時雲山霧海地講人人熟知的大道理，就會使人感到欠誠實，難以身心相托。另外，能對同性表露的不一定合適向異性表露，能向同輩表露的卻不一定非要向長輩訴說不可。(3) 不能以己之心強求他人。自我表露是交際雙方都應該進行的，但是不能因為自己的快言快語而強求他人向你傾訴心曲。每個人都有你知、我知、大家知的公開的自我，也都有天知、地知、自己知的隱蔽的自我，如果你貿然闖入他人的隱蔽區，輕則導致窘迫難堪，重則出現關係破裂。

複習鞏固

1. 自我概念包含哪幾個部分？自我概念的作用體現在哪些方面？
2. 自我表露有哪些益處與風險？
3. 自信的溝通有哪些特點？

本章小結

人際知覺會透過投射效應影響溝通，也會由於情感因素的參與影響我們對人際關係的判斷，從而影響溝通。人際知覺中有一些典型的心理效應，這些心理效應會對人際知覺產生積極或消極的影響。改善人際知覺的方法，既要對人際知覺中典型心理現象的消極方面加以規避，也要培養同理心。

自我概念包括反映評價、社會比較和自我感覺三部分。良好溝通的關鍵在於展示積極的、正向的自我概念。自尊和自信是重要的自我概念。自尊透過影響人們在社會交往中的控制力需求、參與度需求和情感需求來影響溝通。社會比較、自我覺知、歸因風格和家庭因素、性別因素也能影響我們的自尊。自信的溝通者能在溝通時以一種直接、堅定、積極甚至在必要時以堅持的態

度進行真誠的表達，並且在這種表達中重視促進人際關係平等、維護自己的利益和行使自己的權利，同時不踐踏他人的權利。使用"破唱片"技術和"空椅子"技術能幫助我們提高在溝通中的自信。

自我表露是在溝通中展示開放的自我的一種交際行為，最佳的自我表露能增加自我認識與自我認同、維持和加強親密關係、促進交流並使個體的情緒得到宣洩。

本章關鍵詞語

人際知覺 人際知覺的認知過程 影響人際知覺的心理現象

自我概念 自我概念的結構 自我概念的作用 自尊 自信 自我表露

章後練習

1.「以小人之心，度君子之腹」屬於下列哪種人際知覺心理效應（　）。

A. 近因效應 B. 首因效應 C. 投射效應 D. 知覺定式

2.「情人眼裡出西施」屬於下列哪種人際知覺心理效應（　）。

A. 月暈效應 B. 首因效應 C. 投射效應 D. 知覺定式

3. 認為「友好的人都比較聰明」屬於人際認知中的（　）。

A. 圖式 B. 劇本 C. 圖式加工 D. 潛在個性理論

4.「重慶妹子潑辣」屬於下列哪種人際知覺心理效應（　）。

A. 月暈效應 B. 首因效應 C. 投射效應 D. 知覺定式

5. 自我概念是由（　）三部分構成。

A. 反映評價 B. 社會比較 C. 自我感覺 D. 自我歸因

6.「周哈里資訊窗」把「自我」劃分為四個像限，它們是：（　）。

A. 開放的自我 B. 盲目的自我 C. 隱藏的自我 D. 未知的自我 E. 否定的自我

7. 心理學家舒茨認為人際關係的需求包括（　）。

A. 參與度需求 B. 包容需求 C. 控制力需求 D. 超越需求 E. 情感需求

8.「別人考試成績這麼好，我考得太差了」屬於自我概念形成過程中的（　）。

A. 反映評價 B. 社會比較 C. 自我感覺 D. 自我歸因

9. 自我概念的作用包括（　）。

A. 自我引導 B. 自我解釋 C. 自我期望 D. 自我歸因

10. 下列因素中，屬於自我內在歸因的因素有（　）。

A. 能力 B. 努力 C. 工作難度 D. 運氣 E. 身心狀況 F. 別人反應

11. 自我表露的益處包括（　）。

A. 增加自我認知 B. 增加自我認同 C. 情緒宣洩 D. 促進交流 E. 維持和加強親密關係

12. 你自己和他人都不瞭解的自我維度，屬於下列哪個維度的自我？（　）

A. 開放的自我 B. 盲目的自我 C. 隱藏的自我 D. 未知的自我

13. 辨析：知覺定式對人際知覺總是有負面影響，需要加以克服。

第三章 傾聽

每個生理正常的人都能夠聽，但並非每個人都會傾聽。良好的傾聽能力是人際溝通的關鍵，有助於個體社會適應能力的提高。個體在傾聽過程中，會有意或無意地犯錯。傾聽是一種能力，可以透過學習得以提高。在本章中，你將會學習到：（1）傾聽對於個體發展的重要性；（2）傾聽的本質和常見類型；（3）個體在傾聽過程中的常見問題；（4）人際溝通中的基本傾聽技巧。

第一節 傾聽的本質

一、傾聽的作用

1. 傾聽的重要性

傾聽對我們來說非常重要，其中一個原因就是我們每天花費了大量的時間在傾聽上。研究者凱瑟琳·丁迪亞（Kathryn Dindia）和邦尼·甘迺迪（Bonnie Kennedy）曾做了一項實驗。他們為143名大學生被試每人配備了一部筆記型電腦，讓他們連續7天都隨身攜帶。這些電腦被設定在每天早上7點至晚上11點中間隨機選擇6個時間點發出滴滴聲。每次電腦發出聲音時，被試就要記錄他們正在做的事情。研究者在總結被試者們所做的記錄時發現，在所有被記錄下來的溝通行為中，傾聽是最頻繁被提及的。

生活中的心理學

傾聽在人際溝通中的作用

研究顯示，傾聽是溝通中重要的項目。大學生在溝通時，53%的時間用來傾聽。對公司員工日常行為的分析也顯示，員工60%的時間用來傾聽；具備良好傾聽能力的人在公司中的職位較高。婚姻諮詢專家指出，在溝通時無法瞭解對方的觀點是夫妻溝通中經常遇到的問題。在漢語中，聽的繁體寫法「聽」由耳、王、十、四、一、心所組成的。這表示聽的時候要用耳朵為主（耳、王），需要眼到、口到（四）、一心一意、專心致志用心記（一、心）。

我們在傾聽上花的時間要比我們意識到的多得多，因此，傾聽在溝通中發揮非常重要的作用。

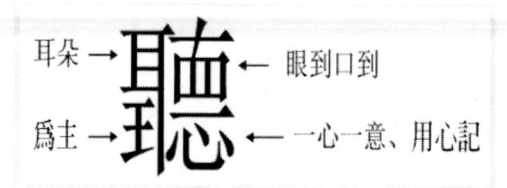

```
耳朵 →  聽  ← 眼到口到
為主 →  惢  ← 一心一意、用心記
```

我們每天聽新聞報導、欣賞電影話劇、與人交流溝通等等，無一不在傾聽。傾聽幫助我們獲取各類訊息，讓我們具備更好的適應社會的能力。在最近的一項研究中，1000 名人力資源管理專員都將傾聽能力定義為有效管理者最重要的能力。

良好的傾聽技能在我們的社交和人際溝通中是不可或缺的要素。人類具有社會屬性，無論是外向還是內向，無論是喜歡交朋友或是喜歡「宅」，在內心都渴望別人能理解自己、肯定自己、喜歡自己、接納自己，沒有人願意受到周圍人的孤立。然而，不同的行為會導致不同的結果。有的人擁有良好的人脈，而另一些人卻一直處於惡劣的人際關係中。實質上，在大多數情況下，人際關係存在問題的人並不是不夠優秀，或者人品低劣，而僅僅是別人不願意走近他們，瞭解他們，更不願意和他們長久待在一起。因為這些人有意或者無意表現出了對別人不感興趣。對於一個不願意瞭解你、對你不感興趣的人，相信你也很難對他產生興趣。而對別人有興趣的表現往往體現在你是否願意認真地傾聽他的談話。下面的場景隨處可見。老同學聚會上，有的人在吹噓自己的房子車子，有的人在誇耀自己的老婆孩子，有的人在講述自己的旅行經歷，有的人在慨嘆這些年自己的奮鬥歷程，全場口沫橫飛，熱鬧非凡，每個人都在講述自己的故事，而對別人的故事都心不在焉；某個社區的空地上，一群小孩在玩，他們的母親聚在一邊聊天，面帶笑容講述著自己孩子各種趣事，誇耀自己孩子的各種才華，熱鬧非凡，她們都認為自己的孩子多麼的聰明，多麼的與眾不同，在講述自己孩子的時候非常投入，而當別人講述的時候，她們更多的是不以為然。這樣看似熱鬧的一場交流會，其實都是各自演戲，彼此的關係沒有任何加深。

實際上，在這樣的聚會中，每個人似乎都非常渴望交流，希望獲得別人的關注，他們在講述自己的故事時，渴望別人的回應。然而，如果細心觀察，你會突然發現，其實每一個人都在忙著說，卻沒有人在認真聽，他們眼神遊移不定，回應搪塞敷衍。他們大部分時間是在說或者在想接下來說什麼，他們都急於表現自己，卻相互忽略。他們都以為自己在聚會上出盡風頭，心滿意足，而散場之後卻一無所獲。

顯然，我們都容易犯此類錯誤。我們更關心自己，並且會高估自己的突出程度。這在心理學中稱為「焦點效應」，即人類往往會把自己看作是一切的中心，並且高估別人對我們的注意度。心理學家基洛維奇做了一個實驗，他們讓康乃爾大學的學生穿上某名牌 T 恤，然後進入教室，穿 T 恤的學生事先估計會有大約一半的同學注意到他的 T 恤。但是，最後的結果卻讓人意想不到，只有 23% 的人注意到了這一點。這個實驗說明，我們總認為別人對我們會倍加注意，但實際上並非如此。從另一個角度來看，我們知道了很重要的一點，即每個人喜歡我們關注他。

值得注意的另外一點是，社會心理學相關研究得出結論，在建立親密關係中，有幾大因素是重要的。第一個因素是接近性，即生活軌跡相交的頻率高；第二個因素是外表吸引力；第三，相似性。相似性在建立親密關係中的作用體現在，當某人的態度與你的態度越相似時，你就會越喜歡他。例如，在大學寢室裡，你和室友 A、B 就社會某個問題進行了討論。討論後，你發現 A 對此問題的看法與你一致，而 B 恰恰與你相反，毫無疑問，你會對 A 的印象好很多，認為他更友善，適合交朋友。這一定律在那些特別自信、對自己感到滿足的人身上顯現得更加突出。這也是我們的一個心理特點所導致的，即錯誤的一致性偏好，我們傾向於認為別人與我們擁有同樣的態度。當我們發現某人與我們的態度不一致時，我們就會不喜歡這個人。第四，被對方所喜歡。

在建立親密感的四大要素中，接近性和外表吸引力會影響我們最初被誰所吸引，而相似性和被對方所喜歡則會影響長期的吸引。可以這樣去理解，正因為我們都有強烈的歸屬感，擁有被喜歡、被肯定、被接納的需要，因此，

我們更喜歡那些喜歡我們的人。一個人喜歡他人的程度可以反過來預測對方喜歡他的程度。由此，我們可以看出，要建立良好的關係，相似性和喜歡對方是相當重要的因素。相似性及喜歡對方這兩點的實現，基於我們對對方的瞭解，而瞭解對方的重要途徑，就是傾聽。

因此，關注別人、認真傾聽是建立和維繫人際關係的關鍵。不管我們能不能準確意識到這一點，我們往往有共同的想法：你首先得對我好，我才會對你好。換言之，你首先得對我有興趣，我才會對你有興趣。而真誠的傾聽是我們展示對他人興趣的好方法。如果你是一個很好的傾聽者，你會更瞭解周圍的人，他們想要什麼，他們喜歡什麼，他們討厭什麼，他們害怕什麼。你會擁有更好的人際關係，而好的人脈會給予你更多獲得成功的機會。

2. 不去傾聽帶來的壞處

傾聽會給我們帶來好處，反之，不去傾聽會給我們帶來意想不到的危險。你會錯過別人語言或非語言傳遞出來的重要訊息，以致你無法準確理解對方的意圖，忽略問題的來臨。當你試圖瞭解人們的行為時，你只能靠猜測別人的心思去彌補你在傾聽技巧上的缺陷。中國有句古話即「以己度人」，就是描述這樣的現象。低自尊的人會猜想別人以不利於自己的方式看待自己，高自尊的人會猜想別人以對自己有利的方式看待自己。以自己的想法去推測別人的想法，這一錯誤廣泛地發生在許多情境中。例如，你對朋友發火，情緒激動下說了很多難聽的話。冷靜下來後，你意識到自己做得有點過分，並認為雙方關係不可修復。你的推測依據是，如果別人對你說了類似的話，你將不可能原諒對方，因此你認為你的朋友也不可能原諒你，你的任何和解行為都將毫無意義。在這樣的思維下，你與對方越來越疏遠，終成陌路。但是事實或許是另一個版本，你的朋友認為他也有部分責任，他對你的言語雖然生氣，但認為並非不可諒解。而你接下來的疏遠行為則讓他認為你才是想要結束關係的人。

我們常常犯這樣的錯誤：我們站在自己的立場上，帶著固有的偏見，認為別人的想法一定是和我們一樣的。而我們的揣測往往是和現實有差異的。我們根據自己的判斷來猜測他人的意圖，由臆想出來的他人意圖來決定我們

的下一步行為，這些行為又影響著他人的態度和行為。如果我們的想法和行為是不友善的，那麼這種惡性循環將會把我們與他人的關係帶入深淵。要避免出現這種情況，我們需要瞭解對方真實的想法，因此，我們必須要認真傾聽。

總而言之，傾聽技能對每個人來說都極具價值，我們瞭解傾聽知識、學習相關技能，對我們的個人發展有重要意義。

二、傾聽的定義

傾聽可以定義為從他人說話過程中提煉訊息的活動過程。它包括以下幾個要點。

第一，傾聽是一個活動過程，不只是用耳朵聽，而是需要全身心投入關注別人的講話內容。這必須付出努力後才能夠做到，很多時候我們往往只是聽，而非傾聽。學校裡經常出現這樣的場景，課堂上，教師在臺上滔滔不絕地講課，臺下總有學生貌似目不轉睛地盯著臺上，神情專注，實際上，神遊太虛，完全沉浸在自己的世界裡，教師的話聽在耳朵裡不過是一個個沒有任何聯繫的漢字。因此，同樣的老師，一樣的授課內容，不同學生有不同收穫。

第二，傾聽絕不僅僅是單純地接受訊息，更為重要的是對聽到的訊息進行重組。即使講述的內容是一樣的，每個人傾聽後理解與感受也可能是不一樣的。例如，一位女性描述自己在失戀之後迅速忘掉前男友，而馬上轉身投入新戀情時，你可以解讀為這位女性情緒調節能力不錯，可以不因失戀影響到正常的生活；你也可以認為這位女性並沒有理性控制情緒的能力，無非是想透過另一段新戀情來麻痺自己，或許她甚至都沒搞清楚自己是否真的愛新男友。而傾聽者的解讀也許和描述人想表達的真實含義也存在著相當大的差距。

第三，傾聽處理的是口頭的訊息。書面訊息和非語言訊息都影響著我們對於語言訊息的理解，然而，我們只能在有人說話時才能進行傾聽活動。

綜上所述，傾聽至少基於以下四種意圖之一：理解他人、希望與他人相處、認識瞭解事物、給予幫助或安慰。

三、關於傾聽的錯誤認知

你如何評價自己的傾聽能力？當面對這樣的問題時，如果不具備專業知識，我們經常會高估自己的傾聽能力。在一項調查研究中，94% 的公司經理在傾聽技能上都給自己打了「好」或者「非常好」，沒有一個人給自己打「差」或者「非常差」。然而，他們的部分員工卻認為情況完全相反，他們給經理在傾聽技能上打了「差」。我們對自己傾聽能力的高估也許源於對傾聽的一些誤解。

1. 傾聽不只是聽見

傾聽的必備前提是我們能夠聽見，然而僅僅聽見並不等同於傾聽。如果排除生理疾患，我們在清醒的時間裡幾乎都在聽聲音，例如窗外的蟲鳴聲、馬路上的汽車鳴笛聲、客廳電視的聲音、室友交談的聲音等。聽只是一個被動的過程，不管你是否願意聽，當聲波傳入耳鼓，信號傳遞到大腦，這個行為便發生了；而傾聽則是一個主動參與的過程，即先注意到一種聲音，然後構思、重組其含義並回應這一聲音的一系列過程。例如，趙某坐在電腦面前玩遊戲，女友在一旁說：們也可以過一下兒童節啊，要不要重溫下童年，週末一起去遊樂園玩？」趙某正玩得起勁，隨口附和了一句：「嗯。女友對於這樣的敷衍明顯不滿，大聲地問：「你有沒有聽我說話？」女友的憤怒終於讓趙戈暫停遊戲，回過頭來：「我在聽啊。你說你想去遊樂園嗎？」女友說：的，我想在兒童節當天能重溫下童年，我們可以去遊樂園。」趙戈：重溫童年啊，那好吧。我們還可以去嘗嘗童年零食，比如棉花糖之類的東西。」女友高興地說：是啊，我們週六就去。這個例子中，我們可以發現，趙戈最開始是聽見了女友的提議，但並沒有關注，女友發怒後，趙戈才真正開始傾聽，去理解女友的真實想法，並做出相應的反應。女友轉怒為喜。所以，我們說聽與傾聽的內涵不同，在人與人交流中造成的作用也是不同的。

2. 傾聽不只是本能反應，還需要做出努力

如上所述，傾聽需要我們付出精力，主動參與。如果不付出努力，我們甚至很難保證認真聽完一場專業知識講座。而在與人交流的過程中，要從冗

長的談話中理解對方的真實意思，更需要特別的專注和積極的思考。比如，一位專業心理諮詢師，聽完一場演唱會後會覺得輕鬆愉快，而做完一次心理諮詢之後，卻感覺到精疲力竭。

3. 即使內容一樣，傾聽的人得到的訊息也可能不同

人們想當然地認為，聽到相同內容的人會以相同的方式接受和理解訊息。然而經驗、偏見甚至性別和文化的差異都會影響我們對所聽到訊息的理解。語言交流學家本·布魯姆（BenBroome）指出，即使傾聽技能非常好的人也不能完全脫離這種影響。例如，小張說：「寢室每天的打掃都是我在做。」小王的理解是：「小張認為宿舍裡的每個人都應該輪流打掃清潔。」小李的理解是：「小張根本不想做寢室清潔。」小趙的理解是：「看來小張需要我的稱讚、鼓勵和肯定。此，小王的回應是：咱們排個班吧，每個人做一週。」小李的回應則是：也可以不做，沒人逼你。而小趙的回應是：真的是當之無愧的優秀室長，我們都很感謝你。

四、傾聽的過程

組織溝通學教授朱迪布勞內爾（Judi Brownell）提出了 HURIER 模型。這一模型描述了傾聽的 6 個階段，即聽、理解、記憶、解釋、評價和回應（「HURIER」即這 6 個階段的英文首字母）。這 6 個階段在傾聽過程中沒有嚴格的先後順序，但通常都包含在傾聽過程中。如表 3-1 所示。

表 3-1　HURIER 有效傾聽模型

HURIER 有效傾聽模型	
聽	接收聲音的物理過程
理解	領會我們所聽到的聲音資訊
記憶	記憶所聽到的資訊
解釋	解釋所聽到的資訊
評價	判斷說話者的可信度和意圖
回應	證明我們在傾聽

下面我們來詳細闡述這 6 個階段。

1. 聽

聽是一種生理過程。某一種頻率和音量的刺激，震動空氣以撞擊內耳，就形成聲音。眾所周知，如果存在生理疾患或者身處嘈雜的環境下，我們就很難聽到需要的訊息。然而，即使不存在上述兩種情況，對一部分人來說，聽到所需要的訊息也是件很困難的事。據研究者調查，在美國就有超過13萬人在溝通中有某種程度的聽的困擾。在教室中每天有1/4到1/3的孩子沒有辦法正常聽見訊息。如果對方能夠把語速放慢、聲音提高、清晰度增加，則可以改善他們聽的效果。這是由於我們生活的環境充斥著眾多語言訊息，如電臺廣播、路人的談話、會議發言、朋友交流、工作交談等等，我們無法做到對每一條訊息都專注處理，因此，通常情況下，我們只會根據自身的興趣、實際需要等因素，選擇一些訊息關注。比如公司開會，老闆講了公司的發展前景、總體規劃，你也許聽得心不在焉，突然老闆講到了員工加薪方案，你馬上專注起來，仔細傾聽。在辦公室，一同事東家長西家短，你覺得無聊至極，邊玩電腦邊搪塞著，突然這個同事開始講你暗戀的女孩，你馬上停止其他事情，開始關注同事的講話內容。

2. 理解

當我們聽到訊息後，還必須理解這些內容，即加工整理聽到的詞語或句子從而瞭解其含義。英語聽力考試時，我們努力傾聽播放的聲音，或許我們聽清了每一個詞句，但無法理解其含義，這樣的傾聽就是無意義的。同樣，我們在傾聽別人談話的過程中，要確定我們理解了對方所表達的真實意思。例如網上流傳的一段話以一種幽默的方式表現了字面意思與實際意思的區別：

坦率交談——分歧很大，無法溝通；

交換了意見——會談各說各的，沒有達成協議；

充分交換了意見——雙方無法達成協議，吵得厲害；

增進了雙方的瞭解——雙方分歧很大；

會談是有益的——雙方目標暫時相距甚遠，能坐下來談就很好；

我們持保留態度——我們拒絕同意；

尊重——不完全同意；

讚賞——不盡同意；

遺憾——不滿；

不愉快——激烈的衝突。

3. 記憶

透過大腦記憶一些內容並在需要的時候回憶起來。記憶在人際溝通方面扮演著重要角色。例如，公司來了位新同事，你們見過面，可是再次碰見的時候，你怎麼也想不起他的名字了，最尷尬的是你最終喊出他的名字居然是錯誤的。面對這樣的失誤，你不用特別自責，因為據研究顯示，大多數人在聽完訊息之後只會記得 50%，不超過 8 小時會下降到 35%，而 2 個月後平均只會剩下 25%。不過，我們可以透過學習輔助記憶的策略來強化記憶。

4. 解釋

作為好的傾聽者，還應該具備解釋其所接收到的訊息的能力。解釋分為兩個環節。一是根據說話者的語言和非語言行為，重新構思這些行為的意義。例如，小虎說：阿明這樣的人，我真是服了。聽到這話，你注意到小虎的臉部帶著鄙夷，那麼你會把小虎的話解釋為小虎對阿明不認同；相反，如果你發現小虎說話的時候臉部表情是羨慕，那麼你將把小虎的話解釋為小虎很欽佩阿明。二是將你對訊息的理解傳遞給說話的人。例如：

李莉：王超給人的感覺很謙虛。他非常有才華，家庭條件也很好，但不像一般的「富二代」那樣張揚。

趙芳：看來你對王超印象不錯，願意和他交往，對吧？

李莉：是的。

訊息的傳遞有兩個方面的作用：一是可以讓對方知道你在認真聽他說話，這會讓他感到開心；二是你可以檢驗一下你的理解是否正確。

5. 評價

這個環節通常包括以下內容：首先，判斷說話者的觀點是否真實和正確；其次，將得到的訊息拆分，判斷說話者這麼說的理由；第三，結合說話者傳遞的其他訊息或周圍環境訊息，綜合分析說話者的意圖。例如，假定 A 對你說：「B 是個人品低劣的傢伙，你要小心，離他遠些。」當你確信 A 的確對 B 給出了負面評價後，你將評價這個訊息。首先，根據你所掌握的以往的相關訊息，B 是否如 A 說的那樣不堪；然後，你要思考 A 為什麼會對 B 有負面印象；最後，你要考慮，A 給你傳遞 B 的負面訊息是什麼原因，他想達到什麼目的。

6. 回應

回應即透過語言或者非語言方式對說話者進行回饋。以下是常見的 7 種回饋方式。

搪塞。沉默，臉部無表情，反映了對說話者所說的內容不感興趣。

通路返回。點頭或臉部表情反應、發出聲音 (如「嗯」) 或者語言表述 (如「我知道」或者「非常有趣」)，恰到好處的回應通常向說話者表示你在認真聽。

轉述。根據自己的理解，闡述說話者表述的訊息；用這種方式表示你理解了。如下面的例子。

說話者：我給自己制訂了無數學習計劃，但從來沒堅持下去，心裡特別難受。

回應者：你是說你無法堅持學習計劃，這讓你很有挫敗感。

移情。告訴說話者你理解他，並能體會到他的感受。如下面的例子。

說話者：我和我繼母發生了衝突，而我父親就站在一旁，默不作聲。我心裡特別難受。

回應者：我理解你的感受。父親應該是保護女兒的，可這樣的情況下，他選擇了沉默。

支持。表達對說話者觀點的認同。如下面的例子。

說話者：我希望每年都有1～2次旅行的機會。

回應者：我也是這麼想的。

分析。就說話者所談的話題表達自己的想法。如下面的例子。

說話者：這次去香港，我覺得海洋公園比迪士尼好玩。

回應者：迪士尼面積不大，好玩的項目不多，而海洋公園更有觀賞性。

建議。對說話者的觀點和感受提出建議。如下面的例子。

說話者：我室友說對我不滿很久了，但我覺得莫名其妙，我不知道我做錯了什麼。

回應者：我建議你找個時間和她單獨聊聊，聽聽她到底對你有什麼意見。

在日常生活中，我們通常會根據具體情況，選取恰當的方式進行回應。例如，當學生找到輔導老師，表示自己在學習目標方面感到很迷茫，這個時候輔導老師適合採取分析和建議的回應方式。而面對失去親人的學生，移情和支持則是最恰當的回應。除此之外，需要注意的是，文化期望也會影響回應，尤其是非語言回應。例如美國社會文化下人們會期望語言的溝通中包含眼神的交流，而印第安人文化中，聽他人說話時向下看和向別處看是對說話者的一種尊重。

五、傾聽的類型

關於傾聽的類型，有兩種分類的方式，即根據傾聽的目的劃分或者傾聽的方式來劃分。

1. 根據傾聽的目的來劃分

根據傾聽的目的不同，可以分為諮詢性傾聽、批判性傾聽和設身處地的傾聽。

1.1 諮詢性傾聽(學習型傾聽)

在這個傾聽過程中，我們主要是學習，並不對說話者的觀點作出評價。諮詢性傾聽在課堂及講座中非常普遍。在諮詢性傾聽過程中，要注意以下幾點。

1.1.1 確認對方提供的訊息

在這一過程中尤其要注意區分對方明確提供的訊息和自己推斷出的訊息。自己推斷出的訊息可能存在錯誤，因此我們應透過轉述對方所說的話，來確認自己的理解是否準確。

1.1.2 避免確認性偏差

確認性偏差是指只關注那些支持你的價值觀的訊息，貶低或忽略其他非支持性訊息的傾向。這種偏差，會讓我們誤讀對方提供的訊息。

1.1.3 注重訊息的實質內容

一些駭人聽聞的事件往往會吸引眼球，但會擾亂我們對事物的解讀。這一現像在心理學中被稱為鮮明效應。例如 2013 年春，出現禽流感死亡病例時，多地出現家禽滯銷，養殖場無奈悶死小雞小鴨等事件。儘管只有少數病例出現，但人們都覺得自己周圍如果有家禽存在，是會得禽流感的，而且如果患上禽流感，一定會死亡。在人際交往中也可能發生類似情況。父母離異的小孩有很大比例出現對感情不信任，對婚姻沒有信心的觀念。好的諮詢性傾聽者能夠透過各種表象，關注訊息的實質內容。在這一過程中，尤其要注意瞭解鮮明效應，並提醒自己儘量避免鮮明效應的影響。

1.2 批判性傾聽

傾聽的目的是為了分析或評判所聽到的訊息。例如，面對行銷人員的產品介紹時，我們要不斷分析、評判產品質量優劣，思考是否要購買。做一個好的批判性傾聽者要注意以下幾點。

1.2.1 多疑

多疑並非要你專注於找別人的錯誤，而是要你不盲目地接受觀點，認真審視訊息的論據，判斷其是否符合邏輯。

1.2.2 評價訊息提供者的可信度

訊息提供者的可信度對訊息的可信度有著重要影響。有幾個要素可以幫助我們對其可信度作出判斷。首先是專業性。我們更願意相信一位從事兒童心理諮詢數十年的專家提供的育兒建議而不是婦產科醫生。當然，在涉及這一因素時，我們不得不考慮經驗與專業性的關係。一位養育多個子女的家庭主婦或許很有育兒經驗，但她並不是公認的專家。而公認的這方面的專家或許只有一個小孩，甚至沒有小孩。他們透過學習培訓獲得專業知識而非個人經驗。在面對經驗與專業性的困擾時，我們必須要考慮經驗是否適合廣泛地應用。其次，偏差會影響訊息提供者的可信度。如果訊息提供者提供訊息時持有特別的利益或目的，他的可信度會降低。例如，一家從事近視眼手術治療的醫院宣傳近視眼手術治療安全無副作用，其可信度是值得懷疑的。好的批判性傾聽者會考慮訊息提供者背後的動機。

1.2.3 瞭解發生的機率

評價某一觀點的價值必須推測這一觀點發生的機率。比如，「人一定會死」這個觀點所表述的事情是確定會發生的，而「喜歡吃肉的人會死於心血管疾病」這個觀點所表述的事情的發生率不是百分之百。面對類似的訊息，我們需要查找相關資料，去偽存真，客觀地瞭解事實真相。

1.3 設身處地傾聽

設身處地的傾聽者會努力理解和感受說話者內心的真實感受。設身處地的傾聽要求具備兩種能力。一是「理解立場」，即從對方的角度理解說話情境的能力；二是「同情關懷」，即識別對方的感受後，自己設身處地地體會這種感受的能力。需要注意的是，設身處地的傾聽並不等於向他人表示同情的同情性傾聽。事實上，即使不能真正體會到別人的感受，我們也很容易表現出同情，而設身處地的傾聽卻很難做到，因為這需要真正從說話者的角度去理解他們所描述的情境，體會他們的感受。例如，與你朋友相伴十年的貓失蹤了，面對悲傷的朋友，你很容易表現出難過，對他的遭遇感到同情，然而你卻很難理解你朋友因此情緒崩潰到需要服用鎮靜劑。這是因為即使我們努力地換位思考，我們的知覺本能地會使我們更關注自己在同樣的情境下的

感受，而不是別人在當時情境下的感受。設身處地的傾聽在心理諮詢中被認為是心理諮詢師的基本技能。做一名好的設身處地型傾聽者需要注意以下兩點。

1.3.1 不加判斷地傾聽

尊重對方的觀念，不加評判地傾聽。可以使用兩個方法做到這一點。首先，不要中斷他人。克服自己想要表達觀點的衝動，儘量引導對方多說話。其次，除非對方要求，否則不提供建議。必須記住的是，人們很多時候並不需要建議，他們只希望有人能夠傾聽他們的談話。

1.3.2 瞭解說話者的感受

好的設身處地型傾聽者需要理解他人的感受並嘗試同理心。在一項研究中，研究者對晚期癌症病人與腫瘤科醫生的談話進行了調查。經過醫生和病人雙方的允許，研究者記錄了近 400 份病人與腫瘤科醫生之間的對話，並多次傾聽病人表述自己的消極情緒，例如悲傷、害怕和焦慮。當病人表述這些消極情緒時，研究者發現醫生只有 22% 的時間表達讓病人繼續說的意思；年輕的醫生比年老的醫生更可能表達出讓病人繼續說的意思；女醫生比男醫生使用這種表述的次數更多。這些結論並不意味著醫生缺乏同情心，然而數據顯示醫生可能難以透過情緒支持的回應方式表達他們的共情，雖然這對晚期絕症病人很重要。這或許是醫生習慣採用情感隔離的方式保護自己內心的需要。

以上劃分雖然包括了人際交往中最主要和最常見的傾聽方式，但並不能涵蓋所有的傾聽類型。例如鑒賞性傾聽，指僅僅為了娛樂而傾聽，我們聽音樂會就屬於鑒賞性傾聽；或者鼓勵性傾聽，即傾聽的目的是受到鼓舞，我們聽名人的勵志講座就屬於鼓勵性傾聽。

2. 根據傾聽的方式劃分

根據傾聽的方式不同，可以劃分為他人導向型、行動導向型、內容導向型和時間導向型四種類型的傾聽。

2.1 他人導向型

他人導向型的傾聽強調關心他人的情緒和興趣點。例如，阿明想追求阿麗，因此在與阿麗聊天的過程中，阿明努力理解阿麗的想法和感受，期望能與她保持良好的關係。

2.2 行動導向型

行動導向型的傾聽者強調表達的組織性與精確度。這種傾聽方式的人喜歡簡單明瞭的演講。例如，公司總經理習慣行動導向型傾聽，他希望員工報告工作時，能夠做到簡潔明聊、有條理、針對性強，冗長無要點的報告會讓他失去耐心。

2.3 內容導向型

內容導向型的傾聽方式強調關注細節，全面考慮問題。例如，公司決策層在聽取各部門工作情況報告時，特別專注報告的細節，以幫助他們充分瞭解公司現狀，在此基礎上做出未來的決策。

2.4 時間導向型

時間導向型的傾聽方式強調效率，要求簡短和簡明扼要的談話。例如，作為醫院急診室的醫生，他希望聽到護理師以簡明扼要的方式報告病人基本情況，以幫助他迅速作出病情判斷。

這四種傾聽方式各有優點和不足。他人導向型傾聽有利於瞭解別人，但效率不及時間導向型。行動導向型傾聽在追求清晰和精確的專業領域最適宜，如計算機科學。而內容導向型傾聽則更適合存在分歧和辯論空間的專業，如藝術等。

不論我們更喜歡哪一種傾聽方式，事實上，我們要根據不同的情境，靈活運用不同的傾聽方式，以達到最佳的傾聽效果。例如，當你面對感興趣的人時，你傾向於他人導向型傾聽；當你聽一場專業講座時，可能採用內容導向型傾聽；當你面對緊急情況需要處理時，你更習慣時間導向型傾聽；當你收聽新聞時，則可能採用行動導向型傾聽。

複習鞏固

1. 傾聽是從他人說話過程中提煉訊息的活動過程，包含有哪些要素？
2. 傾聽過程包含哪些階段？
3. 傾聽可以分為哪幾種類型？
4. 傾聽可以分為哪幾種類型？

第二節 傾聽的技巧

一、傾聽的障礙

傾聽技能對我們的工作、生活影響巨大，如何正確傾聽以儘可能達到最佳傾聽效果，是每個人應該去研究的課題。

我們在傾聽過程中經常會出現假傾聽。例如，我們會假裝自己對別人有興趣，以此博取對方的好感；或者選擇傾聽某些訊息，而忽略其他訊息；或者傾聽的目的是為了確認自己是否會被批評、拒絕或者被否定；或者確認他人的反應是否達成了自己的目的和意圖；或者傾聽的目的是為你接下來的評論贏取時間、找到對方的弱點並加以利用。

事實上，在大部分時間裡，我們並非故意去假傾聽，只是我們抱著真傾聽的本意卻造成了假傾聽的效果，而自己卻渾然不知。出現這一現象重要的原因就是傾聽常會受到傾聽障礙的干擾，有些障礙可能是你多年養成的壞習慣，還有些障礙是你對某些人或某種情境的習慣性反應。

幾乎每個人都可以從下面列舉的例子中找到自己的影子，所以不用沮喪。從心理治療的角度講，當你意識到缺點，你就擁有了改正錯誤、提升自己傾聽能力的一個契機。

1. 比較

比較會讓傾聽變得困難，從而影響溝通。比較會讓你經常評估自己和他人，例如，「我可比你苦多了」「我可比他有能力多了」等等。忙著權衡，也就沒有聽進去多少對方的闡述了。

在傾聽中忙於比較，很容易陷入自戀型傾聽。自戀型傾聽者對別人的談話沒有興趣，他們甚至等不及別人把話說完，就毫無技巧地打斷別人，在敷衍的回應中將溝通的焦點從說話者轉移到自己身上。這種方式會嚴重阻礙溝通，給對方留下不好的印象，甚至會破壞自己與他人的友誼。當別人在講述自己的成功時，你心裡不停地回憶自己的經歷，尋找自己比別人更聰明、更成功、更值得驕傲的優點；或者當別人正在回憶艱辛的奮鬥歷程時，你卻在心裡想著自己當初是多麼多麼辛苦，多麼多麼艱難，可比他難多了。因此，我們在聚會中，通常會出現下面這樣的情景。

小王說：「當年我才來到這座城市，白手起家，從打工仔做起，非常不容易……」

小吳立刻打斷：「你那個算什麼？想當年，我第一份工作是推銷，天天在烈日下奔跑，沒有基本生活費，是在生存線上掙扎……」

小王說：「當年，我什麼都不會，跟著廠裡的師傅學習，後來終於成了全廠最厲害的技術人員……」

小吳立刻打斷：「你那個算什麼？你當年是有人教你，我當年是沒有人教，全靠自學，我照樣掌握了微積分這些知識……」

小吳認為自己很會傾聽，也善於交流，然而他通常不會注意到，當他高談闊論時，其他人都默默走開，或者選擇另一個好的聽眾開始探討另一個話題了。

2. 揣測心思

有的人在溝通時不容易相信別人，他們通常不會關注別人表達的內容，而是把注意力放在說話的一些細微的線索上，希望在此基礎上根據自己的邏輯去揣測別人的「真實意圖」。

小王：我敢說他欺騙了我，他的笑容太假了。

小李：我並沒有你這樣的想法，她只是微笑了一下。

小王：我是個注意細節的人，我的直覺不會錯。

習慣揣測別人心思的人還可能會假設別人對他的反應。例如，「他說他有事，實際上我知道他是出於對我的厭惡才離開的。些看似肯定的說法實質上多半來源於猜測和主觀的判斷，而非對方實際的表達和回應。這類人往往會只根據自己的揣測而完全忽略別人實際的想法來建立關係，從而陷入人際關係的困境。

3. 演練

這類人在別人講話時，心不在焉，他們把注意力集中在腦海裡演練自己接下來的發言，雖然他們也許表現出認真傾聽的樣子，甚至會條件反射地發出「嗯」「啊」「哦」之類的回應語句，然而他們的思緒完全沉浸在發言演練過程中，諸如：會我就這樣提議……如果他同意了，我就……，如果他不同意，我就進一步做出解釋……他會做出……的反應。常一場談話結束後，他們完全沒有領會對方的真實意圖。

4. 選擇性傾聽

選擇性傾聽的人只會對他們感興趣的部分內容認真傾聽和回應，而拒絕傾聽其他部分。母親教育小孩一定要好好學習、聽老師的話，如果表現出色，假期將帶小孩出國渡假。而小孩面對母親的嘮叨，或許只聽見了假期會渡假的話語，而其他的訊息自動過濾掉了。我們以為自己偽裝得很出色，然而事實上，我們的臉部表情、不經意的肢體語言都會出賣我們，這樣的行為通常會讓對方失望或者惱怒。

5. 評判

先全面聽取並評估訊息內容，然後才可以做出判斷。這是人們都知道的常識，然而我們總是帶著主觀偏見與人交往。如果是自己喜歡、認同的人，那麼在傾聽時，我們通常會對他們的觀點持肯定的、讚賞的態度。如果是面

對自己討厭的、否定的人，那麼在傾聽時，我們通常會對他們的觀點抱有批評、敵意的態度。事實上，在這樣的情境中，我們對他們實際講述的內容或者他們的感受並不是真的很在意，也並不是特別關心，我們急於做出好與不好的判斷，只是潛在地想表達自己對此人的看法和感受。比如下面的例子。

張晶：我最近和莉莉絕交了。

王珂：你總是這樣衝動。你這樣輕易地和朋友絕交，朋友會越來越少。

張晶：我並不是衝動地和她絕交，而是她做了一些我無法容忍的事。我重病的時候，她沒有來看望我，也沒有一句問候。

王珂：你對朋友一點也不寬容。也許她很忙，不知道你生病的事。

張晶：事實上，我親自打電話給她講了我重病的事，她知道我住院了，而且一度被搶救。她無動於衷，甚至還說我是成年人了，就是應該獨自承受這一切。

在這個對話中，我們可以明顯看出，在王珂心目中的張晶就是一個對朋友苛刻、不寬容、做事衝動的人，因此，在傾聽過程中，王珂給張晶的行為下了消極評價，這樣毫無根據的指責，顯然容易引起張晶的委屈和憤怒，從而給她們的關係帶來消極影響。而對於我們喜歡的人，在傾聽過程中，我們往往無視全部訊息，急於做出好的評價。心理學稱這種現象為光環效應。光環效應頻繁干擾我們的客觀認知，因此在日常生活中尤其要注意。

6. 注意力分散

有效傾聽是需要做出努力的，尤其是面對一個對你來說不那麼重要的人，講述著對你不那麼重要的事情的時候，更容易出現注意力分散。當對方講述的某個細節突然引發了你對自己經歷的聯想，比如對方在講述自己遭到了男朋友的背叛，而你馬上想到自己是多麼幸運，男朋友對自己有多好，甚至你想到了你們從相識相知到相戀的過程。對方在你面前悲傷萬分，而你卻沉浸在甜蜜的回憶中，完全沒法理解對方的感受。

7. 感同身受

這種障礙是指對方提到的每件事都會讓你想起自己過去的經歷，不等對方講完他的故事，你就忙著講述自己生活中的故事，卻沒有時間去真正傾聽或者瞭解別人。比如下面的例子。

張麗麗：我最近被我最親近的姐妹傷害了，在我最需要錢的時候，她明明有錢卻拒絕借給我。我被迫找另一個交情一般的同事借了錢。這件事對我傷害很大。在我最需要幫助的時候，最親近的人還沒有平時交情一般的人可靠。

王飛：現在你可以理解我當年的感受了。我那個時候凌晨坐飛機回家，帶的東西太多，又不容易叫車，我叫我弟弟開車過來接我，他居然說他絕對不會來⋯⋯

張麗麗：我現在心情很不好，我想談談我遇到的事情。你可以先聽我講完我的事情嗎？

這樣的情景不僅時常發生在日常生活中，甚至在專業心理諮詢中也很常見。在大地震發生後，各地有不少心理諮詢師來到災區，希望透過自己的努力幫助災民。在喪失親人的災民面前，有些心理諮詢師在傾聽災民講述痛失親人的事情時，採取了自我暴露技術，講述自己曾經失去親人的經歷和感受，以期望能給予災民安慰。然而事與願違，災民表示：「你的事情關我什麼事？你根本不理解我的感受。你的事情怎麼能與我的事情相提並論？」

事實上，在大多數時候，我們都認為自己所遇到的事情是意義重大的，是具有特殊意義的，自己的感受是獨一無二的，尤其是遇到重大創傷性事件的時候。因此，別人分享類似故事的時候，我們通常情況下都不以為然，認為兩者是沒有可比性的。

8. 勸告

這樣的人通常專注於解決實際問題，而忽視對方的感受。他們也許可以成為問題解決專家，但他們不是溝通交流專家。他們通常直接切入問題，提供多種建議，試圖幫助對方解決問題，卻忽視了對方的情感需求。這種勸告

式的建議，通常是無效的。很多人在面對這種勸告式的安慰後，表示：說的這些道理我都懂，但是我還是非常非常的難過。

這樣的場景經常出現在父母和孩子、老師和學生的交流中。在家庭教育中，父母通常急於把自己的經驗教訓直接教給孩子，讓孩子懂道理，學會解決問題，而忽略孩子的情感需要。在學校裡，尤其是在我國傳統的思想政治教育模式下，老師通常忽略學生的感受，而注重道理的講解和觀念的灌輸，這樣的教育事倍功半，學生通常覺得老師無法理解他，他們也無法認同老師。

9. 爭辯

有這樣一些人，他們自恃口才極好，好勝心強，非常堅信自己的信念和主張。在和別人交談時，他們根本不在意別人的實際立場和主張，而是把注意力放在自己可以反駁的細枝末節上。

李浩：我覺得進入高中以來，阿明進步還是很大，這次物理成績考得很不錯。

朱志：我認為他還差得遠。全年級近600人，他才排到400多名，有什麼值得表揚的。

李浩：我是說他進步很大。

朱志：我的意思是他還差得遠！

這類人還經常採用尖酸刻薄的觀點來評論對方的觀點。

王虎：我覺得最近工作太累了。

唐宇：在家裡玩就不累，那你就在家裡玩吧。

王虎：……

這樣的溝通方式通常會使對方情緒惡化，兩個人的談話到最後很有可能演變為激烈的爭吵。有效避免這種情況的辦法是：複述回饋，回應你所聽到的，從中尋找你可能贊同的部分。

10. 自以為是

這類人特別害怕承認錯誤，因此，他們寧願採取提高嗓門、歪曲事實、攻擊對方、轉移話題等方式，迴避錯誤，堅稱自己是正確的。中國俗語形容這類人是「寧掉腦袋，不輸嘴巴」。這類人的人際關係通常很糟糕，諸如此類情況時有發生。

妻子：剩下的菜應該倒掉，隔夜的菜再吃會對身體不好。

丈夫：會有什麼不好？以前沒有吃的時候，有剩菜吃都不錯了。我說沒有吃的才不好。

妻子：專家都說了這樣的菜吃了致癌。

丈夫：你聽專家的？專家一會兒這樣說一會兒那樣說，沒一個可靠的。我就說不致癌，怎麼樣嘛。

妻子：你怎麼拿洗碗布來當抹桌布？

丈夫：這有什麼關係？都是抹布。

妻子：這樣不衛生。

丈夫：你是窮講究吧。假愛乾淨。你自己有多會收拾？你自己又不做這些事，還要說這些話，以後這些事情你都自己做。

11. 打岔

打岔是我們大多數人經常會做的事情。當對方談論的話題你實在不感興趣，但直接表示出來又不夠禮貌，於是，在類似的場景下，你會藉機轉移話題。

小芳：我昨天見到我的偶像了耶。她長得好漂亮，也特別會打扮，尤其那件紅色的風衣……

小麗：我覺得你的那件大衣也很好看啊。你週末想逛街嗎？

也許在很多時候，我們自以為很聰明地轉移了話題，引導談話走向我們感興趣的方向。然而不得不承認，這個時候對方在正準備暢所欲言之際被堵住了嘴，興致勃勃之時被迎頭潑來一盆冷水，會非常鬱悶。因此，我們頻繁

採用這樣的方式，會給對方帶來不受重視、不被尊重的印象，從而影響對方對我們的評價。

12. 安撫

這類人力圖表現出親和力，為自己塑造一個善良的公眾形象。在別人遇到難事的時候，他通常會表現出非常關心對方，然而只是表現出而已，其實他的內心對別人的事情並不在意。因此，當別人訴說自己的痛苦時，他不會認真傾聽，也不會去體會對方的感受，只會不斷重複簡單的套話。這種心不在焉的安慰沒有任何實際效果，反而會給對方一種「沒有人能夠理解我」的感受。

二、無效傾聽的原因

在很多時候，也許存在這樣的情況，我們主觀上很希望能夠有效地傾聽，但還是出現了似乎不受控制的無效傾聽。這是由以下原因所導致的。

1. 噪音和不良身體狀況

有效傾聽的前提是一個相對安靜的環境。試想一下，如果我們想要好好地聊天，讓你選擇一個地點約會，你會選擇KTV、繁華的夜市、遊樂園還是咖啡廳或者公園？

有效傾聽需要我們做出努力，在整個談話過程中集中注意力，而外部環境的噪音會分散我們的注意力，也會讓我們很難聽清對方所說的內容。另一方面，我們自身不良的身體狀況（如饑餓、疲憊、健康不佳、情緒不良）也會成為難以集中注意力完成有效傾聽的因素。因此，專業的心理諮詢師會在身體狀況不佳時避免做個體諮詢，以免給來訪者帶來消極影響。

2. 訊息量過大

當今的社會已經進入數位時代，處於訊息爆炸的時期，美國研究者估計一個普通人每天要接收大約600～625條訊息。我們每天只要一睜眼，就可以從不同感官接收到大量的訊息，而且我們會花一大半時間去傾聽語言訊息。

我們的精力和時間都有限，對每一條訊息都用心去處理，是不可能完成的任務。因此，我們難免在一些時候對說話者表現出心不在焉、敷衍了事。

3. 思維速度

從生理學的角度，人類一分鐘可以傾聽 600 個字，但是只能說 100 到 150 個字，所以當別人說話時，我們有足夠多的時間，在這個時間裡，大腦很容易把注意力轉移開，去想一些和談話內容無關的事情。

4. 傾聽需要付出努力

事實上，有效傾聽需要付出極大的努力。當我們認真傾聽時，會出現一系列生理反應，例如心跳加快、呼吸急促、體溫升高等。這些變化和體能運動所產生的身體反應相似。因此，專業心理諮詢師在諮詢結束後會有精疲力竭的感覺。在通常情況下，別人講話時，人們更願意讓思想開小差，做做白日夢，神遊太虛比聽講輕鬆愉快得多。

5. 認知因素

在兩種情況下，我們的認知會影響傾聽。一是當我們認為這個人或者這個話題不那麼重要的時候，我們無法從中獲得好處，通常不會花費精力去傾聽；另一種情況是我們認為我們完全清楚對方的意圖，不需要再仔細傾聽了。在一項研究中，研究者問當事人為什麼要打斷同事，當事人主要有如下回答：

(1) 我的意見比他們高明；

(2) 假如我不打斷他們，我永遠沒有說話的機會；

(3) 我知道他們要說什麼了；

(4) 既然我的想法更好，他們就沒必要說完他們的想法；

(5) 他們的意見對改善未來發展毫無建樹；

(6) 對我而言，得到他們的認同比聽他們的意見更為重要；

(7) 我比他們更重要。

需要說明的是,即使當事人的部分主觀認識是符合真實情況的,這樣的行為也並不值得推崇。因為我們的自我中心意識會導致我們犯錯。仔細傾聽是掌握別人想法和行為的最好途徑,而在這個方面犯錯,會讓我們付出相應的代價。

6. 缺乏訓練

聽見與有效傾聽之間存在質的區別,絕大部分人只會聽,而不是有效傾聽。因此,在很多時候,我們即使有很強烈的認真傾聽的願望,但事實上卻很難做到。傾聽技巧可以透過學習得到增強,然而,透過下表,我們就能發現學校的日常教學計劃極度缺乏傾聽訓練。

表3-2 各種溝通活動學習訓練時間的比較

	傾聽	說話	閱讀	書寫
使用情況	最常使用	較常使用	極少使用	最少使用
教育情況	教導最少	教導很少	教導較多	教導最多

7. 媒體的影響

現代社會生活節奏加快,人們日益變得浮躁,很難靜下心來做事。媒體上越來越多的節目編排都開始使用簡短的標語——新聞的標題、廣告詞、音樂帶、錄影帶等。新聞報導都以簡短篇幅的文字配以大量的圖片供大眾閱讀。這些形式實質上在暗示大眾不需要去建立仔細而專注的傾聽態度,尤其是對那些複雜的思想與感情。

三、有效傾聽的技巧

傾聽技巧是可以透過學習而得來的。每個人都可以透過努力,成為有效傾聽的大師。具體來講,主要應把握兩個層面的內容。首先,全面收集訊息;其次,適時作出恰當的反應。

1. 全面收集訊息

全面收集訊息，可以幫助我們儘可能準確地瞭解對方想要表達的意思，以便減少我們接下來反應的錯誤。要做到全面收集訊息，就需要注意以下幾點。

1.1 少說話

人人都有自我表述的慾望，尤其是別人談論的話題引發了自己感同身受的聯想時，常常會打斷別人的談話，開始自己的即興演講，傾聽宣告失敗。有效傾聽的第一因素就是控制好自己傾訴的慾望，仔細聽別人所講內容。下面我們來看兩種場景下不同的傾聽效果。

場景一

雅馨：我很難過，我想讓你安慰下我可以嗎？

嘉和：完全沒問題。你遇到什麼事了？

雅馨：我外婆生病了，醫院束手無策，醫生說時間不多了。

嘉和：我完全理解你。我告訴你一件事情，我和我外婆感情也很好，我從小就是外婆養育長大的。我外婆去世的時候我也很難過。記得小時候，我爸媽都不在身邊，我就跟著外婆生活。她對我很好，是世界上最愛我的人了……

雅馨：你是要我安慰你嗎？

場景二

蕭蕭：我很難過，我想讓你安慰下我可以嗎？

偉光：完全沒問題。你遇到什麼事了？

蕭蕭：我外婆生病了，醫院束手無策，醫生說時間不多了。

偉光：這的確是件讓人難過的事情啊。

蕭蕭：我不知道該怎麼面對。

偉光：嗯。

蕭蕭：有時候在想，每個人都會面對死亡，不過早晚而已。她只是比我們早走一步。

偉光：是的。

蕭蕭：現在能夠做的只有珍惜眼前人。儘可能對她好一些，少留遺憾。

偉光：是啊，現在可以做些什麼讓她舒服一些呢？

蕭蕭：我正是想和你討論下，我可以做些什麼……

從以上兩個案例，我們可以看出，在場景一中，嘉和迅速從傾聽者的身份轉換到了傾訴者，而這種轉換不但宣告傾聽失敗，而且引起雅馨的不滿。在場景二中，偉光在耐心傾聽中理解了蕭蕭並非簡單表示難過和要求安慰，而且也想與他討論可以為即將離世的外婆做點什麼。

1.2 集中注意力

注意力分散是收集訊息的一大障礙，它很可能導致我們花費了大量時間傾聽，卻一無所獲，甚至我們的心不在焉會激怒講述者，反而破壞我們的人際關係。因此，當面對重要的訊息需要傾聽時，用以下的方法集中注意力：設置安靜且不被打擾的環境、暫時把自己的事情排除在腦海之外、對傾聽的內容保持好奇心。

1.3 不過早評論

人們常說「忠言逆耳」，是因為我們對批評過於敏感，難以冷靜地去傾聽。對批評過分排斥，可能是因為我們把自己的自尊和自己的觀點捆綁在一起，認為別人對我們的觀點或行為提出批評意見，即是完全否定掉了我們整個人。我們應嘗試把自己的觀點和自己的自尊區分開，把觀點設為一種待驗證的假設，將別人對我們觀點的質疑和否定視為正常的探討。這樣有助於我們形成海納百川的氣度，也能讓我們掌握更多的訊息，降低我們的出錯率。下面我們來看兩種對話情景。

場景一

小燕：我的衣服這樣搭配漂亮嗎？很想聽下你的建議呢。

小紅：嗯，看得出來你喜歡絲襪配涼鞋，也喜歡蕾絲。同時，我認為你現在這個年齡穿這麼多蕾絲不太合適。

小燕：可是我最喜歡的就是娃娃裙，我就喜歡蕾絲，這是我的風格。而且我覺得絲襪配涼鞋很淑女啊。要是光著腳穿，我不習慣。你能不能給我提供一些有價值的建議呢？

小紅：我已經給你提供了。

小燕：可是你說的這些都完全不符合我的實際。

小紅：那我不知道該說什麼了。

小燕：看來我是問錯人了。

小紅：看來你只需要我贊同你的意見。

情景二

菲菲：我的衣服這樣搭配漂亮嗎？很想聽下你的建議呢。

小芳：嗯，看得出來你喜歡絲襪配涼鞋，也喜歡蕾絲。同時，我認為你現在這個年齡穿這麼多蕾絲不太合適。

菲菲：那你覺得哪種風格更適合我呢？

小芳：現在大家都不會穿絲襪配涼鞋了，你直接穿鞋就好啦。如果你喜歡蕾絲，可以買那種蕾絲作稍許點綴的。我們可以約個時間一起出去逛街，我幫你推薦一些新的搭配，你可以感受一下，看自己會不會更喜歡。

菲菲：那太好了。

在這兩個不同的溝通場景中，我們可以明顯地看到，場景一中，小燕一開始就拒絕了小紅提出的否定性意見，同時也認為小燕的意見沒有什麼價值，導致後續溝通中無法獲得更多訊息，甚至還有可能給朋友造成不好的印象；場景二中，由於菲菲對他人的意見持開放的態度，沒有過早評價，進一步瞭解了更多的訊息，知曉了他人反對自己的理由，為自己做出更好的選擇打下

了基礎，同時也讓朋友認為自己是一個善於接納他人意見的人，從而加深友誼。

1.4 把握內容的實質

基於各種原因，人們在講述時往往不會開門見山地直抒其意。尤其是中國，受傳統文化的影響，人們往往更喜歡婉轉地表達一些觀點。因此，在傾聽時，我們更要注意透過各種形式去抓住實質內容。

2. 在傾聽中適時做出恰當的反應

根據具體情況做出恰當的反應，是有效傾聽的一個必要條件。

2.1 引導

事實上，在很多時候，人們都有處理問題的能力，並且已經有瞭解決問題的辦法。他們的傾訴只是情感上的發洩，而並非要徵求別人的意見或要求別人幫忙做決定。並且，作為傾聽者，我們必須認識到的一個重要問題是：我們或許能夠提供建議，但不能代替別人做決定，更不能替別人承擔責任。因此，當我們發現沒有能力或者不方便提供任何意見的時候，用沉默或者簡短的語言引導他自己做決定是一個不錯的選擇。你不需要做很多事情，只要你懷著真誠的心陪伴在他身邊，用眼神接觸，用姿勢、表情、語調表示你的關心，都可以幫助對方尋找解決問題的辦法。例如：

亞男：我現在工作得很不開心，但我不確定是否要辭職。

飛飛：能說詳細點嗎？發生什麼事了？

亞男：我有個新上司，合作不愉快。他安排工作毫無計劃，我經常不明白他到底想要我做什麼。經常出現這樣的情況，他佈置了工作，我花費力氣完成了，但他的計劃又變了，我所做的工作等於毫無價值，而他對我付出的努力似乎視而不見。

飛飛：哦，那你想辭職離開？

亞男：你覺得呢？

飛飛：我不知道，你自己怎麼想？

亞男：我很矛盾，因為除了上司這個因素外，我很喜歡這份工作。

飛飛：你覺得有其他辦法解決嗎？

亞男：我想最重要的一點是，他並不是針對我，而是他就是那麼一個人，對其他同事都是這樣的，大家也頗有怨言。我想他自己也沒意識到這個問題吧。

飛飛：那你準備怎麼做呢？

亞男：我想找個合適的時間，找他談談。也許溝通一下，這個問題可以解決。

使用引導的方式傾聽，在父母與孩子、教師與學生的溝通中特別有效。在家庭關係中，也特別適合丈夫用來傾聽妻子的嘮叨，為妻子提供情感上的支持。當然，在引導時要避免做出機械而呆板的反應，以免讓對方誤認為你對他的事情毫不在意。

2.2 澄清

澄清是指提出問題，以使你瞭解更多的情況。要理解他人所說的內容，常常需要得到更多的背景知識和訊息，瞭解更詳盡的事情經過。澄清對於傾聽者和講述者都有積極的作用。首先，由於各種原因，我們對同樣的表述經常存在不一致的理解。詢問可以幫助傾聽者儘可能準確地理解對方要傳遞的意思。比如：的意思是你根本不喜歡他，對吧？」其次，詢問可以幫助傾聽者瞭解更多相關訊息。比如：對他印像這麼差，是因為之前發生過什麼事情嗎？」「他給你解釋這麼做的原因了嗎？」對於講述者而言，傾聽者的提問可以幫助他們理清自己的思緒，進一步探索自己的想法和感受，同時，在澄清過程中，講述者可以感受到傾聽者對他感興趣，從而得到鼓勵。

2.3 詮釋

詮釋常常和澄清一起使用，是有效傾聽中重要的技巧。詮釋是指將你對別人所說內容的理解用自己的話轉述出來。要避免單純地逐字重複對方的表

述。例如，當說話者說「我想我和他會分手，我估計他不願意來這個城市工作」時，回應「你說你和他會分手，因為他不願意來這裡工作」只是簡單地重複說話者剛說過的話，而回應「你的意思是他是否能回到這裡來工作，是你們能否繼續在一起的決定性因素？」則是對說話者剛說的話的一種詮釋。在日常對話中，詮釋可以以多種方式進行。詮釋的一種方式是改變表述措辭。例如：

說話者：我讀這個學術型的碩士真是費錢又費力。

詮釋者：你是覺得你不適合做學術，選擇學術型碩士不是明智的選擇嗎？

詮釋的另外一種方式是從你收到的訊息中舉出一個具體的例子，向說話者說明你理解的程度。例如：

說話者：她不是一個可信任的人，我不會再相信她了。

傾聽者：你是指你給她講了你的私事，讓她保守秘密，但她到處去傳播是吧？

此外，詮釋也可以是直接把你理解的說話者的潛在含義表達出來。

說話者：那條紅色的裙子不錯，我想會適合我。

詮釋者：你想買那條裙子，是不是？

詮釋雖然不能保證在所有的溝通中都能造成積極的作用，但在傾聽中它可以達成多重效果。例如，詮釋表示出了傾聽者對表述者的興趣和關心，這會收穫感激；詮釋可以引導對話朝理性方向發展，這有助於解決危機；詮釋可以及時消除傾聽者對表述者意思的誤解，為良好的溝通打好基礎；詮釋可以幫助傾聽者集中注意力，並很好地記住談論的內容。事實上，很好地使用詮釋可以幫助傾聽者克服各種傾聽障礙。因此，在溝通中，要特別重視使用詮釋這一傾聽技術。

2.4 支持

人們通常會希望瞭解別人的想法和感受，並期望得到別人對自己的支持，尤其是在有壓力和沮喪的時候。研究顯示，每天發生的微不足道的沮喪與壓

力經年累月會嚴重威脅到心理和生理健康，所以，適時得到情緒支持有利於身心健康。然而，在日常生活中，通常會出現一些毫無作用的支持。這些無助益的支持具有以下特點。

(1) 否定別人的感受，暗示別人的感受是錯誤的。比如：

小王：我失戀了，心裡好難過。

小趙：你完全沒必要這樣，這又不是什麼大不了的事情。

關於情緒回應的研究結果表明：當一個受挫的人在別人面前只能隱藏真正的想法，或其情緒和觀點被對方否認時，他將得不到有助於他的回應；如果他所傳遞的訊息中的情緒和觀點，被明確、清楚地接納，回應才會有助於他。當我們發現對方對某事的反應超過了合理範圍，不要否定他的情緒的合理性，而要找出他做出此反應背後的原因，並給予理解和接納。

(2) 輕視事情的重要性。由於每個人的生活背景和知識結構不一樣，我們都有自己特別在乎的事物，這些事物也許在別人眼裡是一文不值的，但這不會影響它在我們心目中的價值。當別人為失去了自己在乎的事物而沮喪時，透過貶低這件事物的價值去安慰或支持對方絕對不是一個好主意。比如：

小李：我寢室的那幾個人聚會，居然沒有邀請我。

小朱：那不過就是幾個女生在一起吃了頓飯而已。

通常，按照上述方式對他人做出回應，有時不僅不能安慰別人，反而會讓說話者覺得傾聽者根本不理解自己，不在乎自己。

(3) 沒有聚焦在「此時此地」。在某些事情上，時間的流逝的確會將傷痛撫平，然而對一個正處於痛苦和沮喪的人來說，討論將來會出現什麼情況，幫助不會太大。

說話者：他莫名其妙拋棄了我，我並沒有做錯什麼，我心裡好難受，我接受不了分手。

回應者：你遲早會忘了他的。我敢打賭，再過幾個月你就沒感覺了；十年之後，你甚至都記不起他叫什麼名字了。

說話者：也許吧，但我現在太難過了，我不知道該怎麼擺脫這種痛苦。

在上面的例子中，回應者說的話有時也是事實，但在對方正遭受痛苦的時候，說出那樣的話沒有太大的幫助。

(4) 對表述者的行為進行指責。當對方因為犯錯而深陷痛苦時，再對其犯的錯誤進行指責，並不是個好方法。實際上錯誤已經發生，對方也認識到了自己的錯誤，再對其進行指責不僅不會讓對方感受到你的好心和支持，反而會讓對方陷入更深的痛苦中去。

說話者：我一直把他當好朋友看。當我看到有關他職位變動的文件後，我違反規定提前告訴了他，他居然在領導面前出賣了我。

回應者：這件事情本來就是你的錯。你不該違反規定做這件事，而且他口碑不好，你居然會去相信他。我覺得這件事你表現得太愚蠢。

事實上，當別人深陷消極情緒中時，即使對方有過錯，這個時候也並非指出問題的最好時機。在家庭教育和學校教育中，對孩子的錯誤行為進行教育時，要特別注意，不要在孩子由於犯錯而自責的時候教育他，應當在情緒平復時進行，否則會帶來對方的防衛，失去教育效果。

(5) 自我防衛。在談論對方的事情時，還替自己辯護，會讓對方認為你關心的其實是你自己。

說話者：這次沒能如期完成實習，我很難過。

回應者：是啊。在你實習的這個問題上，我做了很多努力，聯繫了很多單位，還專門去找了領導，我已經盡力了。你知道的，我一向對學生很好。

說話者可以理解回應者實際上想表達的意思是：你實際上要告訴我，你對我很好，我應該感謝你，至於我有沒有完成實習那是無關緊要的。

真正能夠造成積極作用的支持性回應應該對他人的情緒、觀點提供包容性的空間，但不表達自己對此情緒、觀點的評價。比較有效的支持包括表達同情、表示同意、提供協助、讚美他人、幫助他人恢復自信等。例如：覺得很痛苦，也很捨不得，是不是？」「高等數學對我來說也很難。」「如果你

願意的話，我可以和你一起複習。」「我覺得你這次的事情處理得已經很好了。如果我是你，我也不敢保證我會比你做得更好。」對於別人已經做出的決定，尤其是有關於他自己私人事務的決定，作為傾聽者最好的反應莫過於支持。當然，我們必須注意對方對此的反應，如果支持性回應並未得到對方的認可，甚至讓對方更加焦慮（事實上，部分人的確不需要別人的支持），那我們必須嘗試換種方式做出回應。

2.5 分析

分析是指傾聽者對說話者的說話內容加以解釋。在部分情境下，尤其是在學校心理諮詢中，對別人說出的內容進行分析與解釋，的確可以擴大對方看問題的視角，也能盡快找到問題的關鍵點所在。然而，分析並不適用於任何場景，因為莽撞的分析可能有風險。如果雙方之間並沒有建立起相互信賴的關係，對方並沒有請你分析，這種情況下的貿然分析，容易讓對方產生防衛心理。因為你分析對方，就意味著你比對方優越，可以去評價他。這種感覺通常會讓對方感到不舒服。即使沒有引起自我防衛，這種不受歡迎的分析也不能得到對方的重視，從而變得毫無意義。即使你和對方建立了相互信任的關係，對方也希望聽到你的分析，然而你掌握的訊息並不充分，因此你做出的分析有可能是錯誤的，不正確的分析有可能把對方帶入更被動的局面，引發更多的焦慮情緒。

我們給出自己的分析的時候，通常需要你和對方相互信任，對方也做了充足的準備，認為適合接受你的分析，並主動來尋求你的分析。在分析的時候，你給出的觀點應該建立在所掌握情況的基礎上，經過符合邏輯的推理而得出，儘可能符合客觀事實。同時，要確認你提供分析是基於幫助對方，而非炫耀自己或貶低對方。

說話者：我覺得我男朋友這段時間怪怪的。我打電話給他，他常常藉口忙而匆匆掛掉電話。

回應者：你太單純了吧，這都理解不了？我告訴你吧，這樣的行為就說明他有外遇了。我直覺很準，相信我。

在這樣的對話中，回應者的回應明顯是不合適的，那些貶損對方、抬高自己的表述應該去掉。最後，在提出自己的觀點時，最好採用試探性的語氣，而不用肯定的、絕對性的語氣。可以使用諸如「在我看來可能是……」「也許這個問題的原因是……」等句子。例如：

說話者：昨天晚上，我在校園裡碰見他，他沒有跟我打招呼，我覺得他肯定對我有意見。

回應者：也許這個問題的原因是他沒注意到你吧。在我看來，會不會是你想多了呢？

2.6 忠告

在幫助他人解決問題的時候，我們通常會不由自主地給出忠告。這樣的回應方式在學校師生對話中特別常見。不可否認的是，忠告在某些時候能夠產生很好的效果，然而在大多時候，忠告不僅不會產生應有的效果，反而會帶來消極後果。

我們必須要明白三件事情。第一，解決問題的方法，都不可能是萬能鑰匙，對你有幫助的解決辦法可能對其他人沒用。第二，你提供了忠告，只是提供了訊息，是否採納這個訊息、如何使用這個訊息的決定權在對方，因此，是由對方對整個事情負責，而不是由你來負責，這一點應該達成共識。第三，很多人傾訴並非為了得到忠告，而只是想獲得一個傾訴的機會，這個時候的忠告並不受歡迎。

因此，我們提供忠告應遵循以下原則。

(1) 依據你的經驗，確定你的方法是正確的和可行的。即使如此，也應提醒自己，對你有用的好方法，或許不適合對方。例如：「你應該去找她談談，溝通可以消除誤會。當然你得確定她是願意透過談話解決問題的人。」

(2) 確認對方是否誠心尋求忠告。如果對方沒有主動要求忠告，貿然給出忠告經常會引起對方自我防衛甚至憤怒情緒，這樣會讓你產生挫敗感，進而影響你和對方之間的關係。

說話者：我一直不能找到合適的男朋友，這真是太讓人感到悲哀了。

回應者：你得改變你自己，你個性方面有很多需要改正的地方。

這樣的回應方式很容易讓說話者感到很難過，認為是在指責她有問題。

(3) 雙方達成共識，即使你所提供的忠告在實踐中證明是錯誤的，也不應該由你來承擔事情失敗的最終責任。

說話者：就怎麼處理和上司的關係，你可以給我些建議嗎？

回應者：當然可以。不過我只是提供建議，你得根據自己的實際情況變通運用，畢竟你才是最清楚整個事情的人。

(4) 在提供忠告時，維護對方面子。確定你所提供的忠告完全基於協助對方解決問題，否則極易被對方理解為缺乏對他的尊重。例如：

說話者：我想明天就遞辭職信，我實在受不了這個環境了。

回應者：我相信你反覆思考過了，你目前的工作環境也的確比較惡劣。但我還是建議你先找到另一份滿意的工作之後再辭職。畢竟現在好工作不太好找，穩妥點好一些。

2.7 評斷

對別人的想法和行為給出正面或負面的評價。無論你是肯定對方或是否定對方，這往往意味著你有權力和資格去評斷別人的想法和行為。因此，我們要特別小心評斷可能會引發對方的防衛心理，尤其是針對對方的否定評價。在某些時候，我們對對方的行為或觀點的評價的確是批評，例如：早就給你說過無數次了，叫你晚上不要熬夜，這樣會有害健康的。著強烈不滿情緒的批評，即使初衷是善意的，在大多數時候也會使情況變得更糟，所以這並不是解決問題的好方法。有的時候，我們提出否定評判只是想給對方提建議，以使對方變得更好。例如：別老穿黑白灰，其實你更適合穿鮮艷一點的衣服。這樣的思維方式是錯誤的，你應該學會換位思考。樣的評斷看似溫和委婉，然而，這始終是對對方觀點或行為的否定，容易引起對方的防衛心理，尤其

是對方如果存在嚴重自卑或自大心理的時候，對他的觀念或行為的否定有可能會被誤讀為對其人格的否定，從而引發爭執。

使用評斷要把握以下兩個原則：(1) 當對方身陷困境，的確很困惑，並主動向你尋求評價時，你才能使用評斷；(2) 必須是在誠摯地希望幫助對方的基礎上，顧全對方面子的情況下，建設性地提出評價。不要顯露你的優越感，也不要居高臨下地評價。

四、影響傾聽效果的其他因素

前面我們詳細地討論了傾聽的技巧，而影響傾聽效果的還有以下幾種因素。

1. 性別

心理學的相關研究顯示，女人對情緒表現更敏感，也更喜歡表現出情緒。她們在傾聽時，大多不會評判對方的觀點，而是更多地給予支持回應。因此她們在表述時，也傾向於在傾聽者的回應中尋求支持。而男性對情緒就不會那麼敏感，在傾聽時，會更喜歡評估對方的觀點和態度，因此在表述時，也就傾向於在傾聽者的回應中尋求忠告。這樣的性別差異就告訴了我們，在與女性溝通時應多顧及感性上的情感支持，而與男性溝通時，我們則要多考慮理性上的忠告支持。

2. 情境

對實際情況的考慮，是我們做出恰當反應的首要選擇。在實際運用過程中，我們可以把握這個原則，儘可能多地收集訊息、瞭解情況，在未掌握情況之前，避免盲目給予建議。當掌握了足夠的訊息後，再表現出你對對方的關注和興趣，並給予你的分析、忠告等評價式反應，此時對方更願意接受。

3. 對象

不同的人，個性不一樣，行為習慣也不同。我們除了考慮情境，還必須考慮對象的個性特徵，來調整我們的反應方式。對於忠告，有的人會慎重對待，反思自己的不足，以實現成長；有的人自我防衛心理過重，會視為對自

己的否定，輕則反感排斥，重則憤怒絕交；有的人則利用忠告，逃避自己的責任，希望對方來替自己負責。優秀的傾聽者，會將情境和對象特點結合起來考慮，選擇最佳的反應方式。瞭解對象特徵的一個好方法是直接詢問對方，他希望我們做什麼，比如：是希望我提供建議，還是只向我宣洩下情緒？」

4. 個人風格

在不同的場景，我們選擇的傾聽反應也不一樣。我們每個人都有自己偏好或習慣的反應方式。有的人喜歡安靜地傾聽，順著對方的思維走下去，不斷詢問，以瞭解更多訊息，同時也幫助對方理清思緒，宣洩情感。而有的人則能夠一針見血地指出對方問題所在，給予建議或忠告，引導對方反思。

拓展閱讀

人本主義的傾聽——無條件的積極接納與關懷

卡爾·羅杰斯 (Carl Ranson Rogers 1902-1987) 是人本主義心理學的理論家和發起者、心理治療家，被譽為「人本主義心理學之父」。他提倡在心理諮詢中使用釋義來幫助來訪者，這稱為「個人中心」或「來訪者為中心」的諮詢理念。羅杰斯相信每個人都具有潛能，可以幫助自己找到解決問題的方法，並不需要別人的指導。他認為最好的助人方式就是提供一種積極、包容的態度，在這種氣氛下鼓勵來訪者自己去尋找幫助自己的方法。

這種諮詢方法最基本的要素是「無條件的積極接納與關懷」，即對來訪者的觀點給予尊重和關懷，接納對方好或不好的方面。需要注意的是，這並不是主張要同意來訪者的所有觀點，而是要求不評價來訪者的想法和行為。

下面是一段羅杰斯的經典個案片段摘錄。

1983 年，吉爾參加了羅杰斯的培訓班。她難以跟自己上大學的女兒分開，並因此焦慮起來。她的自我形像是消極的。談話中，羅杰斯不僅僅重複她的那些消極話語，而且採用誇大的方式複述這些話，一直到最後吉爾開始用積極的自我表述替代了消極的認識。

羅杰斯：我想我準備好了。你準備好了嗎？

吉爾：好了。

羅杰斯：我不知道你想談些什麼。咱們有半個小時，我希望我們在半個小時裡儘可能多地瞭解對方。但我們不一定要達到什麼目的。這是我的想法。你能告訴我你在想什麼嗎？

吉爾：我和我女兒相處有一些問題。她 20 歲了，在上大學。讓她就這麼走了，我非常痛苦。我對她充滿內疚。我非常需要她，依賴她。

羅杰斯：需要她留在你身邊。這樣你就可以為你感到的愧疚做些補償。這是其中一個原因嗎？

吉爾：在很大程度上是吧。她一直也是我真正的朋友，而且是我的全部生活。非常糟糕的是，她現在走了。我的生活一下子就空了很多。

羅杰斯：她不在家，家裡空了，只留下了媽媽。

吉爾：是的，是的。我也想成為那種很堅強的母親，能對她說：「你去吧，好好生活。」但是，這對我來說非常痛苦。

羅杰斯：失去了自己生活中珍貴的東西是非常痛苦的，另外，我猜，還有什麼別的事情讓你感到非常痛苦，是不是你提到的和內疚有關的事情。

吉爾：是的，我知道我有些生她的氣，因為我不能總得到我所需要的東西。我的需要不能得到滿足。唉，我覺得我沒權利提出那些要求。你知道，她是我的女兒，不是我的媽媽。有時候，我好像也希望她能像母親一樣對我。可我不能向她提那樣的要求，也沒那個權利。

羅杰斯：所以，那樣的想法是不合理的。但她不能滿足你的需要的時候，你會非常生氣。吉爾：是的，我非常生她的氣。

在這個片段中，羅杰斯不斷引導吉爾訴說，並透過詮釋和提問去核查自己是否真正理解了吉爾的意思。整個談話中，羅杰斯沒有出現評判式回應。

複習鞏固

1. 傾聽的障礙有哪些？

2. 無效傾聽的原因有哪些？

3. 有效傾聽的技巧包含哪些層面的內容？

本章小結

良好的傾聽技能在人際溝通中是不可或缺的要素。傾聽至少基於以下四種意圖之一：理解他人、享受與他人相處、認識瞭解事物、給予幫助或安慰。傾聽的 HURIER 模型指出傾聽包括六個階段：聽、理解、記憶、解釋、評價和回應。根據傾聽的目的，可以分為諮詢性傾聽、批判性傾聽和設身處地的傾聽。根據傾聽的方式，可以分為他人導向型、行動導向型、內容導向型和時間導向型。

猜測他人心思、選擇性傾聽、預先評判、注意力分散等，都屬於假傾聽，無法達到真正傾聽的效果。噪音與不良的身體狀況、訊息量過大、聽與說之間思維速度的差異、傾聽中的努力程度、認知因素、缺乏訓練都會影響傾聽的效果。

正確的傾聽首先要全面收集訊息。在全面收集訊息的過程中，要少說話、集中注意力、不過早評論，注意把握內容的實質。其次，在傾聽時要就對方

談論的內容做出恰當的反應。這些反應包括引導、澄清、詮釋、支持、分析、忠告和評斷。同時，我們也要注意到，性別、情境、對象與個人風格也影響傾聽效果。

本章關鍵詞語

傾聽 傾聽的重要性 傾聽的錯誤認知 傾聽的過程 傾聽的類型

傾聽的障礙 無效傾聽的原因 有效傾聽的技巧

本章練習

一、單項選擇題

1. 下面對傾聽的描述哪一項是正確的（ ）

A. 傾聽即聽見 B. 傾聽需要付出努力

C. 不同的人對同一內容的理解是一致的 D. 傾聽能力完全由遺傳決定

2. HURIER 傾聽模型中哪一個環節需要重塑所聽到的內容（ ）

A. 聽 B. 回憶 C. 解釋 D. 回應

3. 排除主觀因素的無效傾聽不是由下列哪個因素引起（ ）

A. 環境噪聲 B. 思維速度過慢 C. 訊息過量 D. 身體狀況不佳

4. 面對失去親人的人，恰當的回應方式是（ ）

A. 移情和支持 B. 分析和建議 C. 搪塞和建議 D. 渠道返回和轉述

5. 在學校裡聽專業講座屬於什麼類型的傾聽（ ）

A. 批判型傾聽 B. 設身處地的傾聽 C. 諮詢性傾聽 D. 他人導向型傾聽

6. 當我們提出忠告時，要避免做什麼（ ）

A. 要確定建議的解決辦法的正確性 B. 確定對方願意接受忠告

C. 要承擔起建議策略可能失敗的責任 D. 顧及對方的面子

7. 強調組織和準確度是以下哪一種傾聽類型（　）

A. 他人導向型　B. 行動導向型　C. 內容導向型　D. 結果導向型

8. 當我們對別人做出評斷時，應該注意（　）

A. 維護對方面子　B. 別人是否主動要求評斷不重要

C. 保證評論者的優越感　D. 不用在意別人的防衛心理

9. 作為一個好的設身處地的傾聽者，當別人悲傷的時候，以下哪一種行為是應該避免的（　）

A. 提醒悲傷的人必須要堅強　B. 透過任何可能的方式幫助悲傷的人

C. 悲傷的人想要談話時認真傾聽　D. 鼓勵悲傷的人關注自己的需求，照顧自己

10. 學生更喜歡擁有精彩幻燈片和有趣故事的課堂，排斥理論性強的課堂，這是什麼現象（　）

A. 鮮明效應　B. 確認性偏差　C. 光環效應　D. 訊息超載

二、練習

請同學們組隊 (4～5 人一組) 練習，依次說自己印象最深刻的一件事，在講述者講述時，其他同學認真傾聽，講述者說完後，其他同學依次就講述內容提三個問題，要求使用到傾聽技巧。

第四章 言語表達

語言溝通，包括口頭的和文本的溝通，是溝通的主要形式。語言的應用影響到溝通的效果。語言能幫我們更好地表達自己的思想、情感和慾望，也會成為人際交往的障礙。在本章中，你將會學習以下內容：

(1) 語言與溝通，瞭解語言的重要特徵及其對溝通的影響；

(2) 清晰表達，學習清晰、完整的語言表達；

(3) 積極正向的溝通，塑造良好的溝通氛圍，說服他人；

(4) 語言的濫用，瞭解消極的語言溝通方式。

第一節 語言與溝通

一、語言的性質

語言是結構化的、用於意義溝通的符號系統。

1. 語言是符號

詞語代表某個特定的客體與觀念，但不表示客體和觀念本身，這就是語言的符號性。當我們用火災這一詞彙向周圍的人描述遠處工廠裡漫天的大火時，他們會點點頭，然後說：「好慘！」為何「火災」這個詞就能夠代表彼時正在發生的事情，並且引起人們的共鳴呢？這是因為「火災」一詞與真實發生的事物之間的聯繫，並不是我們主觀創設的，而是這樣的對應關係獨立地存在於我們的判斷之中。這種對應關係的演變也並非是臨時形成的，而是經過人們長期生活經驗的總結積累，才得以形成。

人類的語言是在人類早期手勢溝通的基礎上發展起來的，而人腦的獨特結構使人類開發出了語言這一符號系統，並使人類能夠學習和使用語言。在相同的文化背景下，人們使用同一語言，不但可以實現當時當地的交流，而且使跨時空、跨距離的溝通也成為可能。因此，我們可以閱讀浩如煙海的史書，和古人交流；也可以打電話、寫信件進行交流。

語言是一種符號，而符號的形式又是多種多樣的，因此也就有了多種語言的存在。例如，目前世界上有漢語、阿拉伯語、英語、法語、芬蘭語等5000多種語言。聾啞人之間的溝通使用的手語，其實也具有符號的本質，而不僅僅只是手勢。這也就不難理解，手語同漢語、英語、日語一樣，也存在很多種類，有瑪雅手語、丹麥手語等，因為溝通的形式不是建立在語義或者手勢的釋義之上，而是建立在符號性之上的。

2. 語言是長期交流中形成的規則系統

詞語與客體或觀念之間的聯繫經過人們長期生活經驗的總結積累才得以形成，而且，語言也包含有許多語言規則，包括發音規則、書寫規則、表達規則等。不同的語言有不同的規則，比如，英語和漢語主要採用主謂賓結構，而日語則採用主賓謂結構。

3. 語言是用來進行意義交流的

語言是用來進行意義交流的，意味著語言本身可能有多種含義。當我們去理髮的時候，我們總會與理髮師進行較多的交流，但結果很難讓我們滿意。我們會對理髮師說「瀏海適當剪短一點就好了」，但剪完後我們會說「現在也太短了，我剛才不是說剪短一點嗎」，可能這時理髮師會無辜地看著你說「我明明只剪了一點啊」。可見，對於說話者來說很確定的事實，對於聽者卻有著不同的理解。這也表明，語言溝通涉及的內容，並不僅僅是語言本身，人們對語言的理解可能遠遠超過其字面的含義。

我們同樣也會發現，不同的文化背景下，相同的語言表達的可能是不同的含義。舉例來說，有人說「我非常期待成為這裡面最優秀的」。在亞洲文化背景之下，這個人多數會給人留下自滿、自信甚至有一些狂妄的印象，大家會下意識地給他打上不善合作的標籤，在工作中可能會刻意地迴避他；但在歐美文化背景下，這個人給人的印像往往是自信、自立，有上進心，在合作中，會爭取和這個人一起工作的機會，因為他可以鼓舞整個隊伍的士氣。究其原因，亞洲文化強調的是集體主義，但歐美文化則是個人主義，故此，同樣的一句話，會引起如此不同的理解。當我們用不同的符號去詮釋同一個事物時，這種文化背景上的鴻溝是很難跨越的，稍有不慎就有可能造成大的

麻煩，所以，當我們進行跨文化交流時，不要想當然地認為世界有一個大同的模式，要深入地去瞭解不同背景下的符號文化。

二、語言對溝通的影響

1. 語言與權力

我們經常會發現，不同的人在表述相同的事情的時候，聽眾的感受是不同的。例如，晚上一點，小王家的聚會正酣暢，音樂聲震耳欲聾，鄰居小楊敲了敲門，對主人說道：不起，打擾了，事情是這樣的，我們家甜甜明天要早起上學，你看，現在一點多了，可不可以把音樂聲音調低一點，好讓孩子好好睡覺，麻煩了。」

沒過幾天鄰居小趙同樣敲開了小王家的門：在已經一點了，我們都要休息了，音樂聲也應該調低了吧？」小王當即感到一盆冷水澆來，連連點頭：「對不起，打擾到您休息了，我們馬上調低音量。」

上面的兩組對話，表達的都是同一個意思，希望調低音量，但我們仔細觀察，可以發現在小楊的話語裡面出現了「你看、可不可以」等詞組，話裡有較多的不確定；在小趙的話裡面出現了「應該」這一詞，表述確定且不容反駁。

我們在平時的溝通之中，會有一種典型的權力語言形態主導我們。在上述談話中，小楊的話語表述是典型的低權力語言形態，而小趙的話語則是典型的高權力語言形態。低權力語言形態通常閃爍其詞、猶豫、試探，且較多採用問句、否定式陳述。例如，「我猜我想要……」我們該走了，不是嗎？不是很確定，但是……都屬於低權力語言形態。許多研究發現，低權力語言形態的人，給人的感覺往往是不自信，沒有權威，缺乏魅力；相反，採用堅定語氣的高權力語言形態的人，會給人以權威、自信，充滿社交魅力。在領導、說服方面，高權力語言形態的人會更具優勢。

不過，高權力語言形態也有其侷限，而低權力語言形態也有其優勢。高權力語言形態的人有時也會讓人感覺過於傲慢，對人不夠尊重。在領導或是說服中，高權力語言形態的人可能會更快地達到他想要的效果，但長此以往，

可能會使別人產生敬畏，漸漸地疏遠，人際關係可能面臨一定的危機。而低權力語言形態的人會讓人感覺謙遜，彬彬有禮，更容易贏得他人的合作。禮貌而且沒有權威的陳述方式有時能比強硬的陳述方式更能達到良好的溝通效果。例如，對不起，您的音樂聲讓我睡不著覺，您可以把音樂聲關小一點嗎？」可能比「你的音樂聲太大了，讓我睡不著，把音樂聲關小一點！」更能達到溝通效果。

語言的權力形態也受文化和環境的影響。例如，在許多亞洲國家中，保存顏面在人際交往中是很重要的，故而在溝通中，他們會更多地考慮給他的合作者留有更多的餘地，讓對方感覺到被尊重，但在歐美強調個人主義的文化背景下，個體會更多地關注個人的利益，在溝通中較多地使用高權力形態的語言。

2. 人稱代詞影響溝通

在溝通中使用不同的人稱代詞也有不同的含義。

2.1 第一人稱的溝通

「我」句式是以「我」作為句子主語的一種表達方式。例如，「我認為」「我想要」「我感覺到」等，是一種在日常溝通中具有重要作用的句子結構。使用「我」作為人稱的陳述，「我」是訊息的直接發出者，對於所有的敘述「我」是負責人，說話者用一種非價值評判的方式形容自己對他人反應的認識，會讓聽者處於一個比較放鬆的狀態。

「我」句式能夠在不指責他人的情況下充分地表達自己的想法，同時也含有邀請溝通對象把他的想法說出來的意思。在容易被誤會或者容易導致他人防衛的情況下，「我」句式能夠緩和溝通中的緊張氣氛，使溝通順利進行。完整的「我」句式包含四個不同的部分，分別為：(1) 他人的行為；(2) 你對他人行為的解釋；(3) 你的感受；(4) 他人行為對你的影響。下面這個句子就是一個完整的「我」句式：「當那天你過了晚上 10 點還沒有回來，我給你打電話又打不通的時候 (行為)，我很擔心 (感受)。我害怕你會出意外 (解釋)，這是我那天那麼激動的原因 (影響)。」

在實際的溝通中，根據說話者的習慣，「我」句式包含的四個部分會有不同的呈現順序。當可能被誤會或者可能誘發他人強烈的防衛的時候，「我」句式最好包含上述完整的四個部分。有時，「我」句式只用其中的一兩個部分就可以了。例如，你摔倒時（行為），我很緊張（感受），「你沒有提醒我會議的時間，我因會議遲到被老闆責罵。（他人行為對你的影響）」。

使用「我」句式時，重點是說出自己想要的，而非說出自己不想要的。說出自己不想要的容易含有指責他人的意思，導致溝通中的衝突。例如，加你朋友的婚禮的時候，我不希望你只忙著和別人打交道而把我丟在一邊。這很容易招致聽話者的反駁：「我什麼時候把你晾一邊了啊？」此時，還不如說：加你朋友的婚禮的時候，可不可以陪我一起和你的朋友應酬啊？在對話中，一旦發現自己在說「我不想要……」時，可以接下去說「我需要……」，或更有技巧地說「我比較喜歡……」。例如，上我不想吃這麼辣的一餐，晚餐時我比較喜歡吃些清淡的。

「我」句式也有其侷限性，當談話中說話者過多地使用包含有「我」的句子時，容易給聽話者產生自我中心、不顧他人、不尊重他人的感受。例如，當採用「我」句式表述對自己的誇獎、讚美時，會使聽者不適，給人以自誇之感。

2.2 第二人稱的溝通

「你」字的使用，有關注他人、關懷他人的意味，特別是當訊息是正面的時候。例如，「你最近怎樣啊？」「你最近在忙些什麼啊？」等等。但是，當表達的訊息有負面的意義時，「你」字的使用就會變得極具攻擊性和指向性，對於聽者來說可能理解為批評和指責。「你」的陳述也容易直接表達對他人的評價。當我們表達的是表揚時，會使聽眾感到愉悅，因此，當我們在讚美和關懷他人時，可以多使用「你」句式。但當表達的是負面的評價時，則儘量使用「我」句式，可以避免指責和批評的意味，使溝通順利並維持良好的人際關係。例如，當你生氣時大吼：這大混蛋，一向不顧別人死活。」遠不如說：心裡實在很火，說好 6 點鐘要一起出門參加重要活動，你 7 點才回家。一句話是用第二人稱的溝通，以「你」開頭。在未瞭解對方主觀意願

之前，就猜對方的心，認定對方故意使你痛苦，一味指控、怪罪或處罰對方會使戰火高升。第二句話是以第一人稱的溝通，以「我」或是「我覺得」來開頭，即使聲音大了些，也用了較強的情緒字眼，但重點在表達自己的情緒，並沒有指控對方。用第一人稱的溝通，讓溝通對象知道自己生氣的緣由，也告訴溝通對像自己的需要，他（她）才獲得足夠訊息知道如何改進、如何解決問題。

不過，在用「我」句式代替具有批評、指責意味的「你」句式時，要特別注意不要將「我認為……」說成是「你早就知道我認為……」，後面這種句子結構仍然包含有較強烈的批評和指責的意味，容易在溝通中導致衝突。

張立：你早就知道我認為我們對玲玲管教的方式太嚴。

陳靜：我不知道你這樣想。

張立：你早就知道，不要裝不知道。

陳靜：誰知道你心裡在想什麼？

換成「我認為……」的句子結構：

張立：我認為我們管教小孩太嚴格了。

陳靜：喔！哪方面太嚴呢？

第二種表述比第一種表述更容易產生良好的溝通和促進問題的解決。

2.3 我們

「我們」句式的使用，有直接、凝聚和約束的含義，能夠在說話人和聽者之間形成建設性氣氛，使說話者和聽者建立起共同關心、共同負責的約定。例如，我們一起去旅行的感覺真好。通道裡有垃圾，保持我們生活環境的整潔是大家共同的責任。我們可以反映出和別人關係的密切程度，有「我們同在一起」的傾向。研究發現，經常在溝通中使用「我們」這一詞語的夫妻對婚姻的滿意度比那些主要使用「我」和「你」這類詞的夫妻的婚姻滿意度要高。

但是「我們」也有被誤用的情況，我們看下面一個例子。

小明：你是來逛街的嗎？

小麗：嗯……

小明：那我們一起逛吧？

小麗：哦，不用了吧……

這就是典型的「我們」這一人稱代詞的誤用，因為小麗可能並不願意與小明一起逛街，但小明卻用了「我們」，有強迫對方同意的意味。談話中描述自己的想法和感受時，最好避免用「我們」一詞，除非對方真的同意你所說的，否則使用「我們」一詞，有可能導致他人反感，使溝通出現障礙。

如上所述，任何一種代詞的使用都會出現不恰當的情況。研究人員指出，可以考慮在句子中使用複合人稱代詞。研究發現，同時使用「我」和「我們」時，人們接受的意願與可能性很高。例如，「我想我們可以節約一點」，期望我們這個假期可以一起去旅遊。強調溝通中訊息表達的準確性時，需要在合適的情境之中使用合適的人稱代詞，而使用人稱代詞的基本原則是：使用「我」字的語言沒有反映出自私、自誇，使用「你」字不摻雜對他人的評判，使用「我們」的語言包含他人但不代表他人。

生活中的心理學

惱人的說話方式

在我們的日常會話中，有些說話習慣能誘發他人不愉快的感受，影響溝通。

(1) 語速不當

語速太快或太慢都會影響溝通的效率。有的人說話語速快得像打機關槍，句與句之間也少停頓，聽者經常會覺得不知所雲，也就不知道如何溝通了。有些人講話語速太慢，聽眾就容易走神，也妨礙溝通。

(2) 浮誇口氣

別人請求自己辦事，明知有難度，但唯恐對方懷疑自己的能力；或者實在不好意思當面拒絕，不願或不敢講出顧慮和困難，而以「沒有問題」、「應該可以」等近似肯定的回答來回應。結果一段時間後，對方發現你答應辦的事情沒有辦成，不僅關係受到破壞，自己的辦事能力和人品也遭到了質疑。因此，我們要學習說「不」，學會拒絕。

(3) 魯莽插話

插話往往是為了提問，是為了幫助說話者更好地表達。魯莽的插話，往往破壞說話者的表達。例如，當講話者在一個主題上侃侃而談時，有的人卻中途打斷話題，自己滔滔不絕，想到什麼說什麼，甚至以全新內容代替原話題，絲毫不考慮講話者和其他聽眾。合適的插話，應該選擇在講話者訊息已清楚表達、聽眾的興趣和專注程度已經下降的時候。

(4) 語氣詞頻繁

說話時夾雜著大量的「說實話」「嗯」「啊」「還有呢」「然後」等無意義而且乏味的口頭禪或語氣詞，這些語氣詞雖然給自己留下了思考的空間，但是不宜頻繁出現，否則容易讓人感覺厭煩甚至分心。有的人講話內容已表達清楚，但仍然反覆說明，會讓人覺得囉唆。

對以上幾種說話習慣須多加提防，注意它們可能會對自己或他人產生負面影響，對於已經產生的不良後果，應該設法補救。

複習鞏固

1. 語言的性質是什麼？

2. 語言對溝通的影響可以體現在哪些方面？

3. 語言溝通中人稱代詞的使用原則是什麼？

第二節 清晰的語言表達

語言的基本功能是傳遞訊息與表達感情。訊息的載體是多種多樣的，傳遞訊息的媒介也是多種多樣的，其中最為重要的莫過於語言。人際交往中，

我們幾乎無時無刻不在進行著訊息的傳達，大到國際會議，小到聊家常，而訊息也是林林總總。寥寥數語，抑或長篇大論，都在向一個人或向一群人傳遞著訊息。這就是語言力量的體現。

一、語言溝通的內容

在人際溝通之中，語言可以溝通情感、營造氛圍，從而促進人與人之間關係的建立。情感是一種情緒的體驗，如愛、喜歡、感激等等。我們產生的這些情緒體驗，只能被自我感知，這是一種內在的感受。有時候這種體驗會透過我們外在的一些表情、肢體語言體現，但他人是無法清楚地感知到的，這就需要語言進行訊息傳遞。當我們接受了他人的幫助，想向他人表達感謝之情，我們會說：「謝謝」，簡單的隻言片語便可傳達我們深深的感激之情；我們還可以說「我喜歡你」，讓他人知道我們對他的愛慕之情；一句「我對你當下的處境表示深深的同情」，則可傳達我們對他人的關切之情。不管談話的目的是為了傳遞訊息，還是為了表達感情，總體上，談話的內容都包含四個方面：感知到的、想到的、感受到的、所需要的。

1. 感知到的

我們所感知到的，是我們自己所聽到的、所讀到的，或者所經歷過的內容。我們所感知到的，是一些基本的事實，表達的時候，我們不需要添加任何主觀思考，只是對事物原有屬性的再現。

我們學校搬到了一個山坡上。

她穿一件紅色的上衣。

今天早上他們兩個人發生了爭吵。

台北的夏天有時氣溫超過 40°C。

上面這些例子都是感知到的事物原本的屬性，沒有任何再加工的成分。事實有正確和錯誤之分。例如，褲子的顏色是藍色的，你將其描述為紅色，就是錯誤的表達。

2. 想到的

我們想到的是對聽到、看到的事情的總結與推論。它試圖對你所看到的東西進行綜合分析，讓我們看到事情的本質，理解事情發生的原因與機制。如果再加入價值評判，就能判斷出好與壞、對與錯了。信念、觀點以及價值評判都屬於不同形式的結論，請看下面一些相關的例子。

無私對於友情的維持是非常重要的。（信念）

我認為，地球以外是有生命存在的。（觀點）

經歷了這麼多，我還是覺得這個地方最適合我。（價值評判）

你就這樣躲著她是錯誤的。（價值評判）

想到的與感知到的不同，想到的是主觀感受，包含有價值判斷。同一件事情，每個人的看法可能都不同，因此，我們說想到的、所認為的，反映的是我們個人的觀點，這些看法和觀點，你可以同意或者不同意，但是很難說對和錯，有可能兩種不同的觀點其實都是正確的，只是角度不同。

3. 感受到的

我們感受到的，與情感和情緒有關聯。情感是真實的，不是評價性的，與價值判斷無關。比如下面的陳述。

我覺得讓大家失望了，我心裡很難受。

即將到來的考試讓我焦慮萬分。

你的這種行為，嚴重傷害了我的感情，我很失望。

需要注意的是，對感受的陳述，與觀察、價值評判或者觀點並不是一回事。比如：時候，我覺得你很刻板。個陳述跟感受沒有任何關係，這只是一個比較委婉的判斷。

4. 所需要的

所需要的描述的是與個人需求或意圖關聯的內容。沒有人比你更瞭解自己。對於自身的需要我們心知肚明，但是多數人都會壓抑自己的想法，但我們往往又希望別人可以從我們隱晦的表述中發現我們的需要，這就對身邊的

人提出了過高的要求。只有當雙方都能清晰和主動地表達自己的需要時，這段關係才能不斷地調適和發展。以下是對需要的一些典型的表達方式。

　　七點之前你能回家嗎？我想去看音樂會。

　　你能把週末空出來嗎？我們一起去旅行。

　　我心裡堵得慌，能安慰我一下嗎？

　　需要不論主次、不分對錯，它只是簡單地陳述能幫助你或使你高興的一些事情。

　　在對話中，當這四個方面的內容都具備時，即具備了完整訊息。在完整表達訊息的基礎上，人與人之間的關係得到進一步的拉近和發展。如果你不願與別人分享你的感受，即使是朋友、愛人和家人也無法瞭解到真實的你。分享指的是不隱瞞自己的經歷、不掩飾自己的不滿、不壓抑自己的需要。完整的訊息表達包括準確回饋觀察到的事物，清晰地陳述你的推測和結論，表達你的真實感受，想要什麼或者想改變什麼就直接說出要求和建議。

　　當你傳達的訊息遺漏了某個方面時，這樣的訊息被稱為不完整訊息。不完整訊息會引起別人的困惑和懷疑。別人能感覺到缺少了某些東西，但不清楚到底缺少的是什麼。沒有加入感受和希望的判斷，別人不會在意；沒有對挫折和傷害的描述，別人不會傾聽你的不滿；沒有充足的觀察感知做支撐，沒人會相信你的結論；沒有對感受和設想的表達，別人會覺得你提出的要求是不合理的。

　　當然，也不是每種關係或者每個場合都需要這種完整的訊息表達。即便與你很親近的人，大部分的交流也只是用來傳遞訊息。但是遺漏或者掩蓋一些重要內容的訊息往往是危險的。在與親近的人交流的過程中，表達一些複雜的問題是避免不了的，這時候，訊息表達得不完整就可能使彼此的關係陷入困境。

　　當我們進行完一次對話，如何判斷訊息的完整性？我們可以從以下四個方面出發：

(1) 我是否表達出了我所知道的事實？陳述是否基於我所看到的、讀到的或者聽到的？

(2) 我是否清楚地陳述了我的推論和結論？

(3) 我是否真正表達了自己的情感，而不帶責備和判斷？

(4) 我是否提出了我的要求，而不包括責備和判斷？

例如，丈夫回家後，妻子不高興。丈夫可以使用完整訊息來進行交流。

所感知到的：我回家之後你一直保持沉默。

所想到的：我猜你很生氣。

所感受到的：每當你不理不睬的時候，我也很生氣。

所需要的：我情願我們談論一下，也不願這樣。

上面的對話具備了這四個方面的訊息，所以整個的溝透過程是非常順利的，說話的人將自己的意思完整地傳達給了聽者，而聽者也完全領會了說話者的意圖。

二、影響語言清晰表達的因素

1. 訊息混淆

在實際的對話情境當中，要做到具備四方面內容是很困難的，我們往往會遺漏其中的一項或者兩項，當我們遺漏了其中的部分時，被保留的相關訊息就可能摻雜在一起，導致訊息混淆。

1.1 感知到的和想到的混淆（事實與意見、推論的混淆）

事實是事件結果的真假、對錯，並且可以被證據所檢驗、證實。意見則表示對某一事件或意見贊同或者反對，並沒有決定意義上的真假、對錯。如果事實與意見、推論混淆，較容易引起情緒上的反應。例如我們經常反問別人「你出什麼問題了？」，往往會得到如下的回答「誰說我有問題？」。「你出什麼問題了」本身就是一個含混表達，說這句話的人表達的意思可能只是

看到對方反應後的一個推論,然後表示關切,但聽者可能會以為問話者認定他有問題,所以才會有大的情緒反應。但如果表達方式改為我看到你的額頭都出汗了(事實),我覺得你很緊張(意見),出什麼問題了嗎?(推論)清晰地表達了自己看到的事情和自己的推論,還透露著關切,就不容易引起聽者不良的反應,較容易使對話繼續發展下去。

1.2 想到的和感受到的混淆

我們想到的往往與價值判斷有關,但我們感受到的是一種真實的情境,不涉及價值判斷。日常生活中,也很容易出現兩者的混淆。例如「你經常遲到,你只想拿薪水而不幹活」。經常遲到是我們觀察到的一種客觀事件,接下來的「你只想拿薪水而不幹活」是說話者所聯想到的,充滿了價值判斷,並且包含著潛臺詞「你這種行為是錯誤的」,這種句子很容易誘發聽者的防衛:「我是有事情才遲到的,我根本沒想到只拿薪水不幹活。」相對合適的表達方式,我們要具備完整的訊息,然後清晰地表達出來:「你一週遲到4次(觀察),我覺得你是在逃避工作(想法),這讓我很生氣(情緒)。我希望你下周不要遲到(需要)。」

1.3 感知到的與感受到的混淆

情緒會影響我們知覺事實的角度。對待同樣的事情,當我們帶著不同的情緒時,我們對事實的知覺可能存在一定的偏差,導致我們描述事實的方式暗含著情緒的色彩。我們小時候的作文裡面,都會寫道:那天老師表揚了我,我很開心,放學後走在回家的路上,路邊的野花頻頻向我點頭,隨風跳著優美的舞姿,和著鳥兒嘹亮的歌聲。有時候是這樣:那天老師批評了我,心情好差啊,走在回家的路上,路邊的野花垂著腦袋,無力地隨風搖擺,鳥兒的歌聲也失去了往日的嘹亮。樣是路邊的野花和天上的小鳥,本身是沒有喜怒哀樂的,但卻會因為觀察者的情緒不同,而被塗上不同的心情色彩。

1.4 感受到的和所需要的混淆

我們在提出需要的時候,很多情況下都很難得到滿足,對方的回答要麼直接忽略你的需要,要麼做一些無關緊要的解釋。例如:一整天了,你都對

著電話講不停，本想讓你幫我提一些想法的，現在買的這些東西全是我一個人的主意，你根本就不在乎我。講電話是因為有走不開的事情，再說我怎麼會不在乎呢，我拋下所有的事情來陪你，你卻說我不在乎？這段對話中，先說話的女士似乎在抱怨男士對她不在意，但男士無辜地表達自己的不滿，這段對話如果繼續下去的話可能會是爭吵，但實際上女士只想表達她買東西的時候要給點意見。感受與所需要如果混淆，聽者就會把更多的注意力放在應對說話者的情緒感受，從而忽略說話者的需求，結果就會使得需要沒有滿足，情緒感受反而越來越強烈。

1.5 所需要的和所想到的混淆

我們在說出我們所需要的時候，往往並不會單純地說出需要，而是混雜了許多我們的想法。比如當我們的另一半好久沒有和我們聯繫了，一種表達可能是：我覺得你很冷酷無情。這句話便混雜了我們的想法，我們認為好久不聯繫是極其冷酷的，但並沒有說出我們的需要。也有另一種表達方式，就是直接告訴對方我們的需要：你三天沒打電話給我了，我認為你對我並不在意，我很傷心，想和你談談。這就是一種單純而極其有效的表述方式。

除了上述的混淆外，還有多重混淆的情況，就是之前的幾種情況雜揉在一起。這種情況就更複雜且更容易產生溝通的障礙。

2. 模棱兩可模棱兩可的句式容易在溝通中產生誤會。

我們看下面兩段對話。

對話一

張紅：我們好久不見了，最近怎麼樣？

李玲：還可以吧，說不上好，也說不上不好，馬馬虎虎吧。

張紅：你具體過得怎麼樣啊？

李玲：我自己說不清楚，就那樣阿！

張紅：你這個人總是這樣，難道你就不能照實說你的近況，至少也給別人一個關心、瞭解你的機會。

第二節 清晰的語言表達

　　李玲：我已經說得很清楚了嘛，我不就一直是那個樣子啊，沒有什麼大的起伏、變化，你要我該怎麼說？

　　張紅：我只是想聽到你具體描述一下你最近的狀態，而不是這麼敷衍，讓人摸不著頭腦，唉，真累人啊！

　　李玲：累人就不要問了，反正問了，我也就這樣回答。

　　張紅：你這個人真是無可救藥了！

對話二

　　李明：我的工作調任令已經下達了。

　　劉欣：哦，那看來我們應該抽個時間把工作交接一下。

　　李明：是啊，那就下周吧。

　　劉欣：也許吧，到時候再說吧！

　　第一段對話中，參與對話的張紅、李玲兩人，在很不愉快的氛圍下結束了此次對話，張紅的目的並沒有達到，相反，兩人之間的心結由此產生，為以後的對話掘開了一條難以踰越的鴻溝。第二段對話雖然沒有出現第一段對話中的尷尬局面，但是依舊沒有達到本應達到的目的。分析其中的原因，我們會發現在這兩段對話中，李玲和劉欣在回答對方的問題時均沒有一個確切的答案，透過她們的回答，完全整理不出任何確切的有用的訊息，她們的回答都是很模糊的，李玲的回答沒有進行具體詳細的描述，而是用了諸如「還可以吧」這樣模糊的指代性的詞語，劉欣則是用「也許吧，到時候再說」這一常用的說法，回應了對方的問題。這樣的回答都屬於模稜兩可式的回答。

　　我們可能聽到身邊有人會說「大概是這樣吧」，「具體的我也不是很清楚」，覺得這個答案應該是對的，你覺得呢？之類的句子。這些句子的出現往往會使整個溝通陷入困擾。模稜兩可的句子表意不清，可能有多重解答，它的指代是發散性的，並不侷限於一個方向，不同的聽者可能會有不同的解讀。話語的模稜兩可出現的原因，我們從參與對話的雙方來分析。對於說話者，如果是我們自信的領域，我們的答案有著清晰的思路和邏輯順序，包含

著大量準確有用的訊息，語氣就會堅定、自然；但如果是我們不熟悉的領域，則局面可能會完全逆轉，我們的回答可能會雜亂無章，東拼西湊，閃爍其詞，沒有一個核心的思想，那麼自然也無法傳達準確的訊息。有的人習慣性地使用一些模糊性的詞彙，如可能、或者、應該吧等，儘量讓自己說的話留有餘地，不說得太絕對。對於聽者來說，可能出現不同的聽者有不同的理解，聽者的理解能力和習慣性的解讀方式，也在一定程度上影響雙方的溝通進程。

3. 暗示

暗示的解釋如下：人們為了某種目的，在無對抗的條件下，透過交往中的語言、手勢、表情、行動或某種符號，用含蓄的、間接的方式發出一定的訊息，使他人接受所示意的觀點、意見，或按所示意的方式進行活動。在一般情況下，暗示者是主動的、自覺的，相對來說，受暗示者是被動的。正是由於這個特點，暗示在很大程度上會造成溝通的障礙。暗示者的主動性體現在暗示的時機和暗示的內容上，暗示者可以按照自己的意願，在認為合適的時間、內容上，主觀地暗示給聽者，那麼被暗示者在接受上就會存在很大的風險。首先他必須能很好地獲悉暗示的時機，即明白此時此刻是說話的一方對自己的暗示，而非將內容故意隱藏不說。更重要的是，能夠準確地找出說話者暗示的內容，這就要求被暗示者有很好的反應能力，並且與暗示者有關於這一問題的交流，從而能在最短時間內和暗示者達成關於這個問題的共識。一旦暗示者與被暗示者在任何一個環節上沒有配合好的話，整個對話就會陷入一種尷尬的情形，難以繼續下去。例如，小張、小王是某公司的員工，兩人對自己當下的工資狀況不是很滿意，便相約去張總那裡談談此事，希望可以加薪，下面是我們截取的其中一段對話。

小張：我們都很清楚公司目前的處境，但我們兩個在公司這麼多年了，任勞任怨，現在物價飛漲，如果還是以前的薪資標準，生活真的變得有些艱辛。您看，考慮一下。

小王：是啊，老闆，當下的情況確實是有些困難，但有句老話：再苦不能苦孩子，那同樣的再苦不能苦員工，難道您忘了小李跳槽的事了。

小張：我們的事情和小李是不同的，我們希望老闆可以就事論事，只考慮我們兩個。

　　小王：我們雖然和小李的情形是有些不同，但本質還是一樣的啊，只有公司保障了我們員工的權益，我們才有可能在公司盡心盡力地幹下去。

　　張總：你們的情況我大致瞭解了，我們到時候再談吧。

　　小張：其他人的情況我們不想去干涉，只希望老闆可以單純地從我們兩個的處境出發，去考慮此次加薪的問題。

　　張總：我知道了。

　　小王：我們不想重蹈小李的覆轍，希望您能盡快考慮這件事情。

　　小張：那我們先出去了（小張拉著小王的手趕快走出了張總的辦公室）。

　　小張：你怎麼搞的，你知道小李的事情在公司是禁止提起的，我一直暗示給你，你怎麼還一直提？

　　小王：你什麼時候暗示給我了，要知道的話我一個字都不會提得。

　　小張：我不是一直說小李的事已經過去了，只考慮我們的情況，不要跟小李的事情扯上關係嘛。

　　小王：可是我沒有聽出來啊，直直地撞到了槍口上，哎，看來我們加薪的事情要泡湯了。

　　上面的這種情形在生活中經常可以看到，由於沒有讀懂對方的暗示，做了愚蠢的事情。小張暗示小王是比較及時的，但是問題就在於接受暗示的小王沒有能夠讀出暗示的內容，最終兩個人加薪的事，沒有了任何音訊。

　　之所以出現暗示，在很大程度上都是源於暗示者，他是整個暗示的發起者、操控者。暗示者選擇暗示去完成某個溝通的目的，原因可能有：當下溝通的內容在兩個人之前的對話中出現過一次或者很多次，暗示者認為兩人就此已經達成某種默契；正在溝通的問題有著特殊的指示，無須說明便能達成

某種共識；當下的話題涉及一些敏感的問題，對於旁聽者來講具有某些禁忌、不便；當下的話題如果詳細地鋪陳會有諸多的不便，太過繁雜難以短時間內解釋清楚，等等。

不過，暗示在溝通中也並非總是帶來負面影響，我們也不能忽略暗示帶來的某些積極的效應，例如，暗示可以給對方留面子，讓談話留有餘地等。我們應該客觀地看待暗示在溝通中的作用，在恰當的時機和內容上很好地使用暗示，以便我們更快捷、有效地達成我們的目的，在一些不恰當的地方則儘量避免暗示，從而免去可能給溝通雙方帶來的困擾。

4. 越界

在言語表達中跨過設定的某種界限，就是越界。簡單地說，越界就是表達過了頭，踰越了語言表達的禁區。越界的種類有很多，下面是常見的種類。

4.1 替別人表達，過度自信地料定對方是如何想的

我們往往在和他人共同進行了一件事情之後，迫切地想要瞭解他人的想法和感受，但往往我們等不到他人的回應就開始講述自己猜測到的他人的感受。但迎來的經常是他人如此的回應：是的，相反我覺得……沒有，我不這麼認為。猜測他人的想法是越界的一種典型行為，會使你的猜測對象感覺到不被尊重，不被理解，尤其當我們猜測錯誤的時候，他人還會感覺到被曲解、誤解。恰當的方法是採用開放式的交流：「我覺得……，你呢？」感覺……，你是不是也感覺如此？這樣一來，對方較容易感覺到被尊重，同時也表明我們是一個很好的聆聽者。

遇到越界的情況，我們也可以透過下面的方法來化解：只表達自己的體驗，同時問對方問題。只表達自己的體驗，就是在溝通之中只帶入自己的體驗，而不去猜測他人的感受，更不要將其表述給對方，這樣一來可以加深對方對我們的認識，也可以避免猜測帶來的誤解。問他人問題，指的是當我們想瞭解他人的感受、想法時，不要去盲目地揣度、猜測，而應該直接去問對方的感受或體驗。

4.2 替他人貼標籤，人身攻擊

溝通中越界的另一種表現是根據溝通對方的某個具體的行為來推斷對方的人格特點。例如，我們會說「這個人平時總是不苟言笑」、「這個人脾氣太差」、「他太小心眼了」等等。一旦形成這種刻板印象，就容易導致我們在與其溝通時產生很多問題，一旦遇到問題，我們就會歸因於這個人就是這樣，使彼此的溝通進入惡性循環。因此，我們在溝通中要特別注意，要針對事情而不要針對人。在語言溝通時避免用負面的話語來表達自己的感受。當對方的行為確實誘發了你的負面情緒時，你可以嘗試告訴對方：「你說的話讓我覺得很不舒服。能不能讓我們都冷靜一下，明天再討論？」

4.3 過多的指責

很多情況下，溝通中的一個錯誤是容易看到對方的缺點並容易將其放大。過多的指責容易使溝通對象逃避、防衛，嚴重的會導致溝通中的衝突。客觀地指出事實，明確地表達自己的感受而不指責對方，是更好的溝通方式。例如，「你總是加那麼多的鹽！」含有指責的語氣，較為合適的說法是：覺得湯太鹹，以後能不能少放些鹽？」

4.4 用命令的語氣勸告

（1）多加一件衣服，外面太冷（大聲說）。

（2）這裡太熱了，不適合你這個病人休息！

在上面的例子中，說話者的目的是為了表達關懷，但聽者卻在關懷之外有不舒服的地方，因為這種表述無異於直接的命令。我們可以說：「外面有點冷，也許你該多穿一件衣服。」或者「這裡太熱了，我想我們可以換一個地方休息。商量和建議的語言更容易使溝通順利、有效。

三、改善語言使用

1. 清晰有效地表達

清晰有效地進行表達，對溝通的質量起著決定性的作用，只有清晰有效地表達了彼此的訊息，才能維繫溝通並達到溝通的目的。

1.1 清晰地表達

清晰地表達是指清晰無誤地表達你感知到的、想到的、感受到的和所需要的，保證自己所要傳達的訊息準確無誤地傳達到訊息接收者那裡。要保證清晰地表達，應注意以下幾個方面。

1.1.1 突出重點

講述者總希望講述到事情的每一個方面，但作為聽者，只想聽到重點，即和他相關的或者他該如何去做。突出重點，是指我們的言語表達之中，將更多的注意力集中在對事件最有力的點上，對於其他方面，則簡要地概括。我們可以把事件的關鍵點提出來，放在重要的表述位置，並力求將相關細節描述清楚。

1.1.2 條理化

我們的表達要儘量做到條理化，條理化是指將我們傳達的訊息分門別類地整理成幾個條目，然後分條陳述。在分條陳述中，注意條與條之間要留有一定的時間空隙，方便對方理解消化。此外，條理化也包括語言的內在邏輯性以及言語上的起承轉合和結構上的銜接。我們與他人的對話之中，言語的關係並非是並列的，會有一個起承轉合的過程，把言語當作簡單平行的並列，這樣的邏輯關係不利於言語的交流，至少會造成聽者的障礙。這要求我們在進行交流的時候，要注意言語的邏輯關係。

1.2 有效地表達

有效地表達指能夠及時把訊息直接地進行傳達，要求時間上的及時和空間上的直接。

1.2.1 強調此時此刻

交流是一個「正在進行時」的概念，強調此時此刻，這就要求我們及時表達、及時回饋、及時溝通。及時溝通有以下兩點益處。第一，及時的回饋可以使對方更好地瞭解你的需要，從而相應地調整自己的行為。第二，及時的溝通能夠增強親密感，因為你願意當時就和對方分享你的感受。及時的溝通是最有效的，而且還可以增強彼此之間的關係。

1.2.2 直接表達

不能假定對方瞭解你所想的和所需要的。間接表達可能被忽略，或傳遞過程中發生訊息畸變和扭曲。很多情況下，我們在表達想法或者意見的時候，會注意我們的言辭，會加入很多描述性的或者比較模糊的修飾性詞彙，以保證我們的措辭婉轉，不會引起對方激烈的情緒反應。但在這種狀態下，就很難保證我們的意思能百分之百地傳達。在這些描述性的詞彙之中，很多言語的訊息是要大打折扣的，甚至還會導致原意發生扭曲，從而使聽者會錯意，引起不必要的爭議或麻煩。直接地表達自己的意見，把自己的意思原原本本地呈現出來，不加任何修飾性的話語，這並不意味著可以隨性而為，如果涉及攻擊性的語言我們就不能直接表達。

「待在這裡都一週了，實在沒有事情可以做，我好想念在家裡的感覺。」這句話中我們能讀到，說話者在這很無聊，在家裡的時間很精彩。但實際上說話的人說的是他想回家，只是他委婉地表達了出來，為了不傷害邀請人的感情。但這樣，他的需要並沒有傳達出去。我們可以換下面一種表達方式：

「在這裡好久了，實在沒有什麼事情可以做，我想我還是回家吧。」

同樣的意思，但第二種表述直接表達了自己的想法，能有效地達到自己的目的。同樣，我們可以說「今天整天都待在家裡，我快悶慌了。我們去散散步好不好？」這種方式能直接表達我們的願望。把彼此內心真正在乎的事情，開誠布公地拿到桌面上來談，有了直接而誠懇的溝通，雙方才能建立持久而滿意的關係。

2. 注意說話的用詞

我們說話時，要特別注意用詞。在很多對話中，由於用詞不當，產生了誤會，最終妨礙溝通。

2.1 絕對化

用詞不當的第一種情形是用詞過於絕對化。我們很多情況下會將總是、從來或者一直這樣等詞彙用在向他人的抱怨之中，例如：「總是一個人在忙，你從來不幫忙。」「總是」這個詞語在這個句子中讓聽者覺得過於絕對，甚

至有些言過其實了，否定了之前的所有幫助。正確的表述或者更為合適的表述可以使用這些詞彙：大部分時候、通常、經常、較少等。「經常是我在忙，你也幫一下忙吧！」這種表述就相對更恰當。

2.2 強制性詞彙

第二種情形是在句子中包含諸如「應該、必須、不得不」等強制性詞彙，使聽者覺得自己被命令、被操控。例如：「你應該節約點。」在對方聽來，說話者有控制的意味，雙方的地位不均等，讓人產生排斥的情緒：你憑什麼讓我節約一點。我們可以用一種更為適當的方式來表達：「如果你能節約一點就更好了。」

2.3 生硬的轉折

過於生硬的轉折，也容易破壞溝通。常見的轉折包括「可是」「但是」等。例如：「你實在是個好人，但是我想我們在一起不合適。」只要「但是」「可是」夾雜在句子裡面，先前的想法和看法就會被刪除掉。過於生硬的轉折，容易使對話的氣氛發生轉變。我們可以用「同時」來替代這些轉折性的詞語，使句子顯得委婉。例如：「想吃大餐，同時我想要吃清淡點。」

拓展閱讀

練習表達完整訊息

表達出完整訊息，而不是部分地或混淆地表達，是一種能力和技巧。這需要經常練習，下面是練習的步驟。

第一步：選擇值得信任的朋友或者家人。

第二步：解釋完整訊息的含義。

第三步：安排練習的時間。

第四步：選擇想要談論的事情，它能夠引發你的情感。所談論的事情可以是過去發生的，或者是現在進行中的；可以包括其他人，或者和做練習的同伴直接相關。

第五步：討論所選話題，使用完整訊息的四個構成部分：談論發生的事情以及你的觀察；描述你的想法和結論；說出事情讓你產生的感受：表達出在此情境中你的需要。

第六步：當你陳述完畢，同伴再用自己的語言重覆訊息的各個部分。

第七步：你要糾正他表達錯誤的地方。

第八步：交換角色，要求同伴完整地表達他的經歷。

和你的同伴達成這樣的共識：你們之間每次重要的交流都要包括完整的訊息。用兩週的時間堅持練習表達完整訊息。兩週後，對自己的表現進行評估，目的是使完整訊息的表達達到自動化的水平。最後，你可以擴大你的練習對象，可以包括其他重要的人。練習可以加強你的意識，讓你可以快速從內心找到所需訊息，從而完整地表達訊息。

複習鞏固

1. 語言溝通的內容包括哪幾個方面？
2. 影響語言清晰表達的因素有哪些？
3. 如何改善語言的應用？

第三節 語言的積極使用與濫用

電影《阿甘正傳》中有一句著名的台詞：「Life was like a box of chocolates，you never know what you gonna get」意思是人生就像一盒巧克力，你永遠不知道會嘗到哪種口味。溝通也是一樣的道理，一次次的溝通，我們都期待可以實現我們的目的，但每一次溝通的過程中，都有可能出現這樣或者那樣的問題，我們無法完全預料溝通的結局。但這是否就意味著我們對於整個溝透過程完全沒有任何的把握，只能眼睜睜地看著其朝不可知的方向發展呢？當然不是，雖然我們無法主導溝通發展的方向，但我們至少可以在溝通的過程中持積極的態度，逐漸地使溝透過程朝我們希望的方向發展。

一、肯定性溝通

肯定性溝通是傳遞有價值的訊息,例如「你很重要」、「你說了算」、「你真厲害」;而不肯定訊息傳遞的是不受重視的訊息,例如「我才懶得理你呢」、「我不喜歡你」、「你,還是算了吧」。屬於肯定訊息還是不肯定訊息,取決於身邊的人(聽訊息的人)。舉例來說,在人際交往中,我們可能會用一些在外人看來難以接受的語言來表達自己的觀點或內心的情感(例如,「你真沒救了!」)。站在說話人的角度,可能會認為這樣講話沒什麼惡意,但是在聽者的立場上,這句話卻可能是充滿敵意的。很明顯,肯定訊息比不肯定訊息更容易被人接受,更有利於溝通,因為不肯定訊息表達的是對人的不尊重、不欣賞。對他人視若無睹、辱罵、抱怨等,都是不肯定的溝通,會妨礙溝通,破壞關係。有一些方式能促進肯定的溝通,有助於讓我們所傳達的訊息受得他人的認同。

1. 重視表達

肯定性溝通最核心的內容就是重視另外一個人,比如對於他人對我們的回應,我們積極地做出應答,可以表示感謝、上門拜訪、回電話,或者邀約吃一頓飯等。「重視」看起來似乎是一個簡單的舉動,但是真正去實現還是有些困難。例如,我們有時會避免與他人發生聯繫,不主動與人打招呼,甚至漠視與他人的眼神交流。我們甚至忘了在重要的日子給家人和朋友打個電話,直接丟下他們去完成所謂的工作。每每有人提出異議,我們總會有各種理由去搪塞,工作、學業忙得沒有時間,或者一廂情願地認為我們一直和他們感情很好,他們會理解等等。對於我們身邊最親近的人來說,這也許會得到他們的理解;但對於那些感情不是很深但能繼續發展的朋友、同事來講,這就是一種沒有禮貌、不尊重他人的表現,那麼和他們的關係就會受到影響。

2. 承認

第二種促進肯定性溝通的方法是承認別人的觀點與感受。傾聽就是一種最為公眾接受的承認他人的途徑。這種承認有理解、尊重、接受的含義。這種承認是發自肺腑的,如果只是假意或者虛偽的傾聽,則會妨礙溝通,並對

關係產生負面影響。比較積極的承認包括問問題、確認問題、積極地給予回饋等等。這種承認讓對方感覺到我們的誠意，即使意見不統一，我們也能聽取別人的建議，並且給予力所能及的理解和支持，哪怕這些意見沒有被採納。這種承認是沒有任何條件的，無論對方是我們的同盟還是反對者，我們都應該認真地去聆聽，並且適時地給予積極的回饋。

3. 贊同

第三種促進肯定性溝通的方式是贊同。承認表示你對別人的意見很有興趣，贊同則表示你同意他們的意見，並且覺得這些意見是重要的，可以採納的。顯然，贊同是肯定性溝通中最為有力和重要的一種，因為它傳達出最高層次的價值，表明給予了對方信任和支持。贊同包括觀點與對方一致、支持對方的決定等。毫無保留的讚美就是一種很有力的支持。不過，贊同別人時，並不是一味地附和。不要認為取悅他人就能贏得他人的尊重和喜歡。贊同對方並不要求你完全地支持對方，你可以在對方的語言和行為中選擇你認為可以贊同的部分。「例如，對方買了一件新衣服，也許你覺得這件衣服對方並不合身，但你卻很喜歡這件衣服的領口設計，那麼你可以回應：很喜歡這件衣服領口的設計，像雨後的彩虹。」

二、保留面子

保留面子在溝通中是重要的一項技能。我們在溝通中，會有很多困擾：如何用清晰、直接但又不具威脅性的方式來說出你的心意？如何用肯定的方法陳述你的需要、想法和感受，既清楚直接又不至於讓別人感到被評斷和命令？一個善於處世的人在與他人交往的過程中，總會巧妙地給別人保留顏面。對於尷尬難言的事，沒必要當眾宣布，更沒必要弄得不歡而散；不方便說的話要學會對人進行暗示，使其做好心理準備，一切都在私下進行，既維護了別人的面子，也達到了自己的目的。下面我們就介紹幾種留面子的技術。

1. 及時給予對方讚許、肯定

在日常交談中，為了給對方好感，或者使事情更好辦一些，我們總會讚許對方，儘量表達與對方一致的意見，即使有不同意見也會委婉表達，這些

都是為了維護聽話人的面子而採取的策略。身邊的人有時會為了吸引他人的注意力，做一些誇張的舉動，我們要及時給予對方回饋，一個小小的稱讚，都會給對方留下很好的印象。

2. 開門見山

很多人覺得只有委婉地表達才能夠照顧到對方的情面，其實不然。很多情況下，開門見山能在更大程度上給對方留情面。當你想拒絕別人或者對聽不懂你意思的人設定限制時，開門見山無疑更能減少傷害。例如，你可以直接告訴電話推銷員你對他們推銷的商品不感興趣；或者告訴好客的主人你真的不想喝酒。同時，當他人因為自己的願望而忽視了你的需求時，開門見山地說出你的想法也很有效。比如，告訴男友，比起辛辣的四川菜，你更想吃略帶清淡的日本料理；告訴自己的室友，你建議他午夜12點前最好回宿舍，不然會打擾到自己休息；告訴宿舍管理員，你想讓他把漏水的水管修一修，等等。開門見山地表述自己的需要或者意見，省去了別人的揣度，可以在更大程度上實現有效的溝通。使用這個策略要注意以下幾點。

（1）在腦海裡想清楚自己想要的和不想要的，對自己的感受、想法和權利有清醒的認識。

（2）對自己的需要形成一個簡短、具體、易於理解的表述。如果可以的話，儘量控制在一句話內。不要有任何藉口和解釋。避免說「我做不到」這樣的話，因為這是最差的藉口。別人可能說「你當然可以」，然後再告訴你如何去做。相比來說，回答「我不想這樣做」會更簡單、更直接，也更坦誠一些。在腦海裡回顧你的陳述，儘量避免有任何漏洞。

（3）運用肢體語言來支持自己的觀點。站著或者筆直地坐著，看著對方的眼睛，把手放在身體兩側。

（4）平和但堅定地反覆陳述自己的觀點，直到對方明白你的意思並且意識到你不會改變主意。對方可能使用很多藉口卻不考慮你的願望，他也許會一次次地拒絕，不過大部分人到最後都沒有理由再拒絕了。孩子和推銷人員

是比較堅持的兩類人，即便是這兩類人，也會屈從於不斷重複的清晰陳述，除非他從你的陳述中找到了嚴重的漏洞，否則不要改變開門見山的風格。

（5）可以在開門見山地說出你的想法之前，對別人的想法、感受或願望有個大概瞭解，然後再說「我能理解你的不安，同時我不想再加班了」、「我知道你的想法了，同時我不想再加班了」等等。不要讓別人的陳述影響你。

提前把要開門見山表達的話準備好。如果你覺得你很難對電話推銷員、家人或者朋友說「不」，那從現在就開始準備吧。如果你想要什麼，但又不敢說，可以把它簡化成一句話：「我想你現在把房間打掃乾淨」或者「我想今天晚上跟你坐下來談談作業的事」。如果不習慣這種方式，可以多練習，讓你開門見山的技巧顯得不那麼笨拙。剛開始練習，你會覺得很不自在，尤其是別人說你頑固不化時，但是當你掌握了這個簡單卻很有用的技巧以後，會認為當初的彆扭是值得的。

3. 延遲回覆

任何情況下，如果需要馬上回覆，多數人會有一種強迫感。延遲回覆能讓我們有時間做下面四件事：確保我們瞭解他人的意圖；分析說過的話；想清楚自己和他人的感受、想法和需要；持續地對溝通狀況產生影響，這樣就可能達到我們想要的溝通效果，也能充分照顧他人的感受。請看下面的一些延遲答覆的例子。

稍等一下！這個太重要了，不能太著急。

這個想法有意思。讓我再想想。

我不是太明白。你能再換另一種方式講嗎？

這樣的回應既避免了由於立即答覆可能帶來的唐突，又能夠在一定程度上顧及對方的面子。

其他的留面子的技巧還有很多，在向別人提意見的時候，不要用那些聽起來很強硬的短語或句子；在第三人或者更多的人在場時，適當地迴避；根據聽者的年齡、性格、情緒等，做出恰如其分的判斷，不能一概而論等等。

給人面子是聯絡感情的最好方法；而傷人面子，受害的最終是自己。因為面子代表著尊嚴與榮耀，有面子才能被別人看得起，才能表明他的優越感。在人際交往中，要想與別人建立和諧的關係，就必須懂得放下自己的面子，給他人一個面子。卡內基說得好：經過一兩分鐘的思考，說一句或兩句體諒的話，都可以減少對別人的傷害，保住他人的面子。

三、說服

言語的說服，是我們進行溝通的很重要的目的之一。說服是有許多技巧可以運用的，能使我們更為有效地實現目標。下面，我們就介紹幾種常用的說服技巧。

1. 錨定

錨定效應是心理學名詞，指的是人們在對某人某事做出判斷時，易受第一印象或第一訊息支配，就像沉入海底的錨一樣把人們的思想固定在某處。作為一種心理現象，錨定效應普遍存在於生活的方方面面，第一印象和先入為主是其在社會生活中的表現形式。

第一印像在人際交往中是很重要的，它會影響人們以後對其行為的解釋和穩定的內在特質的歸因。著名的設計大師 De Luhi 先生曾說過：個人永遠不會有第二次機會給人以第二印象。戲劇表演中專門有名詞，叫做「開嗓」，這個開嗓，也就奠定了該劇表演的基調。同樣，當我們開口說第一句話的時候，開嗓也相當關鍵，它不僅奠定了此次溝通交流的基調，並且決定了總的方向。

好的基調的奠定要注意以下兩個方面。第一，措辭、言語使用恰當。一個人的涵養，可以在簡單的幾句話中就看出來，恰當得體的言語措辭，對好的印象的形成扮演著相當重要的角色。恰當的措辭，要考慮情境、你所要面對的人、你要陳述的事件等等，也就是我們平時講的「在合適的地點，合適的場合，對合適的人物，說了合適的話」。例如，與老人溝通，你要特別注意對方的自尊，看自己的話語是否傷害了對方的自尊。與男人溝通，要特別注意給對方留面子，不要貶低、輕視對方。與女人溝通，要特別重視她們的

情緒，優先表達感受。與上級溝通，要重視維護領導的權威和尊嚴。與年輕人溝通，則可以更加直接。在與他人溝通時，要注意訊息的傳達要精確、全面。第二，要有一個端正的不俗的「起範」。「起範」一詞同樣源於傳統的戲劇表演，指演員在「開嗓」前的動作準備，包括身段、眼神等。我們所說的「起範」在一定程度上也與此類似。說服之前，不同的人可能會有不同的「起範」，有人會把姿態放得極其低，有的人會放得過高，有的人則恰好有一個正確的姿態。我們鼓勵端正的姿態，但同時也要避免戲劇中過於程式化的特點，並且加入諸多靈活的轉換方案。做到不偏不倚、有自己的特色，是一個最佳的「起範」。

當我們經歷了「起範」「開嗓」階段，接下來就是說服的內容了。這時候我們要用到錨定這一效應，即把我們對話的重點放在說服的核心之上，並且順利地實現我們說服的目標。我們的談話總會像講故事一樣，有一個基本的結構：開始—發展—高潮—結局，雖然這樣會有一個完整的邏輯結構，但在說服的過程中，可能會難以突出重點，從而不能很好地實現我們的目的。因此，我們可以把這個結構做一個調整：開始—高潮—結局—發展，這是因為高潮部分最容易吸引聽者注意，這樣我們就穩穩地定在了最專注、同時也是最關鍵的點上了，就會使成功的機率大大提高。

2. 登門檻效應

登門檻效應是美國社會心理學家弗裡德曼與弗雷瑟從 1966 年做的「無壓力的屈從——登門檻技術」的現場實驗中提出的。1966 年，他們派人隨機訪問一組家庭主婦，要求她們將一個小招牌掛在她們家的窗戶上，這些家庭主婦愉快地同意了。過了一段時間，他們再次訪問這組家庭主婦，要求將一個不僅大而且不太美觀的招牌放在庭院裡，結果有超過半數的家庭主婦同意了。與此同時，派人又隨機訪問了另一組家庭主婦，直接提出將不僅大而且不太美觀的招牌放在庭院裡，結果只有不足 20% 的家庭主婦同意。當實驗者提出同樣的要求，卻得到了截然不同的結果。在第一組實驗中，大的要求之前有一個小的要求，這其實是進行了一個鋪墊，那些家庭主婦答應了小招牌的要求，對施測人員的心理防禦機制就會有一定程度的下降，因此在面對更

高要求的時候，更容易接受。相反，當施測人員直接提出高的要求時，第二組家庭主婦接受起來有較大的難度。瞭解了這個效應之後，就可以應用到我們的言語說服之中。

在利用登門檻效應進行言語說服時，我們要注意：第一個要求與第二個要求應具有一定的相似度，即任務要有一致的屬性，如果是兩個完全不相干的任務，可能達不到預想的效果。如在廣告牌實驗中，如果第一個任務改為幫忙填寫一份調查問卷，可能第二個任務就比較難以實現，原因是如果兩個任務相差太大，第一個就無法造成為第二個任務做鋪墊的作用。這就要求我們在描述不同的任務時，適當地注意語言的使用，儘量使我們的用詞在前後有一個較大的對比，以便讓聽者感受到兩個任務的難度有較大的區分。不要出現那種存在爭議的任務。在描述任務的時候儘量描述得清晰、明確，不使用概括性的、模糊的詞語。

3. 互惠

互惠，這個詞我們多在政治上或者商場中聽到，意指參與的雙方都獲益，它是一種雙方合作所最希望達到的境界。進行言語的說服，很多情況下我們都希望得到對方的支持、理解，從而達到自己的目的。但我們往往是擔子一頭熱，處處碰壁。我們的言語之中，充斥著太多的渴望，我們用十二分的熱情詳細地闡述著我們對成功的期望，以及給自己帶來的巨大的便利，然後期盼著別人可以幫助自己實現。但是，一切的便利都是向著自己，於他人無任何的獲益，他人何以伸出援手呢？有這麼一個故事。

山上的寺廟裡，有一個老和尚和一個小和尚，老和尚在寺廟後面的田裡種了半畝西瓜。有一天，老和尚要到山下去採購物品，走之前，老和尚把小和尚叫到跟前：「我要下山去採購些物品，你幫我給這些西瓜每兩天澆一次水，讓它們健康地生長，想想夏天來的時候，坐在樹下吃西瓜，多好啊！」老和尚說完就下山了。小和尚蹲在寺廟口，兩天一次，太累了，我才懶得做了，況且到時候還不知道給不給我吃西瓜呢？算了，到時候我就說我忘了。一週之後，老和尚採購物品回來，馬上到後院，一看，西瓜苗全部都枯死了。

老和尚的說服並沒有達到他預想的效果，他的說服失敗了。我們看一下他的說服過程：情況闡述——請他人幫忙——之後獲益，三個部分的側重點在請人幫忙，並且他對獲益的闡述過於籠統，並沒有特別指出獲益的對象。這樣的說服，對於聽者來說，他的注意力都放在任務的執行及所面對的困難，所以他拒絕被說服的可能性就越大。

互惠，終究是讓雙方受益。拆解這個詞，我們發現有兩層含義：互乃共同參與，惠則是受益，共同參與受益乃為其詞意，所以我們在說服時要注意將這兩點融入言語之中。例如，在說服的時候，採用「我們」這個複數人稱代詞，會對目的的達成造成推動作用。試想「當這件事情做成之後，會對我們之後的……提供大的便利」，當我們對對方做出這種表述之後，就把別人的思路引導到「原來可以對我有這種幫助」。「我們」的使用，雖把別人牽扯進來，但是將別人放入利益的分配之中，會較少引起別人的不滿，還會勾起他人的好奇心，進一步去瞭解這件事情。這樣的話，我們說服的機率將會大大提高。但這種情況下，需要注意的問題是「我們」儘量不要用到過程性的語言，如「如果我們一起完成這件事的話，我們就會……」，這個「我們」的使用代替別人做了決定，將別人牽扯到事情的過程之中，在他人聽來可能比較刺耳，可能會想「我為什麼要參與進來」，這樣就會事與願違了。

我們在描述任務的時候，可以適當地改變一下語言內容的順序，把重點放在對獲益的描述上，而且要儘可能詳細，將請人幫忙等具體任務的描述放在最後，描述應該簡潔、概括，避免對細節的描述，這樣可以將聽者的注意力轉移到任務的獲益而非任務的完成過程，激發聽者的興趣，讓其主動參與進來，增加說服成功的機率。

4. 社會確認

社會確認，提供了一個權威的範本供我們信服。在我們個人的言語表達之中，過多的個人色彩的描述、闡釋會讓我們失去聽者的支持、信任。社會確認需要社會多數人的確認同意，這是一個大眾化的在一般公眾的認知範圍內的權威性的指標。經由社會確認獲得了大眾的認可，那麼在實際操作的時候，便會由於其權威性，減少面臨的阻力。

說服之中的社會確認，即在言語之中要顯現出社會確認的訊息。在進行說服的過程中，要在適當的時間披露這種社會確認的訊息。確認的訊息有兩種情形。一種是訊息全部經由社會確認，這種情況下，我們就要不遺餘力地進行訊息的「推銷」，儘可能在某個合適的層面儘量多地暴露訊息的社會確認的屬性，從而更可能打動我們的聽者。另一種則是部分訊息得到了社會的確認，這種情況下我們則要有選擇性地暴露我們的訊息，社會確認的那部分訊息我們要大肆鋪陳，而未經確認的訊息，則可以進行一些補充性的說明，儘量減少細節的披露。

社會確認訊息的披露，對有效說服當然會造成一定的作用。不過，由於社會確認訊息的披露並不是每時每刻都可以進行的，因此我們要注意把握插入的關鍵時間點，這個時間點往往是在我們陳述了種種理由，進行總結之前，因為這個時候，聽者會進入一個選擇的判斷階段，如果這時候插入這些訊息，可以造成關鍵的作用，甚至使局面出現反轉。在言語的使用上，可以多一些確定性的詞彙或者短語，而那些不確定的或者模糊的詞彙要儘量避免。諸如「據說」「我聽說」這樣的詞彙，顯然充滿了種種的不確定性，會使說服的效果大打折扣。

言語說服的方法終究只是一種手段而已。最有效的說服方法，其實就是言語真誠，讓他人感覺到被尊重、理解，雙方平等地進行交流，達到最佳的效果。

四、語言的濫用

在實際的溝透過程中，某些言語的內容或表達方式，在對話進程起著阻礙或者干擾的作用。

1. 說謊

1.1 說謊對溝通的影響

一項調查表明，人一生中平均會說謊 8.8 萬次，每人每天至少撒謊 4 次。這個數據可能聽起來讓人難以置信，但在日常生活中經常會聽到各種謊言，甚至我們自己有時也撒謊。這些謊言中，有些是我們故意編造去掩蓋某個尷

尬的事實，或者為了讓對話的氣氛更加融洽，或者為了照顧到對方的情緒，不得已說了一句違心的話語。我們平常說的善意的謊言佔了我們所有謊言的大部分，雖然我們提倡在交往中坦誠以對，但有時候也要智慧地說謊。朋友剛剛做了一個新的髮型，在你看來非常不適合他，當他徵求我們的意見時，我們很少會直接就講：個髮型不適合你，趕緊再換一個吧。」這是一種坦誠的說法，但往往會讓對方聽起來刺耳。我們可以換種方式：個髮型很漂亮啊，如果你改用另外一種，效果可能會更好。兩種方式表述的內容是一致的，但在聽者聽來，第二種表述方式更舒服，更容易接受。一些惡意的或者欺騙性的謊言，出發點多半只是基於說話者本人的立場，而不去計較他人的得失，這種謊言一旦被識破，就會帶來難以預計的傷害，本書主要講的就是這種說謊的行為。

說謊對溝通的不利影響，首先在於說謊對於對話的正常進程造成干擾，很容易把對話引向不可知的境地，偏離最初的方向。再者，對於對話的雙方來講，彼此的地位也在一定程度上發生了改變，說謊的人是居於上風的，他對整個對話的內容是瞭然於胸的，因此他在一定程度上作為一個掌控者，控制著整個對話的走向，引導聽者走向自己佈置的「陷阱」。然而一旦謊言被識破，雙方的地位則會有一個大的反轉，說話者明顯在下風，因為他是過錯的一方，要對整個事件負責任。在良性的溝通中，通常雙方所處的位置是比較對等的，一旦這種心理的站位發生偏移，對話想要沿著原來的路線繼續下去就顯得比較困難。

1.2 說謊的實質

說謊的基本釋義為：為了給聽者造成假象，故意傳達虛假的訊息。從釋義來看，說謊必須具備訊息的傳遞者知道訊息是虛假的、訊息的傳遞者必須有意識地傳遞訊息和訊息的傳遞者必須是企圖讓接受者相信所傳遞的內容這三個方面的要素。

1.2.1 訊息的傳遞者知道訊息是虛假的

訊息的傳遞者必須在傳遞前就知道該訊息是虛假的或者錯誤的，如果是在不知情的情況下，那就不能稱之為說謊，例如有人問我們日期，我們隨口

而出三月二號，但是實際的日期是三月三號，這就不是說謊，因為作為訊息傳遞者的我們在意識上也認為今天是三月二號，我們並不知道這是一個錯誤的訊息。

1.2.2 訊息的傳遞者必須有意識地傳遞訊息

傳遞者有意去傳遞這個虛假的訊息，必須是故意為之，倘若只是隨口說說，而未想到讓他人聽到或者注意到，也不能稱之為說謊。

1.2.3 訊息的傳遞者必須是企圖讓接受者相信所傳遞的內容

說謊要求我們要盡力去說服別人相信我們故意傳遞的虛假訊息。我們身邊經常會有這種情況，比如向對方抱怨：太累了，給我充足的時間的話，我一定睡個三天三夜，不吃不喝。們說的這句話明顯符合上面所講的第一個要素，即說話者本身知道這句話傳達的訊息是虛假的、不實的，但是很明顯，說這句話的意思只是讓對方明白我們的確十分辛苦，而非真正想讓他人相信我們真的可以睡三天三夜，所以不是有意識地讓他人去相信虛假的訊息，這不是說謊。

說謊的原因是多種多樣的，大致有以下幾種情況。站在傾聽者的立場，遇到敏感的問題，為說話者留足情面，讓其感到愉快、舒服；刻意編造一些藉口，以此實現我們的目的，例如想要套取一些訊息，或者接近一個人；保護個人隱私，透過一些假的訊息吸引目光以掩蓋真實的情況；避免衝突，透過一些編造的事實或者理由，避免正面交鋒；為了逃避懲罰，編造一些其他的原因，推卸身上的責任；避免過度的壓力，巧妙地以一些難以推脫的事由，拒絕自己不喜歡的事情；報復他人，憑空捏造一些事件，打擊或者貶損對方；等等。現實生活中，有時會出現一些我們不得不說謊的情況，但大多數的謊言都是可以不說的，說謊在溝通中是一個阻礙，所以我們要盡量避免說謊。

2. 冒犯性語言

冒犯性語言，一方面可能是一些攻擊性、挑釁性的話語，能夠很強烈地帶動對方的情緒，而這種情緒往往是負面的；另一方面則是帶有誹謗性、侮辱性的。毫無疑問，這些話語都能夠激發起聽者強烈的情緒反應，這種反應

和說話者的情緒碰撞在一起，極可能將對話引向糟糕的境地。有些行為也能給溝通帶來負面影響，例如說謊、插話等等，但這些行為對溝通的負面影響僅僅導致對話的中止、暫停或者結束，但是對於後續的對話基本不會帶來什麼影響。冒犯性的語言結果不僅會導致整個對話結束，更會對後續的對話甚至基本的溝通帶來嚴重障礙。

　　冒犯性語言的出現，對話的雙方都負有一定的責任。我們知道，冒犯性語言出現的情境多數是雙方情緒進入極其亢奮的階段，在一定程度上喪失了理性思維，把注意力都集中在壓制對方的氣勢，而非真正地提出解決問題的策略。當一方的情緒難以抑制時，極可能會脫口而出冒犯性的語言，另一方在對方的刺激之下，若不理性地去思考問題，就會升級為罵戰，對於問題的解決，只會雪上加霜。因此，對話雙方哪怕僅有一方能夠壓制住亢奮的情緒，理智地去思考問題，那整個對話都仍有繼續下去的可能。

　　在溝通中，無論對話進行到哪一種艱難的境地，對話雙方都應該保持冷靜，將爭論的矛頭直指問題本身，而不要將問題外的其他方面納入爭論的漩渦，尤其是將之前的問題翻出來攻擊對方的人格，這樣只會使問題走向一個死胡同，對有效的溝通沒有益處。

複習鞏固

　　1. 什麼是肯定性溝通？哪些方式能促進肯定性溝通？

　　2. 在溝通中採用哪些方式可以給溝通對象保留面子？

　　3. 說服可以採用哪些方式？

　　4. 語言的濫用包含哪些方面？

本章小結

　　語言溝通是溝通中的一種重要形態，語言能對溝通產生重要影響。語言可以體現出高、低兩種不同權力形態，每種語言權力形態都對溝通有積極和消極的影響。在溝通中使用不同的人稱代詞往往蘊含不同的意義。我們需要

在使用「我」字的語言時表達自己但不自私和自誇，使用「你」字不摻雜對他人的評判而是讚美、關懷，使用「我們」時包含他人而非代表他人。

語言表達主要包含感知到的、想到的、所感受到的和所想要的四種內容。感知到的與事實有關，所想到的與個人價值評價、判斷、推理等有關，所感受到的與情緒有關，所想的則與願望相關。清晰的語言表達要完整地表達出感知到的、想到的、所感受到的和所想要的。如有缺失，則易出現混淆。在談話中模稜兩可、暗示、越界也會使語言表達不夠清晰。我們需要清晰、有效、完整地表達，注意用詞來改善我們的語言溝通。

我們可以使用肯定性溝通、保留對方面子並進行有技巧的說服來使溝通朝著積極的方向發展，而說謊或者使用冒犯性語言則會對溝通帶來消極的後果。

本章關鍵詞語

語言 語言的性質 語言與權利 人稱代詞與溝通 語言溝通的內容 清晰表達 改善語言使用 肯定性溝通 保留面子 說服 語言的濫用

章後練習

一、選擇題

1. 下面屬於對話內容的是（　）

A. 感知到的　B. 想到的　C. 感受到的　D. 需要的

2. 請分析下面這句話是哪種訊息的混淆：你為什麼不能變得更有人情味一些呢？（　）

A. 所想到的和感受到的混淆　B. 感知到的與感受到的混淆

C. 感知到的和所想到的混淆　D. 所需要的和所想到的混合

3. 下面不屬於越界情形的是（　）

A. 替別人表達，過度自信地料定對方一定是如何想

B. 替他人貼標籤，人身攻擊

C. 批評論斷，過多地指責

D. 模棱兩可，含混不清

4. 屬於有效表達的選項是（　）

A. 強調此時此刻 B. 突出重點 C. 條理性 D. 保留面子

5. 不屬於肯定性溝通的是（　）

A. 重視表達 B. 迎合他人

C. 承認別人的觀點與感受 D. 贊同

6. 以下那個選項不是說謊的基本要素：（　）

A. 訊息的傳遞者知道訊息是虛假的

B. 訊息的傳遞者必須有意識地傳遞訊息

C. 訊息的傳遞者必須是企圖讓接受者相信所傳遞的內容

D. 訊息接收者必須相信訊息是真實的

二、辨析題

1. 模棱兩可的話是清晰表明你的真實意圖、不故意含糊其辭的語言。

2. 可以對自己說謊，使自己相信一個並不真實的謊言。

第五章 非語言交流

　　一個簡單的握手動作，暗藏著影響人際關係的訊息；一個無心的眼神交流可能決定商務談判的最終決策；一個不經意的微笑瞬間增加他人對你的好感。細微的身體動作、深沉的語音語調、不經意的觸碰、簡單的擁抱蘊藏著巨大的魔力，讓你在不知不覺中影響到他人，同時也在影響著你自己。本章將讓你換一種眼光來洞察他人，你將會學習到：（1）非語言交流的作用和特點；（2）影響非語言交流的因素，包括不同社會文化背景下的非語言交流、不同性別的非語言交流以及不同個體經驗對非語言交流的影響；（3）非語言交流的各種方式、途徑及其特點。

▍第一節 非語言交流的作用與特點

　　無論你是銷售人員、管理人員、談判代表或行政人員，或僅僅是一個想提高自己溝通能力的人，都必須能夠透過慧眼觀察，實現對他人內心的洞察，這就是非語言訊息的神秘。所謂非語言訊息，是透過肢體語言（眼神、表情和肢體動作）、語氣語調、觸碰、衣著、裝飾、環境等各種非語言內容表達和傳遞的訊息。

　　在人際交往過程中，非語言的交流總是能夠超越字詞傳達一些訊息。不管一個人怎麼深藏不露，往往還是會從其他方面顯示出許多東西，比如他的起居、作息、飲食等等。只要遇到一個有心人，從其生活細節中完全可以尋找到生活習慣、品位、個性特徵等等。

　　每個人都將過多的注意力集中在自己的言辭上，而忽略了一個事實：他的動作、姿勢、表情、語氣語調以及服飾等等都在講述著他們自己的故事。人類對動作的渴望一如既往，從未減弱過，我們透過古老的方式（吃喝、玩樂、擁抱、撫摸等等）尋求歡樂，獲得身體和心理的滿足。事實上，成年人做出的每一個動作幾乎都有其獨特的固定模式，這些固定模式就是行為的基本單位，因此也是人類行為觀察者所著重注意的對象。研究者透過觀察個體非語言的各種表現形式，結合環境或情境來解讀其所傳達的內在訊息。

以心理分析學著稱的瑞典心理學家榮格(Jung)在《心理類型》中寫道：「人可以依靠面具協調人與社會之間的關係……人格面具是原型的一種象徵。人格面具是靠我們的肢體語言、衣著、裝飾等來體現的。我們以此告訴外部世界我是誰……另一方面，人格面具的作用在於它維護了人的虛偽與怯懦，這種反應來自於自身對未知事物或人的恐懼，從而啟動了心理防衛機制。」

人格面具是維護個體內部世界完整的一種機制，其肢體語言、語音語調、衣著等都會透過固定的模式表現，如何發現這些規律，並應用到我們的人際交往過程中，這是應用心理學研究的一個方面。非語言交流領域研究最早和最多的是關於撒謊的非語言判斷，在現代應用心理學中有一門技術，叫做測心術，即透過個體展現的語言（包括語氣語調、停頓、語言內容等）、身體動作（眼神、表情和肢體動作等）以及環境特徵（衣著、居住環境、時間空間等）來判斷對方此時此刻的心理狀態和人格特質。

測心術起源於檢測個體的撒謊行為，經過多年的努力，撒謊行為的判斷在科學研究和應用實踐中積累了諸多成果。心理學家透過審視你的眼神、觀察你的動作、記錄你的聲音、辨別你的語速、分析你的語言內容，甚至簡單地和你握手等等，對微妙情緒的洞察加上絲絲入扣的推理，就足以判斷你是否在說謊。例如，用手摸鼻子代表掩飾，手放置在眉毛之上代表羞愧，講話時單肩聳動、語速過快、動作和語意相反、眉毛上揚、生硬的重複等等都可能是說謊的非語言表現。身體暗示的信號，不僅僅是識別說謊的標誌，還能表達更加豐富的含義。

生活中的心理學

透過臉部微表情可識別謊言

美國《華盛頓郵報》援引加拿大的最新科學研究稱，科學家早就發現人類臉部會透露出「微表情」(micro-expression)，它通常只有 1/20 秒的時間，一般人用肉眼根本察覺不到，當事人自己也沒有感覺。「微表情」就和腦波一樣，雖然科學家明知其存在，但如何解讀還需研究。此次實驗之所以

讓科學家特別雀躍,是因為他們發現在各種「微表情」之中,說謊的表情特別容易被辨識出來!

在他們的研究中,研究者找來 41 名學生,其中 35 位女性、6 位男性,給他們看一系列照片,有的是中性的(如一輛卡車在路上),有的是極愉快的(如可愛的小狗在奔跑玩耍),有的是很恐怖惡心的(如一根斷骨),並讓攝像機記錄其表情變化,然後將影像數據輸入電腦,以研究這些人看到不同照片時的臉部變化。

研究結果除了發現這 41 位測試者都對極端照片出現「微表情」外,科學家還發現,當測試者看到可愛的小狗,而他可能並不覺得小狗可愛,又想裝作笑瞇瞇地說「小狗很可愛」時,這位「說謊者」臉上的「微表情」時間會更久,約為 1 秒鐘,且只出現在上半部或下半部的「半臉區域」。這個實驗得出的一個驚人結論是,人的臉上不只「藏不住秘密」,更藏不住的是「謊言」,科學家暫稱其為「情感洩漏症」(emotional leakage)。這些「情感洩漏症」的症狀,就是比較長時間的「微表情」,只要知道規則,不僅電腦能察覺到,人眼說不定也可察覺到。

一、非語言訊息在溝通中的作用

在人際交往中,有一個金三角理論。該理論認為影響溝通效果有三個最重要的因素,分別是肢體語言、語氣語調、語言內容。那麼在溝通的金三角中,到底哪個對溝通效果影響最大呢?專家的研究發現,對溝通效果影響最大的是肢體語言,佔 55%;其次是語氣語調,佔 38%;而對溝通效果影響最小的是語言內容本身,僅佔 7%。也就是說,在影響溝通的有效性上,你講了什麼本身並不重要,而以什麼方式講出來,或者說表達過程中你的語氣語調、視線、表情、動作姿勢等對表達效果更加重要,更能影響對方,能更有效地表達自己的真意。換句話說,不同的肢體語言、不同的語氣語調完全可以顛覆語言內容本身的含義。

1. 傳遞訊息

各種非語言交流的方式跟語言內容的表達一樣,也是在傳遞訊息。我們的語氣語調、肢體動作、觸碰甚至穿著都會有意識或無意識地傳達我們的情緒情感、需要、興趣愛好、觀念、個性特徵等訊息。例如,體態語言能告訴人們,兩個或者更多的人之間的親密程度和相互的地位。在初次見面的過程中,我們需要大量的非語言訊息來幫助我們判斷一個個的假設(比如「他在撒謊」「他性特別向」)是否成立。商業活動中,非語言訊息能幫助我們洞悉談判桌前每一個人的動機、憂慮和能力。此外,在一些特殊情況和背景下,我們會有意識地透過非語言方式表達與交流,如聾啞人的手語、信號燈等表達方式。

非語言交流除了能表達具體訊息外,還可以在人際交流中給予我們一些隱含的訊息。例如,摸鼻子(其他類似動作也一樣)通常被認為是內部思想和外部思想被迫分裂時的一種反應。非語言訊息所顯示的不僅是說謊,還能顯示出由於緊張時思想和動作的不協調而產生的一種很微妙的內心與外表的衝突。我們可以透過觀察這些非語言訊息,推斷他頭腦裡一定有某些東西是無法用語言向我們表露和交流的。人類行為研究者發現,人類的體態交流具有一些有普遍意義的隱喻。例如距離隱喻,透過與他人身體上的距離來暗示我們與他人的關係。接近的位置或距離是喜歡或親密的表示,身體上的親近往往暗示著思想上的親密或喜愛。同樣,我們可以透過臉部表情、語速和動作速度等非言語訊息暗示一個人對某事物是多麼感興趣、多麼投入和興奮。同時,非語言的交流也可以為我們揭示日常生活中主導與屈從的關係,即權力隱喻。擁有權力的人被默認為能頻繁地與人目光交流,而權力較弱者則相反。

2. 關係符號

在兩人及兩人以上的交際中,有些非語言訊息能夠傳遞人與人之間關係的信號,我們稱之為關係符號。在等級森嚴的社會中,非語言交流主導著各種關係,群體中每個個體的地位、角色、個體之間的關係,透過服飾、肢體語言等形象直觀地表現出來。如封建王朝的官服根據其品級有嚴格的制式。現代軍隊的軍銜等級也是透過肩章等服飾展現。在諸多的非語言信號中,最

明顯的表現關係訊息的形式是肢體語言,其中身體的接近和觸摸,是兩人關係很親密的顯著指標。

2.1 身體接觸

在人際交往中,相互親近過程中存在「保持距離」和「進行接觸」之間的矛盾,有時會出現根本性的衝突,所以即使友好的觸摸也有形式和程度上的差異。兩人的關係可透過身體接觸的不同方式顯示出來。兩人之間的空間距離、身體接觸的部位、接觸面的大小、接觸的方式等都是判斷兩人關係的重要因素。例如,兩性關係中,手牽手表示雙方都已確認對方跟自己是伴侶關係,單方面或雙方的搭腰足以說明兩人之間的關係親密,而男性的手放在女性的臀部,表明兩人可能已有更為親密的關係。年輕人攙扶一位老人過街,我們可以透過攙扶時,兩者接觸面大小和空間距離等細節來判斷兩者之間的關係。當年輕人緊貼老者一側,手臂與手腕托扶著老者的手臂手腕,兩者之間為親屬的可能性更大,當然我們還要考慮老者的身體情況,如果老者是位行動不便的人,這種姿勢有可能是熱心的年輕人為了便於幫助老者過馬路而不得不採取的安全方式。

身體接觸時,不同的非語言訊息通常會表現出不同的關係符號。

2.1.1 握手

握手可以包含不同的動作,例如,只是握手,握手加握臂,握手加握肩。隨著接觸方式和面積的增加,其熱情程度也在逐漸加強。

2.1.2 身體指引

身體指引是一種指引或指點動作,有可能透過親密的、接觸身體的行為來完成,也可能透過非身體接觸的禮節性行為來完成。親密的行為表現為輕輕地搭著同伴的身體,以此為他指示行動方向,最常見的方式是用一隻手搭在對方背上,另一隻手指引方向。輕輕握住對方的手臂往前推或者大膽地握住對方的手牽引也很常見。親密的身體指引本質上是父母牽引幼兒動作的成年人翻版,有仿父母的意味。主人對客人或者夫妻之間最有可能出現這種指引動作。

禮節性身體指引行為表現為，主客之間保持適當距離，主人用眼神和手勢引導客人。酒店或賓館的門迎也會透過微笑、側身以及手勢引導顧客進入。

2.1.3 拍

拍是一種原始的父母動作，不牽涉身體其他部位，而僅僅用手。該動作在迎接、祝賀、安慰以及平常表友好時都會使用。拍幼兒時幾乎可以拍其身體的任何部位，但拍成年人時，則必須限制在手、臂、肩膀或者背部這幾個部位，這樣才具有「中性」性質，拍成人的頭部、臀部、大腿或者膝蓋不是帶有優越感就是帶有性意味。

2.1.4 挽臂

挽臂是同行的信號，是一方對另一方加以控制。大多數情況下，女子勾住男子的臂膀，象徵性地得到一種支持和保護，也是在視覺上顯示一種情感聯繫，是為了讓人看到才這樣做的。

2.1.5 身體觸摸

心理學實驗發現，身體觸摸在人際交往過程中具有積極效應。Crusco 與 Wetzel(1984) 透過現場實驗發現，身體的觸摸可以產生積極肯定的效應。該研究假設女服務生可以透過手的接觸使顧客對其有肯定的積極的感受，而將手放在肩膀上的觸摸行為被大家認為是一種統治或佔優勢的行為，所以肩膀的觸摸行為不會產生肯定、積極的效應，尤其是對於男性顧客。研究過程如下，研究者給來自兩個餐廳的114位女服務生隨機安排了3個不同的指示：(1) 當女服務生給顧客找零的時候，觸摸顧客手掌半秒兩次；(2) 當女服務生給顧客找零的時候，將一隻手放在顧客的肩膀上1到1.5秒之間；(3) 沒有任何身體接觸。主要的因變量(判斷效果的標準)就是小費數目。研究結果發現，無論是男性或女性顧客，有身體接觸的顧客給的小費都明顯高於沒有身體接觸的顧客，而手部接觸與肩膀接觸的顧客給的小費沒有差異，同時也不存在性別差異。

2.2 姿勢相似、對應與跟隨

第一節 非語言交流的作用與特點

　　當兩個朋友在一起做非正式交談時，他們通常會做出相同的表情，採用相似或對應的身體姿勢。尤其是當兩個身份相同、意趣相投的熟人面對面交談時，常常會採取對應的姿勢，這姿勢可以是前傾身體，也可以是兩人都用相同的手撐著頭。與此同時，他們交談的動作也幾乎是同步的，如果一個人變換動作，另一個人也會做出同樣的動作。

　　如果兩個至交對正在談論的問題具有相同的態度，兩人身體姿勢會更加相像，他們交談時的動作更具有協調性，而且幾乎是完全同步的，如一個放開自己翹著的腿，另一個也會這樣做。兩人關係越親密，他們之間的動作和姿勢就越有同步和協調感。在生活中，行為相似和對應對個體的影響是巨大的，尤其是在一些親密關係中的作用非常明顯。長久生活在一起相互關注對方的夫妻，會越來越有夫妻相，這裡的夫妻相，並不是說兩人相貌長得越來越像，而是兩人長久生活在一起後，行為的相似和對應導致兩人的非語言特徵一致化，給人一種相同感。在一些比較親密的閨蜜之間也會出現行為的相似和對應。

　　行為相似和對應意味著兩人的關係親密，所以在人際交往過程中，有意識地協調自己與對方的身體姿勢和行為也是一種促進雙方關係的有效策略。一個醫生為了安撫緊張的病人，讓就診的病人在他面前放鬆，可以透過有意識地模仿病人的身體姿勢，讓緊張、恐懼的病人放鬆下來，積極配合治療。

　　行為相似和對應發生在相對平等的關係之間，雙方相互影響，有可能是我跟隨你的動作姿勢，也有可能是你跟隨我的動作姿勢。在地位不平等的關係中，也會出現兩者行為和姿勢的同步和協調感，但這種相似是行為跟隨情況，即下級會有意識或無意識地模仿上級的動作姿勢、表情、語音語調等，並伴有跟隨現象。在生活中，最易發生行為跟隨的關係是上下級關係（如軍隊、公司等）、親子關係（如父子、母女關係等）、師生關係（如學生與自己最敬仰的老師）。

　　2011年4月29日上午11點（英國時間），英國威廉王子與凱特·米德爾頓的婚禮在倫敦的西敏寺教堂舉行，威廉和凱特在白金漢宮陽臺上的深情一吻讓世人見證了他們之間的濃情蜜意。據英國著名肢體語言專家彼得·科萊特

分析，威廉和凱特的這一吻與查爾斯和戴妃陽臺之吻完全不同，他們的肢體動作充分顯示能攜手共度今後的歲月。他表示：安娜大婚時，查爾斯的肢體語言充分表明他與戴妃的關係是沒有未來的，他看上去可憐兮兮，一點也不高興，對戴妃也不關注。典禮過程中，他不止一次擦拭眼鏡，這是一個非常經典的表示悲哀、懷疑和後悔的非語言訊息。威廉和凱特，兩個人充滿王室的威儀，很明顯都特別享受這次大婚慶典。威廉表現出與以往不同的自信，他和凱特對彼此給予了高度關注。

黛安娜與查爾斯　　　　　凱特與威廉

3. 自我保護

一些非語言行為對於個體而言具有自我保護作用，包括退步行為和遺留行為等。

3.1 退步行為

一些人在某些時刻會出現與其平時表現差異很大的行為，如平時溫柔賢淑的妻子，在吵架時會扔碗盤等，這種行為既可以釋放自己的憤怒情緒，又可以避免出現最後無法收拾的局面。

有些小事情，我們有時也會用退步行為來解決，如趕不上約會時，會透過不停查看手錶、抖動大腿、咬手指等行為來暫時把自己從目前的困境中解

脫出來。突然性的食量大增、酩酊大醉、邋遢不堪、堅持己見等行為也可以視為退步行為。

3.2 遺留行為

成年人重返那些曾使自己感覺安全與舒適的兒童時期形成的行為模式，就是遺留行為。遺留行為能夠帶給成年人無意識的安全感和自我撫慰。一個人有節奏地前後擺動自己的身體，或者雙手抱著雙膝或腰部，透過搖動自己的身體，感受到類似於當初在母親懷裡得到的安撫，獲得一種無意識的自我撫慰。痛苦的成年人只能用自我擁抱代替父母擁抱，自我搖動代替母親懷抱的輕搖。自我擁抱、自我搖動是來自往日依賴性生活的個人遺留動作，在危難之際可以給人小小安撫。

嘴部接觸是最普遍、最常見的遺留姿勢。當人緊張、苦惱困惑時，用嘴部接觸某種東西（一般是手，或者咬嘴唇）可以暫時重溫當初含著母親乳頭時的安慰感、舒適感。兒童嘴部接觸的常見形式是吸吮拇指、咬指頭等；一些成人，吸吮動作則為咬鉛筆、舔嘴唇等動作所代替。

頭部動作中也有很多遺留行為。搖頭表拒絕，是從嬰兒拒絕乳頭、奶瓶和湯匙動作中直接演變而來的。當父母硬要嬰兒吃東西時，嬰兒在否定反應時會把頭扭到一邊，然後又扭到另一邊，儘量避開眼下不需要的食物。除了把頭轉到一邊表示拒絕食物外，嬰兒還會用舌頭把食物或者乳頭推出來，吐舌頭因此成為一種很基本的拒絕動作。這種吐舌頭的遺留行為，有很多形式，包括露舌苔、吐舌尖等，一般是掩飾自己的尷尬、表達自己的歉意等。成年人生活中，在兩種情況下可能出現吐舌頭遺留行為：一是遇到某種麻煩事時；二是有意識地想冒犯某人，吐舌頭表無禮。

簡單的歪頭動作也是一種遺留行為。當一個成年人想對另外一個成年人提要求，希望從他那裡騙取（或獲取）某種報償或好處時，時常會做出一副笑臉，頭歪到一邊，同時兩隻眼睛滿懷希望地凝視著對方。歪頭動作不僅限於哄騙他人，在許多「富有魅力的少女」照片上也能看到。有些男子在最動情、最愜意時也會採用這種姿勢，似乎表達這樣的感情：「我實際上並不是一個剛強的男子漢，只不過是一個無依無靠的小男孩。」

二、非語言交流的特點

與語言交流相比，非語言交流有一些突出的特點，使其能夠提高溝通的效率。

1. 直觀形象

人際交往過程中，外在的行為、語音語調等非語言的變化，具有直觀形象的特徵。尤其是肢體語言的表達、語音語調的變化、服飾的展現等等，在社交過程中能直觀形象地展示我們的獨特個性，展現我們的品味，表達我們的態度。

人際交往中，我們希望儘可能多地獲取非語言的訊息。社會交往過程中，無論是正式溝通還是非正式溝通，非語言交流是比語言交流更簡單、更有力、更有效的溝通工具，很多事情用非語言的方式比用語言更能有效地表達人們要說的意思。尤其是帶有情感內容的交流，非語言交流的方式更為強大、有效。觀察說話人微妙的體態語言和說話方式，可能是贏得優勢地位的一種最佳途徑；對體態語言的瞭解可以幫助一個人提升其在會議、考評甚至日常管理中的能力。同時，我們也會思考自己的語言內容，控制自己的語音語調和表情等非語言訊息，透過這種方式，我們可以最大限度地瞭解對方所表達的意思；充分掌握所處的境況；預防或避免危險、欺騙、窘境等情況的發生；誘導、確認或控制對方的想法；幫助我們自我防衛、掩蓋某些訊息、避免尷尬。

對於不同個體而言，人際交往中的各種非語言訊息的解讀也不盡相同，對於情商高的個體而言，這種非語言訊息非常直觀，但對於情商感知能力差的個體而言，再明顯、再直觀的非語言訊息，也無法對其產生任何影響。

2. 動作的豐富多樣

非語言訊息中包含的動作是豐富多樣的，使得非語言訊息也是多種多樣的。

2.1 個體獲得動作的方式和途徑是多樣的

個體獲得動作的方式和途徑是多種多樣的。根據個體獲得動作的不同方式和途徑，我們將非語言交流中的動作分為個體先天的、內在的、固有的一些動作以及後天透過觀察、模仿、訓練等獲得的動作。

2.1.1 先天動作

先天動作是一種不學自會的動作。該動作的典型例子就是新生兒的吸奶動作。新生兒的先天動作研究發現，一個從沒有見過人類的嬰兒，或者一個天生又聾又啞的孩子，他們儘管聽不到他人的哭聲，他們同樣會哭。兒童心理學的研究發現，嬰兒的先天動作（本能）包括抓握動作、吸吮動作、微笑、皺眉等。

2.1.2 後天自行發現動作

後天自行發現動作是個體在成長過程中，自行發現、摸索出來的一些動作，也就是個體在生活中不經意地自行發現、形成的動作姿勢。如個體不經意間雙臂環抱自己，發現很舒服，抱臂動作就屬於後天自行發現動作。

2.1.3 後天訓練動作

後天訓練動作必須由他人教導才可能獲得，是透過他人教授或者為了某種目的有意識地透過觀察、模仿、強化和實踐而習得的動作，是一種有意識的動作習得過程。例如，高難度的體育動作（體操、游泳等）或技能動作（騎車、開車等），和一些比較複雜的小技巧如彈手指、吹口哨等，都屬後天訓練動作。

2.1.4 後天環境動作

後天環境動作是有意或無意地模仿他人的動作，不知不覺地從同伴或環境中其他人那裡習得的動作。個體習得的動作會因其所處的群體、文化和民族的不同而發生變異。我們知道，人類尤其是兒童具有很強的模仿能力，一個人如果不受社會上典型的行為模式的感染，不遵守社會行為道德規範，要想健康地生存和成長是不可能的。我們的行走和站立動作，嬉笑和扮鬼臉的樣子，無一不受後天環境的影響。

2.1.5 混合動作

混合動作是透過兩種及兩種以上的途徑獲得的動作。

不同的社會和文化背景對某些動作有不同的認知和判斷。隨著時代的轉變，一些動作（如禮儀）還會在生活中逐步消失，一些動作在社會中的範圍不斷減小，但它們總能以某種方式在某些地方存留下來。這些動作也可能根據時代的進步，不斷簡化，日趨隨便，演化為日常所見的種種同化動作，典型的例子就是英國人的掀帽子問候的禮儀，到現在只是把手放在額頭邊示意一下。

2.2 表示個體當前心理狀態的動作是多元的

表示個體當前心理狀態的動作是多元的，主要包括加強行為和替換行為。伴隨一種情緒或者為了強調自己正在表達的訊息而做的一些動作，可以是先天獲得的，也可以是後天獲得的，但都是為了加強正在表達的情緒或訊息，即加強行為，比如在講話時強調節奏的動作（眉毛的揚起、手的姿勢等）。

替換行為是為了掩飾某種內心的情緒而表現出來的一種動作。絕大多數人經常從替換行為中透露出情緒狀況。如等待面試的人可能會有過分打扮（整理衣服、擺弄首飾等）、吃東西、喝水或吸煙以及晃腿、亂動東西和假裝閱讀等多餘舉動。在撒謊過程中，也會有很多替換行為，如注視對方眼睛（為了看看自己的把戲是否得逞）、話語重複、聲音上揚、為了掩飾真相不自覺地揉鼻子（撒謊時，鼻子內的海綿體和黏膜會受到刺激，尤其是男人鼻子裡的海綿體在撒謊時容易癢）等。手一直摩擦，是作假者一種自我安慰的姿態。

3. 確定性與不確定性

3.1 非語言交流的確定性

非語言交流可能提供某些有價值的線索。所有的非語言交流都具有溝通的價值和意義，這個影響是在無意識層面上完成的。個體所表現的大多數表情、眼神、姿勢和所做的大多數動作，可能在其身上出現過幾千次、上萬次。這些姿勢與行為，大多數都是無意識的、自發的和不經自我控制做出的。在許多情況下，我們都習以為常，以至連我們自己也不明白為何這樣做。如兩

手十指交叉時，總會有一個拇指在另一個拇指上面，對於不同的人來說，習慣於左手拇指在上還是右手拇指在上，是其不會意識到的。這是我們成年累月固定不變的姿勢，如果讓我們顛倒一下拇指位置，我們會感覺古怪而彆扭。

　　從心理學的角度來看，這是因為肢體語言所使用的是動作思維，這是我們人類最早熟知的一種思維方式，也是個體最先熟悉並掌握的思維方式。動作思維即透過動作來表達情緒、情感和內心的思想。對人類而言，這種思維方式在進化前就已存在。對於個體而言，其始於嬰兒時期。3個月大的嬰兒掌握了社會性微笑後，當他喜歡某個人時會透過笑來表達這種情感，並且會透過觸摸、抓握或玩弄某個事物（如玩具、奶瓶等）來探索周圍的世界。這種動作思維在成人世界則表現為肢體語言。例如，當我們討厭某個人時，我們會有意或無意地側對或背對著他以避免面對面的接觸和交流。當我們喜歡某個人時，我們會主動面對面，並期望與其進行眼神等交流，當然有時也可能會故意迴避對方，這可能是因為害羞的緣故。

　　肢體語言由於它本身的原始性和自發性，使其很難與內心相背。例如，在自然狀態下，肢體語言基本不可能撒謊。某個害羞的男孩因為窘迫而背對著自己喜歡的女孩，但是他腳的朝向會無意識地指向他喜歡的女孩，其動作無意中出賣了他真實的想法。作假行為很難迷惑有心人，因為在說謊時，你可以控制身體的某些部位，但不能同樣有效地控制其他部位。一些人撒謊時會有過度不安、咬嘴唇（遺留姿勢）、抱臂、微笑（刻意為之）等神態變化來緩解自己的壓力和不安。作假時需要把信號限制在語言和臉部表情的範圍內，需要把身體的其餘部分隱蔽起來，或者不停地做出各種雜亂的機械的動作（例如忙著穿針線或忙於停車）來掩飾，以便透過混亂的肢體訊息，讓對方無法辨別作假線索。心理學研究發現，離大腦越遠的肢體所表達的想法越真實，即當手腳動作出現不一致時，腳所表達的肢體語言比手所表達的更為可信。從腦神經科學的角度來看，是因為大腦發送一個信號到腳比到手的傳導時間要長，所以大腦接收到外界刺激後，可以輕易地控制自己的手來掩飾真實意圖，而要控制腳卻不是如此容易。

3.2 非語言交流的不確定性

在某些特殊場合，非語言交流傳遞的訊息也容易被誤判。例如，在擁擠不堪的商場或交通要道上，一個年輕人攙扶一個老人過街，你會認為他們本來認識，是親人，還是青年熱心幫助老年人？雖然會存在誤判，但是我們可以透過更細微的細節來精確判斷。通常關係深厚的兩人的非語言特點包括：(1) 對對方的個人稱呼、語氣語調等趨於隨便，甚至用小名或綽號等；(2) 握手動作極少使用，在老朋友之間握手動作越來越少，除非是在久別重逢之際或者公共正式場合；(3) 表面上的客氣，即談話時不斷地微笑和點頭，僅在社交場合才出現。老友或配偶，兩人之間可以默默靜坐良久而不會覺得尷尬或不舒服，有必要時才會相互做點愉快的閒談；(4) 注意力分散。有深厚感情和持久關係的兩人之間不會再有意地相互注意對方，也不再做出各種動作姿勢來刻意吸引對方的注意力。初期的那種全神貫注地交往，有意識地控制自身的語言和行為，已讓位給一種比較放鬆、安詳的共處，雙方語言和行為等非語言都是最自然的呈現；(5) 關於個人歷史的交談已毫無必要——兩人都已知道對方的歷史和底細。因此，我們可以透過更詳細的觀察來做出進一步的判斷，例如觀察兩人身體接觸面是否很大、是否有親密的交談等等。有些職業要求個體的表現必須遵循社會準則，這使得這些身體姿勢的價值會被大大地降低。如軍人站軍姿，被告受審時必須要坐立端正等，這很容易導致姿勢上的「信號弱化」。

同一種非語言交流方式，例如同一種動作，在不同的社會文化背景下可能代表不同的意義。不同團體和文化對同一信號的不同理解，不可避免地導致很多訊息的流失或混淆，從而導致非語言訊息解讀的不確定性。個性的差異、個體身心狀態的變化、所處的社會文化背景、職業的要求等等各種因素，有時會導致非語言溝通表意不明。

有一種錯誤的觀點認為，非語言如體態語言知識在實踐中的應用應該是這樣的：透過專業的以及多方面的技能訓練與學習，可以完全讀懂他人的想法和動機，繼而影響與控制他們。例如，有人相信銷售人員經過這種技能訓練，可以在某種程度上使潛在顧客背離其理性判斷，採購被推銷的產品。這顯然是錯誤的，銷售人員擁有多種技能，但其目的都是使顧客放鬆並理解他們的需求，進而滿足他們。

三、影響非語言交流的因素

一些非語言的訊息的確具有一致性，例如，世界各地的人在打招呼時都會做出一種快速閃動眉毛的動作，即眉毛往上一抬，隨即又放下。但是，已有的研究也充分表明，社會文化、性別與個性等因素，也會影響非語言交流。

1. 非語言交流的社會文化差異

不同的國別，由於其經濟的、政治的、教育的、科技的、文學的、藝術的、歷史的因素，會具有不同的社會文化背景，這種文化背景對生長與生活於其中的個體而言具有舉足輕重的作用，它是影響非語言交流的重要因素。

不同的自然環境決定了某個區域、國家的社會文明及其生產方式，不同的生產方式影響著當地的社會文化特點，不同的社會文化背景下的家庭教養方式存在顯著差異，而教養方式最首要的就是要培養出適應當前社會文化和生產方式的社會勞動者，這也決定了不同教養方式下個體的行為差異。巴里等人的研究發現，因紐特人生活在冰天雪地的北極，以漁獵為生，需要堅定、獨立、勇於冒險的性格。他們以仁慈寬大的方式管教孩子並鼓勵其個性化，以培養出獵人所具備的人格特徵。而生活在西班牙的塞姆人以種植糧食為生，需要老實、服從、保守的性格。他們對孩子的關愛只在斷乳期之前，之後便嚴厲管教，甚至排泄也嚴格訓練，不允許有任何個性化，以便造就出農業所需要的個性特徵。農業社會儲存食物多，狩獵社會很少儲存食物。高食物儲存社會教養孩子時注意責任和服從；低食物儲存社會則強調成就、自信和獨立。所以，不同社會文化背景下，個體的非語言特徵具有顯著差異。

1.1 不同社會風俗影響非語言交流

文化傳承過程中會逐步發展出獨特的非語言交流的特定規則，我們常常能在一些有關禮儀的書籍裡看到這些規則，比如，何時何地及出於何種原因可以與他人發生身體碰觸、如何發出問候等等。西蒙·柯蒂斯導演的《克蘭福德紀事》裡，形象生動地描述了社會文化中嚴格的社交禮儀對個體行為的深刻影響。該電視劇以在英國克蘭福德鎮上生活的兩姐妹為中心，描繪了19世紀中期英國中上層社會的日常生活。她們保留著經年不變的社交習慣，互

相拜訪的時間只能在午後，禮節性的拜訪不能超過 15 分鐘，連在餐桌上吃汁水多的柳橙也成了挑戰禮儀，最後恪守規矩的姐姐只能建議大家各自帶著柳橙回房，以自己的方式吃柳橙。在這樣封閉刻板的小世界裡，每個個體都遵守著社交禮儀規定的行為規範，能驚起一灘鷗鷺的只能是外部世界的陌生人了。

1.2 不同社會群體的次文化影響非語言交流

當前的社會是多元化的，在特定社會中除了以主流文化為導向，還存在豐富多樣的各種次文化，不同次文化在不同群體中流傳，作為群體中的一員，每個個體不僅要具備與群體一致的觀念，還必須具有該群體典型的一些非語言特徵，如方言、口頭禪、服飾、行為動作等等，這樣才更容易被群體所接納和認同。同理，個體會透過各種典型的非語言訊息來展示自己，向他人表明自己所屬的群體。

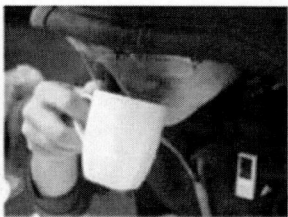

兩種不同群體喝咖啡時典型的姿勢語言

1.3 現代傳媒對非語言交流的影響

社會因素對非語言交流的影響主要透過現代傳媒得以實現，如電腦、電視、電影、報紙雜誌、文學作品等等。例如，電視對兒童行為的影響是巨大的。美國的心理學家在 1971 年進行的實驗證明，電視節目裡的許多攻擊性行為對年幼無知的孩子的行為發展影響很大。在他們的研究中，讓一組八九歲的兒童每天花一些時間看具有攻擊性行為的卡通節目，而另一組小孩則在同樣長的時間裡觀看沒有攻擊性行為的卡通節目。在實驗中，同時對這兩組兒童所表現出的攻擊性行為進行細緻的觀察記錄。結果發現，觀看含攻擊性行為的卡通節目的兒童，其攻擊性行為增多；那些看不含攻擊性行為的卡通節目

的兒童，在行為上卻沒有改變。經過十年的追蹤研究發現，以前參與觀看含攻擊性行為節目的兒童，即使到了 19 歲，仍然比較具有攻擊性，只是女性沒有這種相關現象存在。

隨著訊息時代的到來，透過因為網路傳播的各種訊息會對兒童非語言交流的形成產生正面或負面影響，而且其影響是廣泛而深刻的。這對教育工作者和家長提出了新的研究課題，即如何引導、教育學生正確選擇、利用網上訊息，提高抵制不健康訊息的能力。

2. 非語言交流的性別差異

個體出生後，其生理性別決定了父母對其教養方式的不同，從而影響了非語言交流。例如，在大多數文化中，男女兩性的非語言交流在很多方面都有顯著的差異。例如，在進行溝通時，女性傾向於面對面的交流，而男性更偏好肩並肩的活動，因此，在溝通中女性通常會面對面地談話，男性則傾向於使自己的身體與對方呈 45 度角；女性比男性有更多的眼神接觸；女性在人際距離上通常較男性近。研究也發現，在溝通中，女性比男性更容易借助臉部表情來傳達更多的感情，肢體語言也更多。大多數男性在說謊時會有躲避目光這種行為，但若是這種情況發生在女人之間，則具有不同的意義。因為當女人不願意把自己的內心體驗傳遞給對方時，多半會產生凝視對方的行為。女性在說謊時，反而會出現注視對方的傾向，越是說謊，越不會躲避。所以一直盯著對方的女性，心中可能有隱情。心理學家艾克斯萊恩等人曾做過人們對視的實驗，實驗結果表明，如果事先指示受測者「隱瞞真意」，在測試中，注視對方的比率，男性會降低，女人則反而提高。男人在未接到指示的情況下，其談話時間內有 66.8% 的時間在注視對方，但得到指示後，卻只有 60.8% 的時間在注視對方。女性在接受指示之後，注視對方的時間卻顯著地提高了。因此，當在公開場所遇見女人注視自己過久的時候，不妨認為她可能心中隱藏著什麼，要注意她言不由衷的真相。

同樣，文化對性別角色的作用表現在支配我們的行為舉止。透過文化多樣性比較，我們可以發現性別角色的多樣性。例如，巴布亞紐幾內亞島巴布亞族人，其性別角色與大多數社會文化的性別角色恰恰相反。巴布亞紐幾內

亞島巴布亞族女性控制社會權力和經濟生活，在追求異性和性行為上女性也佔主動，而男性則被認為應當是依賴他人的。

3. 非語言交流的個性差異

非語言是個性的一部分，每個個體都有其獨特的、固定的一套非語言系統，即每個個體都有一套特有的語音語調系統、一系列與眾不同的行為模式，這些都具備相對穩定性，都是其個性中重要的一部分，是個性中外顯的、可以觀察到的部分。這些固定動作模式是行為的基本單元，所以也是人類行為觀察者所著重注意的對象。如撒謊、掩飾緊張等非語言行為都屬於遮掩行為，個體遮掩行為也是其獨特的固定的行為模式，這種模式與其平時行為模式有差異，這種差異就是我們判斷對方是否撒謊或緊張的一種依據。

再比如接吻。吻，是一種情不自禁的行為，也可以說是一種甜蜜的陰謀。單純看男人的吻是無法判斷其真實心理活動的，但是，觀察接吻時男人的手放在哪裡，也可以瞭解男性的個性化心理特徵。接吻時摟著女性的腰、臉、肩，這種愛從容、醇厚、大氣、有寬容之心，相信自己的愛可以征服對方，是個對愛執著的人。吻可以如此從容，那他一定成竹在胸，也一定愛得游刃有餘。接吻時撫摸女性的頭髮，他的愛細緻溫柔，很貼心，這種愛情比較藝術、重細節、感性、溫暖。激情所至，他還有空這樣欣賞，可見對女人有種由內而外的喜愛，而不是單純的衝動。接吻時摸女性的臀部，這種愛比較成熟，也很有激情，是燃燒的火鳥，可見他是個富有挑戰性格的人，他懂女人心，但是也暴露出他極可能是個有魅力的「狠角色」。接吻時亂摸，這樣的男子比較浮躁，愛情對他而言是新鮮刺激的，他性急，也可能是缺乏經驗導致的，也可能對愛情感到沒有把握，所以有些忙亂，也有「蹭一點是一點」的貪小便宜心理。接吻時抱得很緊，這種男人需要安全感，尊重對方，在乎「在一起」的感覺，愛的溫度很高。

每個個體的非語言交流的個性特點，是在社會文化大背景下展現的。每個個體都具有相同的生理結構、生化反應，我們的遮掩行為也有共性和個性之分，是共性與個性的統一。在某一個文化或次文化下成長或生活的個體，會有共同的某種心理特徵和行為模式。

下面的這些動作，被認為在相當程度上真實展現了個體此時此地的內心活動和心理特徵。(1) 邊說邊笑：這種人與你交談時你會覺得非常輕鬆愉快。他們大都性格開朗，對生活要求從不苛刻，很注意「知足常樂」，富有人情味。感情專一，對友情、親情特別珍惜。人緣較好，喜愛平靜的生活。(2) 掰手指節：這種人習慣於把自己的手指掰得響。他們通常精力旺盛，非常健談，喜歡鑽「牛角尖」。對事業、工作環境比較挑剔，如果是他喜歡做的事，他會不計任何代價而踏實努力地去幹。(3) 腿腳抖動：這類人總是喜歡用腳或腳尖使整個腿部抖動；最明顯的表現是自私，很少考慮別人，凡事從利己出發，對別人很吝嗇，對自己卻很知足。但是很善於思考，能經常提出一些意想不到的問題。(4) 抹嘴捏鼻：習慣於抹嘴捏鼻的人，大都喜歡捉弄別人，卻又不敢「敢做敢當」，愛譁眾取寵。這種人最終是被人支配的人，別人要他做什麼，他就做什麼，購物時常拿不定主意。(5) 常常低頭：慎重派。討厭過分激烈、輕浮的事，勤勞，交朋友也很慎重。(6) 托腮：服務精神旺盛，討厭錯誤的事情，工作時對鬆懈型的合作對象會很反感。(7) 摸弄頭髮：這是一個情緒化的、常常感到鬱悶焦躁的人物。對流行很敏感，但忽冷忽熱。(8) 靠著某樣物體：冷酷的性格，有責任感和韌性，屬獨自奮鬥型。(9) 到處張望：具有社交性格的樂天派，有順應性，對什麼事都有興趣，對人有明顯的好惡感。(10) 搖頭晃腦：這種人特別自信，以至於唯我獨尊。他們在社交場合很會表現自己，對事業一往無前的精神常受人讚嘆。

複習鞏固

1. 非語言訊息在溝通中的作用有哪些？

2. 非語言交流有哪些突出的特點？

3. 影響非語言交流的因素有哪些？

4. 怎樣理解非語言交流的確定性與不確定性？

第二節 非語言交流的方式與途徑

非語言交流幾乎需要所有的感官參與，其主要的交流方式與途徑包括肢體語言、聲音、時間與空間的使用等。

一、肢體語言

1. 眼神

眼睛被譽為「心靈之窗」。一般情況下，在生活中，個體內心如果有什麼慾望或情感，必然會表露於視線上。因此，如何透過視線的活動瞭解他人的心態，對人與人之間的心理溝通具有重要意義。

從醫學角度看，眼睛是人類五官中最靈敏的。在正常人的生活中，眼睛感覺幾乎涵蓋了個體所有感覺 70% 以上。以品嚐食物為例，我們絕不會只靠嗅覺和味覺，而會同時觀察食物的顏色、裝盛方式或排列方法等，這些視覺刺激會影響我們對食物的認知，從而使我們有愉悅、喜歡或厭惡的情緒體驗，這就是視覺影響心理的過程。假使我們在陰暗、家具破舊的房間裡用餐，就算知道那是我們期待已久的美味佳餚，也會產生不安的感覺，使我們無心品嚐，甚至胃口大減。反之，在整潔、明亮、燈光柔和、器皿精緻的餐廳進餐，就會使人產生良好的就餐情緒。

在人際交往活動中，個體的注視行為不同，其心態也大不相同。人的視線活動方式反映著人當時的心態。例如，在一般情況下，目不轉睛地注視對方的人較為誠實，但不一定是自始至終盯著不放。我們的注視行為主要有目光接觸、直視、視線移動三種情況，直視表示憤怒、恐懼等強烈的情感；視線移動導致的掃視則與羞澀、傲慢、屈辱等情緒有關。在較為節制的情況下，不太強烈的感情可以受到控制，在社會化的過程中，人們的外部表現如表情、語氣等的被訓練成幾乎是統一的「點頭和微笑」，然而，眼神並不像微笑那樣容易訓練。

1.1 眼神傳遞的非語言訊息

1.1.1 目光接觸

目光接觸表示誠意，不過，一個人被別人看久了，會有內心被看穿或隱私被侵犯的不舒服感。對方是否在看著自己，亦即有無視線接觸，說明對方是否對自己有好感。如果對方完全不看自己，便是對自己不感興趣或無親近感。相反，當我們在路上行走時，發現陌生人一直盯著我們，必定會感到不安，甚至會覺得害怕。

不相識的人，彼此視線偶然相交的時候，便會立刻移開。這是因為一個人被別人看久了，會覺得被看穿內心或被侵犯隱私權。當我們在等公共汽車或站在電影院賣票口排隊買票時，會背向後面的人，這樣做，不僅是為了往前進，也是為了避免同不相識的人視線相交。但也有面對面者，這些人多為朋友、夫妻、親人、戀人等。這些人會彼此默許自己的隱私權受到某種程度的侵犯，因此，他們偶爾會視線交錯，便於相互言談，心理溝通。

因此，我們可以判斷：相識者彼此視線相交之際，即表示有意進行心理溝通。一位名叫詹姆士·薛農的建築家，曾經畫過一幅皺著眉頭的眼睛抽象畫，鑲於大透明板上，然後懸掛在幾家商店前，想借此減少偷竊行為。果然，在懸掛期間，偷竊率大大減少。雖然並不是真正的眼睛，但對那些做賊心虛的人來說，卻構成了威脅，極力想避開該視線，以免有被盯梢的感覺，因此不敢進商店內，即使走進商店裡，也不敢行竊了。

1.1.2 視線移動

在溝通中，視線移動是一種常見的現象。美國的比較心理學家理查·科斯曾做過一個實驗，讓患有強度自閉症的兒童與陌生的成年人見面，以觀測他面對成年人時間的長度。將成年人的眼睛蒙上與不蒙的兩種情況相比較，發現兒童注視前者（蒙上）的時間，居然為後者（不蒙）的三倍。這就是說，雙方眼光一接觸，兒童會立刻移開視線。

在交往活動中，透過觀察人的視線方向，也能透視人的心態。一般來說，初次見面時，先移開視線者，其性格較為主動，也容易在溝通中處於優勢地位。當視線接觸時，先移開目光的人就是勝利者。相反，因對方移開視線而耿耿於懷的人，就可能胡思亂想，以為對方嫌棄自己，或者與自己談不來，因此，在無形中完全受對方的牽制了。因此，對於初次見面就不集中視線跟

你談話的挑戰型對象，應特別小心應付。不過，同樣是移開視線的行為，如果是在受人注意時才移開視線，那又另當別論了。一般而言，當我們心中有愧疚或有所隱瞞時，就會產生這種現象。

被對方注視時，便立刻移開視線者，大都有自卑感或缺陷；看對方一眼後，隨即故意移開視線者，表示有著強烈的興趣；斜眼看對方者，表示對對方非常有興趣，但又不想讓對方識破；翻眼看人者，表示對對方存有尊敬與信賴；俯視對方者，想顯示對對方的一種威嚴；視線不集中在對方，很快移開視線者，大多為性格內向。

視線移動在兩性交往中也能傳遞很豐富的訊息。在交往中，如果面對異性，只望上一眼，便故意移開視線的人，大都是由於對對方有著強烈的興趣。行為學家亞賓·高曼透過研究認為，對異性瞄上一眼之後，閉上眼睛，即是一種「我相信你，不怕你」的體態語。所以，當看異性時，不要把視線移開，而是閉上眼後，再睜眼望一望，如此反覆，就是尊敬與信賴的表現。尤其是當女性這樣看男性的時候，便可認為有交往的可能。在火車上或公共汽車上，上來一位年輕貌美的女性，所有人的眼光幾乎都會集中在她身上，但年輕的男性往往會很快把臉轉向一旁。他們雖然也非常感興趣，不過基於強烈的壓抑作用而產生自制行為。假使興趣增大時，便會用斜視來偷看。這是由於想看清對方，卻又不願讓對方知道自己心思的緣故。一項關於接吻習慣的調查結果顯示，接吻時睜著眼睛的男生在「最大程度的付出」維度上得分顯著低於閉上眼睛的男生，他們不會給予戀人無私的關懷，無論是精神上還是物質上。男人潛意識對這段感情有隱憂，他在吻戀人時就不願自然地閉上雙眼。值得提醒的是，這種不安全感隱藏在男人無意識裡，連他自己都不知道。

1.2 影響眼神交流的因素

眼睛注視可以攜帶大量的訊息，瞳孔變大、眨眼頻率、目光的方向和目光的延伸都傳達出非常清晰的信號。以下因素會影響眼神交流。

1.2.1 距離

空間距離影響眼神交流。例如，在電梯內，人們彼此距離貼近，會減少眼光交流，以緩解因身體領域被侵佔而引發的不適感。

1.2.2 話題

當雙方在談及羞恥或尷尬的事情時，或在自我反省的時刻裡，僅僅感覺到別人的存在比面對他人會更好，同時，傾聽者最好不要直視他們。

1.2.3 人際關係

人際關係影響眼神交流。人們對自己喜歡的人注視得更多一些。對於感興趣的人和事物，你的瞳孔會毫不掩飾地放大。當上級與下級討論工作時，上級的視線肯定會由高處發出，而且會很自然地直接投射下來。反之，作為下級，雖然並未做任何錯事，但視線卻常常由下而上，而且往往顯得軟弱無力。這是由於職位高的人，總是希望對下級保持威嚴的心理作用。

1.2.4 個性

外向的人常常更多地、更長時間地注視談話對象；性格內向的人，大都無法一直注視對方；害羞、含蓄的人，也會在交流中表現出更少的目光凝視；有精神分裂症和情緒壓抑的人傾向於在談話中轉移視線。

1.2.5 戴墨鏡或反光鏡

從心理學的角度講，戴墨鏡與人打交道不但不利於交往，還會給對方帶來心理不適感。眼睛是心靈之窗，如果戴著墨鏡與人交往，就好像窗戶拉上了窗簾，別人看不到你的眼睛，就不知道你在想什麼，不但讓人感到不適，同時還會降低你的可信度，心與心的交流就更無法進行了。跟人打交道或與人溝通，目光交流是最自然、最好的方式。如果你想與人進行「心」的交流，千萬別為了擺酷而戴上墨鏡。

但是戴墨鏡也可以造成減少不必要的麻煩或種種意外事件發生的作用。如，心理學研究發現，雙方眼睛對視的時間一次不要超過 10 秒鐘，如果超過 10 秒鐘或直瞪瞪地看著對方，會讓人感到恐慌。戴墨鏡時，由於對方看不到你的目光和視線，但你可以看到對方的目光和視線，對方無法透過你的

眼神察覺到你的真實想法和意圖，從而產生一種安全感，可以避免你因撒謊等出現的緊張感。同時，戴墨鏡可以營造一種神秘感，有時還會有震攝力。有位心理學家說過，女人外出戴墨鏡比帶兩個保鏢都管用。

2. 臉部微表情

人們透過做一些表情把內心感受表達給他人看，或者掩飾自己真實的感受，在人們表現的各種不同表情之間，或是某個表情裡，臉部肌肉活動會「洩漏」出真實的訊息，這就是微表情。微表情最短可持續 1/25 秒，通常情況下做表情的人和觀察者都察覺不到。在實驗裡，只有 10% 的人察覺到微表情。雖然一個下意識的微表情可能只持續一瞬間，但它很容易暴露真實情緒。

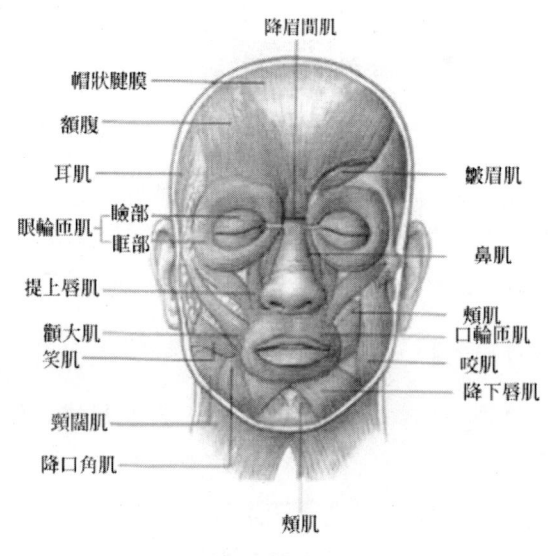

面部表情肌肉圖

表情靠肌肉，人類臉部的表情肌有 42 塊。我們之所以能做出各種表情，都是因為肌肉的收縮。例如，我們是如何笑的呢？首先顴肌使嘴咧開，面頰提升，然後眼輪匝肌收縮，眼睛變小，眼角出現皺褶 (即魚尾紋)。所以情緒會影響皮膚的緊緻度，這一點也不誇張，因為情緒會產生表情，表情會牽動肌肉，快樂時肌肉上揚，悲傷時肌肉下垂，長期無表情，肌肉纖維會僵硬，形成僵硬的臉部輪廓。

人的臉部可以傳輸訊息，它是媒介，是訊息傳輸器。「閱讀」一張臉時，有非常多的訊息需要我們去發現。其中包括臉部的基本結構和肌肉特性：這張臉很長且棱角分明，還是又圓又胖？通常，看到一張陌生的面孔後，我們會翻閱自己記憶中的各種臉型，在認識的人裡找出臉型相似的人。我們也會透過觀察人們的眼鏡、化妝、紋身或穿著等人為裝飾來做出自己的判斷。

臉部表情的變化，如笑、皺眉、發怒，能迅速地提供更多的訊息，由此我們能很清楚地瞭解人們當時的心情、意圖。心裡的事全在臉上寫著，想獲取你信任的人會對你笑，想嚇唬你的人會對你發怒。同理，透過微表情，我們就能斷定對方是不是喜歡某個人。通常人們把這歸因於下意識、直覺或是本能感覺。

對於整個人類來說，很多表情及其表現的情緒都是很常見的，因此大腦能夠搜尋並理解這些臉部訊息。同樣，當情緒有變化時，我們的臉部也有種奇特的習性，能做出相應的表情，有時這不需要我們具備知識就能明白。

比起人們有意識做出的顯表情，微表情更能體現人們真實的感受和動機。售貨員的笑臉裡可能閃過一毫秒輕蔑的嗤笑，停車場裡表情嚴峻、向你走來的人可能會突然閃現恐懼的表情。

雖然我們會忽略微表情，但是我們的大腦依然受其影響，改變我們對別人表情的理解。所以，如果某人很自然地表現高興的表情，且其中不含有微表情，我們就能斷定這人是高興的。但是如果其間有嗤笑的微表情閃現，就算你沒有刻意去察覺，你會更傾向於認為這張高興的面孔是狡猾的或不可信的。

這個潛意識的行為可能會過度。研究發現，對於患有社會焦慮症的人群，當潛意識察覺到恐懼的微表情時，其大腦活動比平時更活躍。因為危險的情境會引發負面的感受，察覺到別人的恐懼也會使自己同樣害怕。更為複雜的是，表現恐懼和驚訝的表情很相似，常被觀察者混淆。

為了幫助執法和情報機構更好地辨別可疑行為和欺騙行為，研究微表情的專家 Ekman 分享了自己的研究。Ekman 認為，透過用照片或攝影來研究

人們臉部的變化，能夠增強察覺和理解微表情的能力。在機場排隊的人群中辨認出恐怖分子，是應用察覺微表情能力的一個極端的例子。在日常生活中，這種能力也能幫助我們。如果我們錯誤地理解微表情的含義，我們會對交流對象形成錯誤的判斷，這只會增加人們之間的隔閡，而不是互信。如果理解了微表情，我們就更能夠從一閃而過的表情信號裡發現有價值的訊息。

3. 肢體動作

3.1 軀幹姿勢

姿勢是情緒狀態的指數，肌肉的緊張會導致不良姿勢，有些人認為可以透過改變姿勢來改變（放鬆）情緒狀態。瑜伽和太極拳也是希望透過鍛鍊或塑造體態來改善健康狀態。面試或評估測試中的姿勢能較好地說明一個人緊張或放鬆的過程。會議發言者的姿勢也能讓人們洞悉他的自信程度。

一個人的坐姿，不僅反映他慣常的性格特徵，而且更反映他此時此刻的心理。因此，我們在人際交往中有必要注意一下他人的坐姿。在與人交流時，當我們身體前傾，傳達的是仔細地傾聽；當我們身體後仰或者側身的時候，表明我們不想繼續這個話題或者是不想與這個人進行交流。重重地坐下去的人，此時的心情可能是非常煩躁的；輕輕地坐下去的人，此時的心情可能是非常平和的；側身坐的人，此時的心情除了舒暢外，還覺得沒有必要給你留下什麼更好的印象；在你面前猛然坐下的人，其內心或隱藏著不安，或有心事不願告訴你；雙腿不斷相互碰撞或不斷地拍打地板的人，此時一定有什麼事使他緊張和焦躁。

喜歡與你對著坐的人，是由於他希望能夠被你理解；喜歡與你並排坐著的人，是由於他認為與你有共同感；有意識從併排坐改為對著坐的人，或是對你抱有疑惑，或是對你有了新的興趣；有意識挪動身體的人，是想在心理上與你保持一定的距離。斜成一個半躺姿勢或深深坐入椅內，腰板挺直頭高昂的人，是由於他在心理上對你有優越感；把身體盡力縮成一堆，雙手夾在大腿中的人，是由於他的心理上對你有劣勢感；正襟危坐、目不斜視的人，或對你恭敬並力圖留下個好印象，或此刻其內心有什麼不安；把椅子反過來，椅背朝前，雙腿叉開，跨騎在椅子上的人，此刻的心情是想顯示自己對你的

講話感到厭煩；翹起二郎腿的女性，或是她對自己的容貌有信心，或是她很想引起你的注意。

3.2 手部動作

不同的手部動作傳遞不同的訊息。交叉雙臂是防禦性的舉動，往往體現了身體上的不安，這是不確定和缺乏自信的信號。把手放在口袋裡，這個人也許內心怯懦、偷偷摸摸的，可能還非常沮喪。手摸鼻子時可能正在說謊，或者試圖掩飾他的真實情感。拍抓頭部這個動作是表示懊悔和自我譴責，這種人對人苛刻，但對事業有一種開拓進取的精神，他們一般心直口快，為人真誠，富有同情心，願意幫助他人，但守不住秘密。

聳肩攤手這種動作是表示自己無所謂。這類人大多為人熱情而且誠懇，富有想像力，會創造生活，也會享受生活，他們追求的最大幸福是生活在和睦、舒暢的環境中。兩手腕交叉的人往往對事情保持著獨特的看法，常給人冷漠的感覺，屬於易吃虧的人，稍微有些自我主義。把手放在嘴上的人屬於敏感型，是秘密主義者，常常嘴上逞強，但內心卻很溫柔。手握著手臂的人是保守派非理性的人，因為不太拒絕別人的要求，有招致吃虧的可能。

擺弄飾物的人多為女性，一般都比較內向，不輕易使感情外露。她們的另一個特點是做事認真踏實，大凡有座談會、晚會或舞會，人們都散了，最後收拾打掃會場的總是她們。

3.3 腳部姿勢

在身體語言中，特別有意義的是腿和腳，因為這些是人們很少意識到的身體部位。人們在說謊時，可能會有意識地控制身體的其他部位，但一般不會注意到腿和腳。

英國心理學家莫里斯經過研究，發現了一個有趣的現象：體中越是遠離大腦的部位，其可信度越大。臉部因為離大腦中樞最近而最不誠實。我們與他人相處時，總是關注他們的臉；而且我們知道，別人也以相同方式注意我們。所以，人們都在借一顰一笑撒謊。再往下看，手位於人體的中間偏下，誠實度也算中等，人們多少利用它說過謊。可是腳遠離大腦，絕大多數人都

顧不上這個部位，於是，它比臉、手誠實得多。它構成了人們獨特的心理洩露——腳語。

就好像人體語言的其他信號一樣，腳的習慣動作也有著自己的語言。在豐富的語言詞彙裡，有許多描述腳語的形容詞。這些形容詞與其說是描寫腳步的輕、重、緩、急、穩、沉、亂等，不如說是描述人的內心穩定或失衡、恬靜或急躁、安詳或失措的狀態。人的心情不同，走路的姿勢也就不同；人的秉性各異，走起路來也有不同的風采。腳語是一種節奏，是為情緒打拍子的，如同舞場的旋律。

腳語除了可以反映人的情緒外，還可以反映人的性格品質。如果一個端莊秀美的女子平時走路的風格是匆匆忙忙，腳步重且亂，就可斷定這位女子可能是個性格開朗、心直口快、不留心眼的人；反之，平時走路的姿勢卻是小心翼翼的樣子，這樣的人很可能是外粗內細的精明人，她做事往往是在豪放的外表的掩蓋下具有嚴密的章法。

人在站立時，腳往往朝著主體心中惦念的或追求的方向或事物。例如，有三個男人站在一起，表面看來他們在專心交談，誰也沒有理會站在一旁的漂亮姑娘，但實際上不是這麼回事，每個人都有一隻腳的方向朝著這個姑娘。也就是說，每個人都在注意她，他們的專心一致只是一種假面具，而真情被隱蔽著，但他們的腳語卻把各自的秘密洩漏了。

人的腳步儘管因地因事而異，但是每個人都有自己固定的腳語。這樣我們就能解釋一種現象：對於熟悉者，你不用看到其人，僅憑那或急或輕或重或穩的腳步聲，就能判斷出十之八九了。人的心理指嚮往往從腳語中洩漏出來。若有人一坐下來就蹺起二郎腿，表明他懷有不服輸的對抗意識。若是女性大膽地蹺起二郎腿，則表示她們對自己的容貌有足夠的信心，也表示她懷有想要顯示自己的強烈慾望。以下是一些常見的腳語的含義。

(1) 開放姿態：面對著對方，兩腿稍稍分開，手也放在看得到的地方。這是容易說服的姿勢。

(2) 封閉姿態：側身面對，兩腿交叉，下腿呈準備做什麼的姿勢，這是拒絕的表現。

(3) 交叉雙腿：防禦性的，很壓抑，甚至覺得充滿敵意。

(4) 頻繁地更換腿的交叉，或者不斷抖動腿：表明心情煩躁不安，這兩個動作是壓制煩亂心情的行為表現。腿在交叉時，總是右腿在上的人，有點內向，凡事都不積極，總是希望有人帶頭去做。左腿在上的人，大多數是開放積極的性格，但也有任性的一面。

(5) 併攏雙腿：腿緊緊地交叉在一起，是防衛心理在活動。兩腿併攏，向左或向右傾斜，多是充滿自信、有優越感的人。

(6) 雙腿分開：兩腿分開，腳開得很大，心眼小。腿沒有交叉，腳尖不斷敲打地面，表示焦慮的心理狀態，或者是有點神經質、愛焦慮的性格特點。

二、聲音

1. 電話

心理學的研究發現，寫信與電話各有優缺點。信件的弱點也可以是它的優點。寫信會花費時間，並且回饋會延遲。當沒有足夠的把握處理回饋結果時，我們傾向於用寫信的方式傳達壞消息。遭遇到不公平待遇後，生氣但不果敢的人往往會寫信和電子郵件來抱怨，各個年齡段的人都差不多。出現這種情況的原因是他們害怕收到負面的、攻擊性的或直接的回應。

電話與寫信相比存在諸多優點，最顯著的優點是回饋快。其次就是你可以跟某人說話，你可以聽到對方的聲音，包括對方的語音語調、話語之間的停頓等等，儘管你事實上瞭解他不多。當對方是你不熟悉的人，我們無法判斷電話另一端的人有多正直、真誠、忠心、可信賴等等。但當對方是你熟悉的人，你就可以透過對方的聲音，判斷其當時的身心狀態。

2. 口頭禪

口頭禪在我們的生活中經常會出現。口頭禪原指有的禪宗只空談禪理而不實行，也指借用禪宗常用語作為談話的點綴。現在口頭禪是指經常掛在口

頭上而無實際意義的詞，該詞彷彿未經大腦就已脫口而出，多是某個人或某類人的習慣用語，譬如李逵愛說「鳥人」，高雄人結語愛說「膩」，現在年輕人愛說「挖操」。

2.1 口頭禪的分類

口頭禪一般分兩類：一類是職業用語，是某種職業內部交流過程中經過縮略而約定俗成的慣用詞；另一類則完全屬於社會流行用語。

職業用語適用於職場中，只要對話者雙方能心領神會，則無可厚非，但若是主客雙方非同一職業，就不可濫用本職業慣用語當口頭禪。尤其是服務行業，員工將行業慣用語當作口頭禪與客人交流，那就很可能引起誤解和不必要的麻煩。如在民用航空業，飛機在著陸之前，空服員必須進行安全檢查的同時，把一切留在飛機上的飛機供應品，包括飲料、用具用封條封好，保存。於是某某物品「封了嗎」與「封了」就成了空服員之間交流的行話。如果空服員用「封了嗎」來與乘客交流，就很容易造成誤解。

使用社會流行用語做自己的口頭禪比較廣泛，然而口頭禪有討人喜歡的，也有討人嫌的。討人喜歡的口頭禪大抵會被視為一種美，因而被人接受。比如較為禮貌的「對不起」「我試試看」「有請」等，體現出一個人的素養和文化氣質，沒有人不樂意接受。但討人嫌的口頭禪就不一樣了。比如滿口汙言穢語，開口便是國罵、鄉罵等口頭禪的人，自然讓人覺得粗魯無教養；說話時喜歡插幾句擺老資格的「老實說」以前……「想當初……」；再比如逢友張口閉口總說他人「真沒品」「真無聊」「真討厭」……這些討人嫌的口頭禪或多或少都有損自己的形象。還有更糟糕的口頭禪，就是輕諾式的口頭禪。比如一些並沒有什麼真本事的人，逢人逢事便講「有事找我」「沒問題」之類，都有可能既誤人也誤事。

2.2 口頭禪的作用

一位知名人類行為學家曾說：「人類有兩種表情，一種是臉上所呈現的表情，另一種是說話時傳達給對方的訊息。」可見，語言是人類的第二表情。

而語庫中提用率和重複率較高的口頭禪，就是表情的個人特點，它具有某種心理投射功能，在一定程度上揭示說話者當前的內心世界和個性特徵。

口頭禪的形成，跟使用者的性格、生活遭遇或當前精神狀態有關，也是其獨特的性格特徵的代表，同時也影響著其他人對使用者的感覺。例如常說「差不多吧」「隨便」的人大多安於現狀、缺乏主見、目標不明確；常說「據說」「也許」「算了吧」的人大多自信心不足；常說「看我的」「沒問題」的人通常充滿自信，樂於承擔責任。

語言風格是個人文化素養的體現，掛在嘴邊的口頭禪所屬的語言風格，會讓人很自然地把你與這種氣質聯繫到一起，例如「謝謝」「對不起」等文明、有教養的詞彙讓人感覺到你的素質高；總是把「無聊」「沒品」掛在嘴邊的人也會讓別人感覺到他的頹廢、疲憊和無追求。

口頭禪作為個體語言風格的一部分，會影響到我們的人際關係。有人會因為口頭禪而讓自己失去很多交朋友的機會，因此優化自己的口頭禪是件很重要的事。例如，對方本來正在興致勃勃地和你聊天，結果剛說了兩句就聽到了你的「鬱悶」「沒力」等口頭禪，不論對方是誰，聊天的興頭都會立即從高點跌到低谷。而如果你能夠適時地將上面的話改成「真的嗎！」「太棒了！」等詞語，相信你一定能夠大大增加自己受歡迎的程度。

口頭禪有強烈的自我暗示作用，經常使用的某種口頭禪會對我們產生積極或消極的影響。著名心理學家威廉·詹姆斯說過：下一個行動，收穫一種習慣；播下一種習慣，收穫一種性格；播下一種性格，收穫一種命運。脫口而出的口頭禪，其實並不是毫無意義的。口頭禪反映了對某一類情形的反應模式。尤其是帶有消極詞彙的口頭禪，對認知和情緒都是一種消極暗示，所以，心理治療師即使肯定別人，也很少說「不錯」等帶有雙重否定的詞彙。

生活中，我們要注意避免一些消極口頭禪的出現。第一類是否定自己的口頭禪。例如，「我不行」了，「不中用了」。中國人講話時習慣自貶以示謙和，因此這類口頭禪相當普遍。殊不知，貶低自我的口頭禪，就相當於一條能給所有訊息「挑剔」的加工管道，讓人時刻注意到自己的弱點，結果連優點也打了折扣。試想，發言前就認定自己會怯場，那麼發言時就更會因為

不自信而發揮失常，這樣又強化了一開始的消極評價，長此以往，會形成自我挫敗的惡性循環。

第二類需要注意的是那些對外界環境有偏見的口頭禪。例如，許多人還記得魯迅筆下老是感嘆「一代不如一代」的九斤老太太，而現在「男人靠得住，母豬會爬樹」「人心隔肚皮」這樣的口頭禪也隨處可見。這種語言雖說是他人或自己社會經驗的積累，但往往誇大了事物的陰暗面，成為了一種消極的思維定式，讓人在處事時容易犯以偏概全、非黑即白的認知錯誤，從而導致不理性的判斷和行為。

第三類需要注意的口頭禪是那些過於頻繁地宣洩負面情緒的詞語。例如，「鬱悶」「煩死了」，這些情緒詞的脫口而出，往往能讓不佳情緒一吐為快，適當地說能有效表達和緩解情緒。但情緒如浮雲，老是徘徊不去的烏雲不僅讓人持續低迷，而且也讓旁人覺得壓抑。所以，不要光喊「鬱悶」，還要提出自己的願望並尋求解決的辦法。

2.3 口頭禪的意義

不同的口頭禪隱含著不同的心理狀態與個性特徵。例如，「說真的」「老實說，的確」「不騙你」，這種人有一種擔心對方誤解自己的心理，性格有些急躁，內心常有不平；而經常說「應該」，此類人自信心極強，顯得很理智，為人冷靜，自認為能夠將對方說服。

「聽說、據說、也許」等口頭禪之所以被使用，是使用者自信心不足的表現，是為了給自己留有一定的餘地。這種人可能見多識廣，但決斷力和自信略顯不足。很多處世圓滑的人，為了防止承擔某種責任和後果也易用此類口頭語來規避風險。

說「可能是吧、大概是吧」這種口頭禪的人，自我防衛本能強，不會將內心的想法完全暴露出來，在處事待人方面冷靜。從政的人多用這類口頭禪。這類口頭語隱藏了自己的真心。

把「但是、不過」作為口頭禪的人可能有些任性，總是提出一個「但是」來為自己辯解。「但是」是為保護自己而使用的。「同時」「也」反映了溫

和的特點,它很委婉,沒有斷然的意味,不致令人有冷落感。從事公共關係的人常有這類口頭禪。

「啊、呀、這個、嗯」常是使用者詞彙少、思維慢的表現,在說話時利用這些詞作為間歇的方法。因此,這種口頭禪的人反應較遲鈍。在一些特殊場合,如尷尬或者重大問題面前,也可能臨時出現這類口頭禪,使用者為了考慮用什麼恰當的詞來解困或者表達自己真實的想法等等,如一些公務員或者公眾人物偶爾會有這種口頭禪。

三、時間和空間的使用

人際交往過程中,個體以及社會文化習俗對時間和空間的處理,也反映了不同的訊息和心理需求。

1. 時間

人們的時間觀念以及處理時間的方式也會蘊含著許多有意識或無意識的訊息。如,在一般的社會裡,等待是一個很重要的訊息指標。重要人物的時間被認為比不重要人物的時間有價值得多,在日本,一家人說話閒聊時,每個人發言的順序、介入的時間等等都有嚴格的要求。

2. 座位選擇

選擇座位的過程中,人們在有意無意之間,會選擇坐在與自己性格相符合的位子。考慮自己的地位、位子的顯著程度、與他人的距離、空間的大小、出入的便利等,然後選擇一個讓自己感到舒服的位子。

L形長桌,坐在長桌正中間的人屬於「老闆」型。這類人喜歡坐在能聽左右兩邊的人發言的位子,喜歡掌握對話的氣氛,善於與人交流,但不喜歡被人命令。選擇坐在老闆旁邊的人,通常性格溫和,可以與任何人友好相處。雖然在積極性上有些欠缺,但不會注意細小的事情。

坐在L形拐角的人,喜歡與人交流,不喜歡獨處。他可以用豐富的話題來活躍氣氛。但這種人嘴巴不嚴密,有時不光是自己的事,連別人的秘密也會成為他談論的內容。

坐在短桌靠邊的人，是喜歡有自己的空間、不願被束縛的人。這種人，一般只跟鄰座的人傾訴自己的苦衷，不喜歡人多熱鬧的場合。坐在靠近門邊的座位的人，與坐在短桌靠邊的人有點相似。

3. 臥房

我們可以從一個人所生活的房間的佈局、裝飾裝潢、整潔與否判斷他的個性特徵，以及他當前的生活狀態。例如，客廳及臥室裝潢得簡單現代，可能表示主人是個直接、簡約的人。

四、其他

1. 服飾

我們知道著裝對人的影響可以表現為「當穿著體面時，自我感覺會變好，精氣神會有很大提升」。服飾可以影響到我們的自我認知、自信、自尊等，同時服飾也向周圍的人傳達我們獨特的品位、喜好等個人訊息，以及我們的地位、角色等社會訊息。

整個服裝及時尚行業就是設計各種衣飾，使人們能傳遞關於財富、品位和價值以及屬於或不屬於某些群體的訊息。時尚潮流隨著時間的變化在不斷變化，唯一不變的就是，人們透過搭配不同服飾來展現獨特的自我，展示自己的品位和個性。制服在社會交往中有獨特的地位和作用，如醫生的白袍、警察的警服。

2. 筆跡

每個人的筆跡具有鮮明的個性特徵，如書寫的力度、字體的大小、形狀、格式、行距等等都能形成對人格的判斷。可以從筆跡的形狀、大小、筆印（寫字力度）等訊息判斷一個人的性格。形狀可以從直線或曲線來判斷。字體工整、有棱有角的人，可以認為是認真慎重的人；字體圓潤的人，性格上一般感受性強，有幽默感，活潑，想像力豐富。字體大的人，性特別向、自信、積極；字體小的人，性格內向、對待任何事情都很謹慎。筆印重的人一般神經質、認真的比較多；筆印輕的人一般感情豐富、社交面廣、性格開朗，但

意志薄弱，易於受感情支配。字體呈右上傾斜且直線書寫的人，有討厭向人發號施令的傾向。完整地完成最後一筆的人，喜歡照顧別人。

3. 生活習慣

喜歡自嘲的人一般不會是自卑的人。一個人經常炫耀什麼，說明內心缺少什麼；一個人越在意的地方，就是最令他自卑的地方；人越是得意的事情越愛隱藏，越是痛苦的事情越愛小題大做。

認為食客眾多、有人排隊的飯店的食品好吃，表現出的是依賴他人評價做出選擇的心理，因為個體會儘量採取與別人同調的行動來獲得安心感、歸屬感等。當然有例外，如一些喜歡特立獨行的人，對自己的判斷有很大自信，是個內心強大的人。

拓展閱讀

非語言溝通訓練

下面的一些訓練可以幫助我們提高非語言溝通的能力。

1. 重要性體驗訓練

兩人一組，就某個話題展開交流，如 A 與 B，兩人面對面站立，A 就喜歡踢足球展開話題，B 傾聽，A 在表達時，B 不能出聲，只能透過肢體語言來表達自己的想法和觀點。3 分鐘後 B 解釋自己理解的意思給 A 聽，看 B 理解的意思與 A 想表達的意思有多少是相似的，一般情況下，有 50% 的意思能夠被理解。然後，讓 B 表達，A 傾聽，完成同樣的步驟。

2. 觀察訓練

要在人際交往中做一個主動的接收者，你必須意識到兩個或兩個以上人交往中隨時出現的非言語因素。為幫助你瞭解這些因素，現在請打開電視，但不要讓它發出任何聲音。然後，將注意力集中在畫面人物的臉部表情、眼睛的運動和身體的姿勢（手、臂、腿和腳）上。每次用幾分鐘的時間做這個練習，然後問自己，畫面人物的肢體溝通觸發了你什麼情感。下一步，問自己對電視畫面上人物的動作做了什麼解釋。

這個練習的關鍵不是讓你判斷對錯，而僅僅是讓你意識到溝通中肢體因素的重要性和透過它們傳遞錯誤訊息的危險。要重複幾次這個練習，直到注意對方的肢體因素已成為自己的習慣。

3. 對著鏡子練習

讓自己站在鏡子前大聲說出計劃做的事情，觀察自己的非言語表達方式，並糾正你覺得可能傳遞出與自我感覺不同意思的姿勢或行為。將這一過程重複幾次，直到感到這樣做時很放鬆而且是無意識的，它將有助於你在人際溝通中更有效地利用非語言因素。

複習鞏固

1. 非語言交流中，肢體語言包含哪些方面？
2. 影響眼神交流的因素有哪些？

本章小結

非語言溝通是採用包括肢體語言（眼神、表情和肢體動作）、語氣語調、觸碰、衣著、裝飾、環境、時間空間等各種非語言內容進行的交流。非語言溝通能夠超越語言之外，傳遞人與人之間個人關係的信號，即關係符號。同時，一些非語言的行為還能在溝通中對自我進行保護。非語言溝通形象、直觀並具備豐富多彩的表現形式，使其能有效地提高人際溝通，產生許多意想不到的效果。非語言訊息在溝通中既能表現出一些穩定的含義，同時也容易受到文化背景、性別和個性等因素的影響而引發歧義。

非語言溝通主要的類型有：眼神、臉部表情、肢體動作、聲音、時間和空間等。眼睛是心靈的窗口。在溝通中，熟悉的人與陌生人之間的眼神交流的模式不同；人際溝通時的空間距離、話題本身、人際關係的類型和程度、個性以及是否帶墨鏡都會影響人們的眼神交流。同時，我們的臉部表情特別是臉部微表情也能傳遞很多訊息。一個人的坐姿、溝通時的手部動作、腳部姿態，也傳遞了很多心理特徵。我們也可以透過分析對方的語音語調和口頭

禪，認識對方的一些人格特質和心理特徵。此外，服飾、筆跡和生活習慣也包含了豐富的訊息。

本章關鍵詞語

非語言訊息 非語言交流的作用 非語言交流的特點 影響非語言交流的因素 金三角理論 眼神 臉部微表情 肢體動作行為 聲音 非語言交流中時間與空間的應用

章後練習

1.；金三角理論認為在對溝通效果的影響程度上，有三個最重要的因素，分別是（　）。

A. 肢體語言 B. 語氣語調 C. 時間空間 D. 語言內容

2. 非語言訊息主要包括（　）

A. 肢體語言 B. 語氣語調 C. 觸碰 D. 時間空間

3. 下面哪些因素會影響眼神交流？（　）

A. 距離 B. 話題 C. 人際關係 D. 個性

4. 下面哪些屬於積極口頭禪？（　）。

A. 謝謝 B. 我不行 C. 老了，不中用了 D. 男人靠得住，母豬會爬樹

5. 除了肢體語言、語氣語調，下面哪些訊息也可能是在人際交往中有用的非語言訊息？（　）。

A. 服飾 B. 生活習慣 C. 飲食習慣 D. 座位順序

6. 一個平時溫柔體貼、很有教養的女性，發脾氣時會破口罵人，這被稱為（　）

A. 退步行為 B. 遺留行為 C. 替換行為 D. 加強行為

7. 下面哪些行為屬於遺留行為？（　）

A. 自我搖晃 B. 吮手指 C. 吐舌頭 D. 咬鉛筆

8. 個體的動作包括（　）。

A. 先天動作 B. 後天自行發現動作 C. 後天訓練動作

D. 後天環境獲得動作 E. 混合動作

9. 下面行為中屬於加強行為的是（　）

A. 整理衣服 B. 眉毛揚起 C. 擺弄首飾 D. 摸鼻子

10. 下面的哪些行為動作，被認為在很大程度上真實展現了個體此時此地的內心活動和心理特徵？（ ）

A. 邊走邊笑 B. 到處張望 C. 腿腳抖動 D. 搖頭晃腦

11. 心理學研究發現，雙方眼睛對視的時間一次不要超過（ ），否則會讓人感到恐慌。

A. 5 秒 B. 5 分鐘 C. 10 秒 D. 2 分鐘

12. 微表情最短可持續（ ）。

A. 1 / 15 秒 B. 1 / 5 秒 C. 1 / 2 秒 D. 1 / 25

13. 辨析：經過專業訓練，人們可以透過非語言訊息完全讀懂他人的心理。

第六章 溝通中的個體差異

每個人都有不同的經歷和背景，因而在溝通中也會顯示出不同的特點。性別和文化差異是溝通中兩種重要的個體差異。在生活中，男性和女性會因為不同的溝通模式導致衝突。在全球化背景下，也需要在溝通中特別重視文化差異。在本章中，你將學習到：(1) 男女兩性會話的特點和促進兩性和諧對話的技巧；(2) 跨文化溝通的理論模型和影響跨文化溝通的因素。

第一節 溝通中的性別差異

世界上沒有完全相同的兩片樹葉，在溝通中個體的表現也是千差萬別的。接受彼此的差異，是建立良好溝通的第一要素。語言學家 Deborah Tannen 曾指出，良好溝通最基本也最困難的原則是將溝通對象視為與自己完全不同的人。當我們能夠瞭解到彼此之間的差異，並接受彼此之間的差異，即使沒有人做出任何改變，也能夠減少對自己、對他人和對關係的指責，使彼此的關係得到改善。

在眾多的個體差異中，溝通中的性別差異曾是哲學家和普通民眾共同的話題。例如，哲學家 Goerge Santayana 曾經調侃道，男人和女人的觀點通常僅僅在結論上達成一致，而達成一致的原因卻各不相同。在社交網站上，則充斥著大量的關於兩性溝通差異的視頻和漫畫。許多電視節目和動畫片，例如電視劇《國王與安娜》、電影《辛普森家族》等都大量地運用了由於丈夫和妻子交流方式不同而無意中產生的幽默。約翰·格雷博士在其暢銷書《男人來自火星，女人來自金星》中認為男女兩性在溝通中具有完全不同的行為模式。他寫道：「男人和女人在交流方式上是完全不同的……他們似乎來自不同的星球，說著不同的語言。」儘管沒有任何實驗來支持他的結論，但是他寫的系列讀物的發行量已超過 40 億冊。

當代的學術研究，特別是語言學和心理學的一系列研究發現，男女兩性在溝通中的確存在不同的說話模式。不過，這種差異可能並沒有格雷博士所說的那樣嚴重。例如，朱莉亞·伍德、德博拉·坦嫩和凱瑟琳·迪迪亞等學者主

張，男女兩性溝通差異產生的原因，是由於男女兩性在社會活動中形成了各有特點的規則和價值觀念，是由兩種不同的文化所導致的。Brant Burleson 和 Adrianne ; Kunkel 等學者則主張，男女兩性溝通模式上的相似性遠高於其差異性，男女兩性在溝通中都會傾聽和安慰，都尋求人際支持，且對人際支持訊息有相同的理解方式。一項研究甚至指出，只有 1% 的溝通不一致是由性別差異造成的。因此，認為男女兩性來自不同星球的觀點，可能會阻礙你對異性觀點的理解，妨礙雙方的和諧溝通。在面臨兩性衝突的時候，那些持有男女兩性來自不同星球的觀點的人，更不太可能努力修復與異性之間的親密關係。

一、性別與溝通

性別在廣義上至少包括生理性別、心理性別角色和性取向三方面內容。生理性別是我們的遺傳特徵，表明我們在生理上是男性或者女性。生理性別是自我認同的重要基礎，對溝通行為有顯著的影響。例如，現有的研究較為一致地發現女人比男人能覺察到更多的非言語訊息。朱蒂斯·霍爾發現男女兩性在區分人們臉部表情（如悲傷、高興、生氣、害怕）的能力方面具有顯著差異。

心理性別角色是指心理上的性別取向，可以分為男性化、女性化以及中性化。男性化反映的是社會對男性的性別角色期望。大部分社會對男性化角色的期待包括力量、競爭、攻擊性、獨立、邏輯思考等特點。女性化反映的是社會對女性的性別角色的期望。大部分社會對女性化角色的期待包括同情、情感外露、合作、順從等特點。中性化則綜合了男性化和女性化的特質。由於社會對男女兩性具有不同的期待，因此也會影響到男女兩性的溝通模式。例如，如果女性表現得如男性一樣好強，很容易被認為是霸道的、無理的。在大多數的文化中，對男性的性別角色期望要比女性更嚴厲。不過，隨著社會的發展，男女兩性也越來越平等了。在實際生活中，人們也更喜歡中性化的戀人或配偶。

性取向反映的是個體的性渴望、幻想和感覺的對象。性取向可分為異性戀、同性戀、雙性戀和無性戀四種類型。異性戀基本上只對社會中與自己性

別不同的人產生愛慕;同性戀在性愛、心理、情感方面的興趣對象主要為同性別的人;雙性戀則對兩種性別的人都會產生性吸引或性衝動;無性戀對人沒有性渴望。近年來,越來越多的研究發現,性取向對我們的溝通行為有一定的影響。例如,最近的一些研究發現,男同性戀人在表達情感和親密關係方面優於普通男性,而女同性戀在透過語言傳遞訊息和解決問題方面優於普通女性。

在日常生活中,由於生理性別、性別角色和性取向的影響,男女兩性在價值觀念以及行為標準上的不同會在人際交往中表現出來,使溝通出現一定的障礙,有時甚至會出現彼此之間完全不能理解的情況。不過,目前大部分的研究都只簡單地將性別區分為男性和女性,心理性別角色和性取向對溝通的影響還不完全清楚。後面介紹的男女兩性的溝通差異,主要來自生理性別導致的差異,也包含一些性別角色對溝通的影響。

二、男女兩性溝通模式的差異

已有的研究發現,男女兩性溝通模式的差異表現在以下幾個方面。

1. 男性比女性更傾向於採用權力型的說話方式

語言能夠反映權力的分配模式。高權力的說話方式包括說得更多、更頻繁地打斷別人、更多地發號施令以及更多地評價和提出自己的意見,而低權力的說話方式則包括多問一些問題、使用更委婉的語氣。Pam Kalbfeisch 和 Anita Herold 的研究發現,總體來說,男性比女性更傾向於使用高權力型溝通模式。男性在溝通中給出更多的指令並更多地表達出個人觀點,而女性在與他人說話時語氣更為委婉和謹慎。

Deborah Tannen 認為,導致男性比女性更多採用權力型溝通模式的原因,可能與男女兩性的心理需求有關。男性在溝通中注重身份地位。在男性看來,生活如戰場,人們必須掙扎、奮鬥、維護尊嚴和獨立,避免失敗。生活如樓梯,每個人都站在或高或低的屬於自己的臺階上,階層由權力和成就來決定。談話就像是談判,要佔上風,避免自己被別人推擠下去。因此,在男性的溝通中傾向於建立一種競爭性的不對稱關係。有一位女同學曾經很困

感,班上有一位男生,當他還沒有當班幹部的時候,經常批評班級幹部的很多行為,為維護班上的同學的利益,經常和班級幹部爭吵。大家看到他這麼關心同學的事情,就推舉他做了班級幹部。結果這位男同學做了班級幹部之後,就不允許班上的同學不聽他的指令,還制訂了很多更嚴格的規定。其實,這位男同學在沒有成為班級幹部之前,他位於班級幹部的權威之下,因此他盡其所能地去限制權威;當自己升為班級幹部擁有權威時,他又膨脹權威。這位男生的行為變化,反映的是男性對地位的敏感性。

男性這種對地位的敏感,也可以解釋他們在溝通中的許多行為模式。例如,很多男性在生活中不喜歡問路。因為對男性而言,向別人問路就意味著向別人求助,這樣自己就處於低等級的位階了。同樣,為了維護地位,男性在談話中更喜歡能夠充分展示自己能力的話題。例如,男性談話的內容往往涉及政治、體育等新聞題材,因為掌握了更多的新聞意味著掌握了更多的訊息。他們在談話中更多地使用評價性的詞語來凸顯自己的身份地位。同時,為了維護友誼,他們通常會在談話中不斷地轉換話題,以便溝通的雙方能夠輪流居於高的位階。下面是一段兩位男性朋友之間的對話。

阿威:昨天我女朋友過來和我聊天,不知怎麼搞的,我心裡覺得不舒服。

小強:我無法理解這種感覺(笑起來了)。昨天我送我女朋友回去的時候,她罵了我一頓。她知道我們昨天喝醉了酒的事情。喝酒看來真不是什麼好事情。

阿威:我可不這麼認為,你也知道,那不是什麼大不了的問題。

在這段對話中,小強首先否定了阿威的感受,貶低了對方面臨的困境。接著小強又轉移了話題,並做了一個評價性的判斷(喝酒不是什麼好事情)。同樣,阿威也否定了小強的感受,也做了一個評價性的判斷(那不是什麼大不了的問題)。男性在溝通中的這種尋求地位和不對稱關係的傾向,與性別學習過程密切相關。在許多社會中,男性都被要求有卓越的成就。

與男性不同,女性在溝通中尋求建立一種較為平衡的關係。在女性眼中,生活是一張網,談話的目的是為了促進彼此之間的親近,為避免被別人推開,

避免孤獨,她們付出自己的關心來尋求他人的肯定和支持,並尋求彼此之間達到一致。與男性強調競爭性關係不同,女性在溝通中特別強調關懷和平等。吉利根的研究發現,男性較強調公正和公平,而女性更強調關懷和關心。發展心理學的研究也表明,女孩很早就利用孤立某個同伴來表達她們對這個同伴某種行為的不滿。因此,在女性的談話中,她們往往傾向於支持和幫助對方,避免自己被推開。在她們的談話中,親密是一種關鍵性的需求。她們經常使用陳述來向他人表示支持,顯示地位同等。例如:「也有類似的遭遇。」「我想你一定很傷心」。女性說話通常也較為謹慎,會在談話中問更多的問題來分享訊息,使用更委婉的語氣。例如,她們會問「你覺得怎樣?下一步打算怎麼做?」,更可能使用較委婉的方式說「這只是我的想法」而不是用明確的語氣說「我認為」。在會話中,女性也更常用修飾性的副詞(例如「你真的很有趣」)、更多不確定動詞(例如「你說的好像是對的」)、更多的語言矛盾(例如「這件衣服很醜,不過,還好啦!」)。與男性在會話中忽略細節不同,女性在談話中借由描述和詢問細節,特別是生活中的瑣碎細節來使談話持續下去,從而表達親密。與男性聚在一起討論政治、體育、房子、汽車等話題不同,女性聚集在一起討論生活中發生的瑣事和情緒感受是話題的重心所在。因此,她們的話題集中在感情、關係和美食、化妝、服飾、購物等私人話題上。

下面是一段女性之間的對話。

芳芳:我愛上了一個小流氓。他沒有正式工作,成天遊手好閒,但是對我很好,好糾結啊!

小雅:我知道你的感受。

芳芳:你真的知道?

小雅:嗯。我跟你說,我曾經愛上過一個已婚男子呢。哎呀!剛才你準備告訴我你和那個男子的事情,我卻打斷你了,真不好意思啊!

芳芳:沒關係,我覺得很好。

在這段對話中，芳芳首先描述了她男朋友的一些細節，表達了自己很糾結的感受。她的朋友小雅則明確表示理解對方的感受，提供了支持。在芳芳表達自己的懷疑之後，小雅接下來透過說出自己的一個秘密來進一步呼應對方的感受。雖然小雅談論的話題與芳芳的話題並無關聯之處，似乎是對芳芳話題的一個中斷，小雅也為這個中斷進行了道歉，但這個中斷是為了進一步闡明小雅真的理解芳芳的感受，因此，芳芳並沒有覺得小雅的談話是一種故意的中斷。因此，我們可以看到，女性間充滿了共情和相互理解，同時她們透過追隨對方的敘述並加以詢問的方式表示關心，把打斷對方的談話視為冒犯。這與男性之間互相否認對方的感受和經常性地轉移話題是不相同的。

小雅在對芳芳的呼應中透露自己的秘密，也反映了女性會話的一個重要特點，即她們喜歡在會話中斐短流長，甚至洩漏自己的秘密。這種會話特點也與女性尋求親密關係、避免被排斥的心理特點有關。雖然斐短流長具有潛在的破壞性的力量，然而，許多學者主張斐短流長的存在價值是大於它的批判價值的。例如，斐短流長中也包含大量的關於個人身份地位、人與人之間的關係等方面的訊息。同時，斐短流長也是建立親密關係的重要手段。例如，討論不在場的某個人時，可以借由相同的判斷和評價，強化彼此之間的共同價值觀和信念，從而使關係變得親密。通常，秘密會揭露個人的弱點，讓他人知道自己的秘密可能讓自己處於不利的地位。然而，對女性而言，如果無法傾吐自己的秘密，就可能意味著她缺乏可以傾訴的對象，將痛苦地感覺到自己的孤立。有時，女性借吐露自己的秘密來得到同伴的支持和認同。對男性而言，吐露自己的秘密等於暴露自己的弱點，給人以脆弱的印象，因此需要保守秘密來維持個人的形象。

2. 在談話中男性傾向於解決問題，而女性則傾向於表達情緒

男女兩性會話的另外一個特點是：男性在談話中傾向於解決問題，而女性則傾向於表達情緒。對男性而言，能夠解決問題顯示的是高的能力和成就，顯示的是高的身份地位。在專業領域之外，很多男性認為向另外一個男性請教是一件很丟臉的事情。因此，男性在會話中比較傾向於提出建議和評價，透過指導性的話語來顯示自己的身份地位。例如：他們會說：「這沒什麼大

不了的。」只需要這麼做，你的問題就會被解決。」他們在談話中，典型的句子模式是抓住重點，馬上解決問題。例如，他們會說：「今天我很忙亂，耽誤了長官交代的事情，長官對我很不滿意。我準備明天上班跟長官解釋一下。」

女性重視親密和關懷的特點，使她們在會話中傾向於讓情緒被充分地表達和理解，句子中也有更多的關於情感的陳述，例如，「如果他真的愛你……」同時，她們也喜歡把事情的詳細經過描述出來，因為她們認為這種方式可以把自己的心路歷程、自己的情感和思考都完整地表達出來，這樣彼此的關係就會很親密，同時，自己的情緒也能得到紓解。例如，同樣是因為忙而耽誤了長官交辦的工作，她們會說：天早上我接到了好幾個部門的電話，把我忙慘了。正當我忙得不可開交的時候，長官又打電話讓我準備一份材料。我千辛萬苦終於把上司要的材料準備好了，結果我去另外一個部門交資料的時候，發現把長官交代的資料給落下了，真是把我急死了。我不得不回去找，害得我沒能按時完成長官交代的任務，長官把我說了一頓，我鬱悶得很，唉，不知道該怎麼辦呢。」

女性在談話中重視表達情緒的一個顯著特徵，是她們在生活中經常與他人進行比較。比如，女性常常會抱怨她們的男朋友或者丈夫：「你到底是喜歡遊戲還是喜歡我？」也常常強迫自己的男朋友或者丈夫回答諸如「我和某某女明星究竟誰更漂亮」這樣的話題。其實，有些東西是無法進行比較的。不同性質、不同關係的東西，因標準不同，若硬拿來比，是沒有意義的。然而，女性在談話中喜歡比較，是因為她們期望交談對象的話語能夠幫助自己減少內心的不安全感和危機感，從而滿足自己的情感需求。

男性與女性談話的差異，常常會導致會話中的衝突。男性常常會覺得女性說話沒有邏輯，沒有重點，不知道對方到底在講什麼；女性則常常抱怨男性沒有認真地傾聽，根本就沒把她的話聽進去，不明白她的感受。例如，下面這段對話就反映了男女兩性的這種會話的差異。

一位女性在一家私人小企業工作了3年，企業很重視她，在企業裡面人際關係也很好。最近參加了一家大企業的面試，結果被錄用了。

女：你看我是留下來好，還是轉到大企業好？

男：隨便你啊！(頭也不抬，接著看電視)

女：在這都三年了，大家都熟了，不想離開。到大企業去又是新手。

男：那就留下來嘛。(頭也不抬，接著看電視)

女：大企業大家都搶著去，大企業有保障，有發展空間。

男：那你就去大企業啊。(隨便回答了句，接著看電視)

女：(哭起來了……)

男：(終於看女的了)要換單位也不用哭啊。

女：我問你意見，你連頭都不抬，眼睛也不看我一下！

男：你到底要我怎麼樣嘛？我有提供意見啊！

女：你隨便哼兩句，那叫意見啊？你根本就不關心我！跟你說話，還不如跟小狗說話；我對小狗講話，它也會汪汪叫兩聲，眼睛還會看著我搖尾巴呢！

男：你一向不是都很有主見嗎？我若真的告訴你意見，你又不一定會同意，說了不也是白說？

女：至少你也要安慰我一下啊……

在這段對話中，當女性表示出她的困擾的時候，男性給出了解決問題的方案。例如，當女性說小公司的好處時，男性就建議她留在小公司；而當女性說大公司的好處的時候，男性就建議她去大公司。因此，在這段會話中，男性認為他實際上提供了意見，幫助解決問題。然而，正如女性自己所說的，她需要的是她的情緒被尊重和理解，需要的是安慰。男女兩性對待困擾有不同的處理方式，男性期望直搗問題的根源來解決問題，而女性往往期望自己的感受能夠獲得支持。再比如，有一對戀人，在旅途中碰巧參觀了一個有游泳池的別墅，然後女生就說：「如果能夠住在那個有游泳池的別墅真舒服啊！」男生可能馬上就會懷疑，自己的女朋友是不是嫌棄我買不起那樣的房子了

啊。其實,女生想表達的僅僅是她覺得那個房子很好而已!這時,作為男生,可以透過說「是啊,我也覺得那個房子真的很好。要是將來我們也能擁有那樣的房子就好了」來呼應女性的情緒。

3. 男性傾向於工具性談話,女性傾向於表意性談話

在大多數的文化中,社會所期待的男性應該具有「男子氣概」,期望他們自信、獨立、果斷、能幹、好強,而女性應該具有「女人味」,期望她們熱情、敏感、感情豐富、友善。為了避免語言上的僵化與誤解,研究者將與解決問題有關的「男子氣概」稱為工具性特質,與社交和情感有關的「女人味」則稱為表意性特質。工具性談話是一種把溝通交流作為解決問題或完成任務的一種途徑的談話模式,而表意性談話是更加強調情感表達和親密關係的建立的談話模式。

由於文化的影響,男性被鼓勵具有更高的工具性特質,而女性被鼓勵具有更高的表意性特質。例如,在兒童時期,男孩和女孩玩不同的遊戲。男孩的遊戲如打仗、籃球等通常都較強調規則、結構和競爭,而女孩的遊戲如跳繩、扮家家酒等則更傾向於強調合作、情感交流。透過榜樣學習和社會化,符合傳統文化期望的男性傾向於高工具性低表意性特質,女性傾向於低工具性高表意性特質。在溝通模式上,則男性傾向於工具性談話,而女性傾向於表意性談話。

男女兩性對工具性談話和表意性談話的不同傾向也會導致很多溝通上的障礙和衝突。例如,有一位女性,她生日那天正好是世界盃的決賽,而她的男朋友是足球迷。這時,她的男朋友提出晚上想去看足球比賽,就不陪她過生日了。於是,她就說:想去,就去看足球比賽好了,如果你真的很想去看的話。的男朋友果然去看足球比賽了,搞得她氣呼呼的,到了半夜把她男朋友臭罵了一頓。為什麼會有這種衝突呢?因為男性傾向於工具性表達,談話的目的是為了傳遞訊息,探討問題的目的是為了尋找更好的解決問題的方式。女朋友不是明明讓我去看足球比賽的嗎?我去看了,那我有什麼錯呢?可是,女性傾向於表意性表達,重要的不是句子的表面訊息,而是句子背後所傳遞的情感和社會關係。女性說的「如果你真的想去的話」這句話的實際含義是:

一定不能去，在我人生當中的重要日子，我需要你來陪我。是由於這種反應傾向的不同，導致女性抱怨男性是白痴動物，而男性則抱怨女性是難纏的動物。

儘管這些研究揭示了男女兩性溝通模式存在大量的差異，然而，我們也需要注意，這些結論也並非適合每個男人和女人。有些女性也表現出高權力語言模式，而有些男性也表現出低權力語言模式。有研究甚至指出，男性和女性在溝通上的差異程度，還比不上男性與男性、女性與女性之間溝通上的個體差異程度。因此，有學者指出，應該用語言的性別來代替生理上的性別。

的確，男女雙方的談話模式中蘊含著不同的價值判斷標準。強調以身份地位解決問題的人，往往認為利用情感是一種欺騙；而強調以情感方式解決問題的人，又通常傾向於認為利用身份地位來解決問題是操縱和控制別人，對對方是不公平的。這種價值判斷上的差異在談話中容易導致衝突。然而，男女兩性的談話特點本身是不存在好壞的，身份地位和表達情緒都能解決問題。例如，家裡的水管壞了，採用貶低對方身份地位的方式可以說：我和你老闆是兄弟，你不給我趕緊來修，我就告訴我的兄弟說，讓你滾蛋！採用抬高對方身份地位的方式則可以說：「水管破了，找不到地方洗澡，生活很不方便，你可不可以幫我修好？」採用情感方式，則可以先和水管工套交情：來我們是老鄉啊！

同樣，工具性和表意性都是有價值的特質。Lef kowitz 和 Zeldow 的研究顯示那些適應能力強、有效率、感覺自己很幸福、心理很健康的人士通常同時具備工具性和表意性兩種特質，那些擁有滿意伴侶的夫妻通常工具性和表意性都很高。因此，我們應該發展出雙性化的特質：既自信又熱情，既敏感又獨立。我們在溝通中需要意識到男女兩性的差異，但是也要認識到，兩者之間的差異並不是男女兩性溝通中不可踰越的障礙。

生活中的心理學

女性比男性話更多嗎

在日常生活中，人們的經驗是女性比男性話多，因此有「長舌婦」的稱謂。很多資料都報導說女人平均每天說 20000 個詞句，而男人每天說 7000 個詞句。然而進一步的調查顯示，這一數據完全來自一本自助圖書和許多的二手資料，並沒有經過系統的研究。心理學家珍妮特·海德對 73 項控制實驗的結果進行了分析，發現女人的確比男人健談，然而，這種差異極其微小，在日常生活中幾乎察覺不到。在一項由 Mehl，Vazire，Ramirez，Esparza，Slatcher 和 Pennebaker 從 1998 年一直持續到 2004 年的研究中，他們採用電子激發記錄器（一種語音數位錄音機）記錄了 210 名女大學生和 198 名男大學生在清醒狀態下的語音。該設備每隔 12.5 分鐘就記錄被試與他人說話的 30 秒語音片段，然後研究人員統計了被試說了多少個詞語。他們的研究結果顯示，女性平均每天講 16215 個詞句，男性平均每天講 15699 個詞句，在統計上兩者之間差異不顯著。因此，此項研究顯示，女性並不比男性話更多。

三、與男女兩性談話的技巧

1. 與男性談話需要注意的問題

與男性談話時，可以優先注意以下幾點。

1.1 注意身份地位，尊重獨立性

男性強調上下位的不平等關係。意識到男性對地位的敏感性有利於獲得更多的訊息，也有利於你更巧妙地參與到男性的談話中。例如，當一位妻子希望自己的丈夫把家裡的垃圾扔掉時，採用命令的語氣「把垃圾扔掉！」會損害男性的地位意識，此時，還不如說「你可以幫我把垃圾扔掉嗎？」。因為幫助他人的行為具有不對等性。通常，幫助別人的人具有較高的社會位階，而被幫助的人往往具有較低的社會位階。因此，採用命令的語氣對男性說話，特別是在男性權力社會中，男性很容易有被冒犯的感覺。同樣，當男性遇到困難而沒有提出需要幫助的情況下，主動為男性提供幫助也較容易被男性理解為輕蔑。

例如，惠芬喜歡上了新來的單身同事趙先生。一次，公司安排惠芬和趙先生一起去做一個專案。惠芬心裡很興奮，熱心地打電話給趙先生說：趙先生，這次公司專案的資料都準備好了嗎？要不要我幫忙，提供一些資料啊？」「不用了，我還應付得來，應該沒問題，謝謝你，真的不用了！」趙先生很客氣地回絕了惠芬的好意。在這個案例中，惠芬主動提出幫助趙先生，這在趙先生看來，自己需要同事的協助，即意味著自己沒有能力完成工作，是對他能力的不信任，因此，他當然要拒絕惠芬的提議，保護自己的自尊，彰顯自己的能力。因此，惠芬的這次約會失敗，就是因為沒有注意到男性的地位意識。如果改變策略，惠芬向趙先生提出：對不起哦，趙先生，為了完成這個專案，我還需要一個很重要的簡報，但是我的資料不太齊全，想請您幫一下忙，不知道您有沒有空？可不可以指導我一下？」這樣，趙先生就會欣然赴約了。這是因為對男性而言，向自己求助，是信任自己能力的表現，表明自己處於較高的位階。

男性強調地位的特點也決定了他們喜歡獨立地解決問題。因為這能夠向別人證明，他有獨立解決問題的能力。除非問題太大，一個人實在是解決不了，否則不會輕易地向別人求助。因此，當男性遇到困難的時候，他們的第一反應往往是「我先獨自解決看看」。有時有的人出於好意，詢問對方：到底怎麼了，需要幫忙嗎？男性往往會回答說：「不需要。」好意提供幫助的人會覺得這個人不通情理，好意幫他，得到的回答卻冷冰冰的。其實，男性關注的焦點在於解決問題，很容易忽略他人的情緒。因此，當男性需要解決問題的時候，讓他安靜地獨自解決問題，反而是對他最大的尊重。

1.2 明確立場，關注事實，將注意力集中於要解決的問題上

適當的、友好的競爭讓大多數男性覺得舒服和自然。男性的語言和行動的含義都相對直接，他們會欣然接受一個直接的請求，而不喜歡試圖去理解某些象徵性的暗示。

女孩：我想吃炒飯。

男孩：那我馬上去做。

女孩：我不要吃你做的炒飯。

男孩：我去外面買。

女孩：外面買回來都涼了。

男孩：那我們一起去外面吃。

女孩：外面冷，我不想出門。

男孩：那你到底要怎樣？

女孩：我要吃炒飯。

經過上面的對話之後，男孩根本無法理解女孩的真實意圖。再比如，戀愛中的男女吵架後，女性有時會說：「你走開；我再也不想見到你了！」有些男生看到對方情緒這麼激烈，會想：她都讓我走開了，情緒這麼激動，我還是走開比較好。如果男方就真的走開了，女方會更生氣。這時，女方還不如明地確說：剛才我很生氣，我想你過來抱抱我。此，明確地講出你的觀點、感覺和需要，將贏得男性更多的尊重和合作的機會。即使是不贊同的觀點，男性也願意知道，因為樹立觀點、劃清界限是維護他們的地位和權力的方式。

當你和男性交流的時候，要關注你所觀察到的事實，尋求對事情的理解和解釋，並控制自己的情緒。例如，有些女性面臨生活中的苦難，需要表達和傾聽時，男性通常會給女性一些建議。女性可能會拒絕男性的建議。其實，男性可能在你訴說你的遭遇的時候，就已經尋找到瞭解決問題的方案，這些方案對女性來說可能是有用的，不要一味地拒絕和忽略。不管男性的建議有沒有用、合不合理，對方能夠提出來，都是表示想幫助女性，是他們表示關懷的一種方式。此時，女性就需要控制自己的情緒，不要因為覺得對方沒有傾聽而向其發火，這會影響男性關心和幫助你的積極性。他們在以後的交往中可能會逃避。他們會覺得：已經給了你解決問題的方案，你不聽，你現在的困境是你自找的。再說，我說了，你又不聽，還不如不要聽、不要說了。

對事情的描述要簡潔明確，避免嘮叨。男性通常覺得嘮叨意味著持續性的否定評價，暗示自己能力不足，什麼事情都做不好，受到指責。這會影響

男性的自尊，妨礙他們在溝通中的積極表現。同時，他們也認為嘮叨瑣碎，沒有重點，不知道要解決什麼問題。可以明確告訴男性你不高興的原因，明確你的要求，但不要一直重複，也可以用行動來代替嘮叨。例如，男朋友總改不了亂放東西、不喜歡打掃衛生的毛病。你就不要幫他收拾，不幫他打掃。等他自己覺得生活不方便了，就知道亂放東西不打掃是個大問題。幾次之後，他就會改正了。

根據男性喜歡解決問題的心理特點，你可以在和他們的交流中表現出「我可以解決」的態度，和他們一起探討解決問題的所有方案，評估每個方案導致的後果，決定怎樣去做，是否適合去做。同樣，當你需要幫助時，你也可以去向男性求助，讓他們給你一些建議和解決問題的方法。

1.3 表達尊重

男性重視身份和地位，因此，在與男性的談話中，可以透過信任對方的能力、欣賞對方的才華、肯定對方的努力來表示對對方的尊重和理解，促進彼此之間的良好關係。

能力與成就是男性評價自己的最重要的指標，而男性在遇到問題之後，往往會進行深入思考，直到確實認為自己需要幫助，才會開口求助，此時他們較容易忽略別人的情緒。如果沒有得到男性的允許，就主動施以援手，你的好心就容易被男性理解為對其自尊的破壞。

欣賞對方的才華，就是要在言語上多讚美對方，多鼓勵對方。例如，老公在工作中做出成績，不要大事化小，要多說：老公，你好厲害啊！你真棒！要是對男性說：就那點能耐啊！你們的關係就容易疏遠。

要對男性在事業和生活中的努力多表示肯定，這樣他們才會更有動力。當男性幫助了你，要多說「謝謝」來傳遞「我知道你很努力，而且我很感激」的含義，滿足男性的情緒需求。當丈夫做了家務，妻子也不要認為是理所當然的事情。如果妻子說「老公辛苦了！上班這麼忙還幫我做家務，我好感動哦！」或者「老公好體貼啊，我好幸福啊！」之類的表示感謝的話，男性會做

更多的家務。如果男性為你做事，你卻認為對方理所應當，男性就沒有動力繼續為你付出時間和精力。

2. 與女性談話的注意事項

與女性談話時，需要優先注意以下幾點。

2.1 建立聯繫，避免對方孤獨、被排斥

女性在談話中重視關係的建立。在日常生活和工作中，你要注意女性同伴和同事是否被孤立，或者和團隊減少了聯繫。例如，丈夫回家可以在打開電視之前先給對方一個擁抱。爭吵的時候說「不要讓這個破壞我們的關係」來告訴對方，她沒有被隔離。雖然獨立工作可能有更高的效率，但是鼓勵女性一起完成工作能夠減少女性同事的孤立感，修復女性與團隊的聯繫。在工作場合向女性透露一些你私人生活的訊息，例如你的興趣、愛好、家庭情況，能夠促進彼此的合作。

可以透過聊天來密切你和女性之間的關係。即使是討論一些無關緊要的事情，完整地回答女性提出的問題，告訴對方你的想法和感受，即使這些想法和感受沒有什麼實際意義，你說的話沒有什麼深刻的見解，也能夠和女性維持一種關係和親密感。

在和女性談話時，不要總是以主導的姿態或者敵對的態度去交流。要在溝通中多詢問與女性有關的事情，例如，詢問「你在哪兒上的小學啊？」今天穿的這件衣服很好看，在哪兒買的啊？ 等女性生活中的點點滴滴，發現你們共同的地方，而不是在溝通中爭勝。例如，這麼巧啊，我也在那個地方讀的小學。啊！我也在那裡買了一件我很喜歡的衣服。

2.2 共情傾聽，關注情緒

女性談話的目的在很多時候僅僅是說出來，她需要的是傾聽。例如，有位女性在工作中遇到了很多問題，憋在心裡很難受，回家就想把它們說出來。如果急著幫對方解決問題，反而容易使事情變得更糟糕。

女：我每天忙死了，好多事情都要限期完成。在這些主管看來，這些事情都只是小事情。可是他們不知道，就是這些小事情，要花很多時間和精力！

男：我早就說讓你換工作啦！

女：那怎麼行。我喜歡我的工作。而且現在工作也不好找。

男：那你就和你主管反映下，明確地說你的工作太多了啊。

女：哎呀，我現在每天忙得團團轉，老闆也不會聽我解釋。家裡廚房漏水，你不是說找人去修的嗎？怎麼還沒解決？最討厭你們這些自以為是的男人了，答應了的事情也不完成。

男：明天我一定找人來修。

女：哎呀，說幫我同學打聽事情的，結果忘記了。

男：那明天再打聽吧。你這麼忙，你同學會理解的。

女(生氣)：你話怎麼這麼多啊，能不能聽我把話說完。

男：我一直在聽，一直在幫你想辦法啊。

女(更生氣)：你走開，從我說話開始你就一直說話，你根本沒好好聽我說話！

此時，你需要做的是保持目光接觸、認真傾聽，用「我知道了」是我，我也會覺得很痛苦。「原來是這樣啊！」「你好可憐啊！」等來回應對方，而不是急著提出自己的解決問題的方案。即使你感覺不可思議，也要認真傾聽。當她開始數落生活中的不愉快，也要有耐心繼續聽下去，不要急著反駁或者為自己辯護。在傾聽時，你可以想像對方所面臨的處境，試著從對方的角度去體會並理解她的情緒。

對女性來說，把她們遇到的問題說出來並不是為了解決她們的問題，而是為了紓解她們的情緒。只有當她們的情緒被理解，她們才會更有效率地處理和解決她們面臨的問題。高質量的傾聽會有助於女性更好地舒緩她們的情

緒，使她們感到被理解、被關心、被支持。女性之間進行談話時，當她們彼此問候「你好嗎？」「最近怎樣？」之類問題的時候，回應的一方常常會說出自己真實的感受，例如：「我最近情緒有點低落。」每天找工作不是很順利。女性看來，分享自己的問題，讓朋友知道自己真正的困擾，不是表示自己軟弱，而是一種分擔問題、收集他人觀點和意見、獲得情感支持的方式。當她們知道對方的困擾之後會更多地考慮對方，而不會減少對對方的關心。

關注女性情緒的一個重要方面是尊重對方的感受，承認對方的感受是真實的。例如，女性被電視劇劇情感動，問你：如果這種情況發生在我們身上，你覺得會怎樣啊？要是回答：怎麼這麼無聊啊，問這麼白痴的問題，那是電視啦！，女性會覺得自己的感受沒有被尊重，從而懷疑彼此之間的關係。此時，還不如把對方話語背後的情緒或內容表現出來。例如，你可以說「那個女主角真幸福啊，有這樣一個真心愛她的人！」「或者來你很羨慕她，是不是啊？」可以透過觀察對方說話的語氣，或者直接詢問對方「你感覺怎樣？」「你對我們的生活有什麼建議？」來瞭解女性的情緒和需求。

2.3 時常表示關懷，保障安全感

對女性而言，情感的需求中很重要的一項是時常被關懷和關心。這種關懷和關心表現在很多方面，包括情緒被關注、生活上的關心和照料等。普通的一句問候，一道關愛的眼神，一個小小的關懷舉動，都能夠使對方感受到親密。例如，幫對方倒一杯水、開一下窗、天氣變化的時候詢問下對方是否不適，都能增進彼此的關係。和女性交往要「勿以善小而不為」。

對女性的某些行為和想法表示肯定，能讓女性覺得自己被支持、被關注。而女性覺得自己被支持，被關注，也就更容易感到自己被關心。因此，當女性做出令你欣賞的事情時，你一定要大聲說出來。與男性相比，女性更傾向於認為稱讚是令人滿意的支持和關注。

和女性交往時，要注意保障對方的安全感。女性沒有安全感，會伴隨很多負面的情緒和行為，例如，可能會變得多疑、擔憂、緊張等，影響彼此之間的溝通質量。要保障女性的安全感，不忽略對方是一個很重要的方面。例如，有時候因為工作，你不得不放棄和女性朋友約好的旅行機會，你直接說

「因為工作，實在沒辦法」，女性可能會覺得其實一點也不關心我，覺得我沒有工作重要。換一種說法：很期待我們計劃的一起旅行，為了保證我們的計劃能順利進行，我也想了很多辦法，結果卻去不成了，我很鬱悶啊！把自己遺憾的心情傳遞給對方，會讓對方覺得你還是在乎她，在你心目中她還是很重要的，值得同情的反而是你。在戀愛和婚姻中，多次對女性說「我愛你」，也是不斷給予女性安全感的行為，讓對方對你的忠誠放心。

複習鞏固

1. 男女兩性溝通模式的差異體現在哪些方面？
2. 與男性對話，需要注意哪些方面？
3. 與女性對話，需要注意哪些方面？

第二節 溝通中的文化差異

　　不同民族的人能夠彼此尊重，進行有效溝通，是社會和諧與穩定發展的重要基礎。經濟全球化的趨勢下，不同國家、不同種族之間的交流也越來越頻繁。不同文化間的交流帶來文化的融合，但也帶來很多新的矛盾與衝突。不同文化間可能因為語言、價值觀和溝通風格的不同，導致溝通中出現差異。在跨文化溝通中，由於溝通雙方來自不同文化背景，所以對語言和文化的詮釋就會千差萬別。在跨文化溝通場景中，當不同文化群體成員按各自文化的行為標準來進行接觸，將極易導致各種各樣的文化衝突。每種文化都有其獨特性，都是在不同的社會環境中長期積累形成的，這種獨特性是導致跨文化衝突的最主要因素。認識、理解、認同文化的獨特性及每種文化的行為取向標準是跨文化溝通成功進行的基本前提。

一、文化與跨文化溝通

　　「文化」一詞在西方源於拉丁語 Cultura(cultus)，英語是 culture。該詞的本意為土地耕耘和作物栽培，含有經過人類勞動加工，區別與駕馭大自

然的意思。後來該詞逐步引申為特指人類的心靈、智慧和情操的培養教育，後又泛指一切知識和整個人類社會生活的內容。

著名人類學者泰勒在1871年發表的《文化的起源》一書中這樣定義文化：「文化或者文明就是作為社會成員的人所獲得的，包括知識、信念、藝術、道德法則、法律、風俗以及其他能力和習慣的複雜整體。」

人類學家愛德華·霍爾透過一系列著作對文化進行了更深入的研究。他將文化定義為溝通的一種形式，文化受潛在規則的約束，而且文化中既包括言語，也包括行動。他將文化定義為「人類行為中尚未探測過的巨大區域，它存在於人們知覺認識的範圍之外」。Lustig Koester 認為「文化不是生來有之，而是透過與他人的交往學習而習得的，交際是人們在一定語境下創造共享意義的符號轉換的釋義過程，當重大文化差異對如何滿意地交流帶來不同的闡釋和期待的時候，便會產生跨文化交際」。

1982 年在墨西哥城舉行的第二屆世界文化政策大會上，聯合國教科文組織給文化下的定義是：文化在今天應該被視為一個社會和社會集團的精神和物質、知識和情感的所有與眾不同顯著特色的集合體，除了藝術和文學，它還包括生活方式、人權、價值體系、傳統以及信仰。

目前廣為學者所接受的定義是：文化有廣義和狹義之分，廣義的文化是指人類社會發展過程中創造出來的所有物質財富和精神財富的總和，即人類勞動創造的財富的總和。狹義的文化是指包括語言、文字、藝術及一切意識形態在內的精神產品。文化具有抽象性、複雜性和廣義性的特點。

跨文化 (Intercultural) 又稱為交叉文化 (Cross-culture)，是指具有不同文化背景的群體之間的交互作用。跨文化溝通 (Intercultural Communication) 也叫跨文化交際，是指在一種文化中編碼的訊息，包括語言、手勢和表情等，在某一特定文化單元中有特定的含義，傳遞到另一文化單元中，要經過解釋和破譯，才能被對方接受、感知和理解。從心理學的角度講，跨文化溝通就是在跨文化交流過程中，雙方傳遞和共享意義、訊息、感情的過程。跨文化溝通與一般溝通不同，其關鍵就在於溝通雙方的文化背景不同。不同的文化背景所擁有的價值觀、溝通風格等帶有文化印記的內容

有差異，導致了溝通的方式、過程和結果不一致。因此，跨文化溝通中可能經常出現誤會、敵意等一系列問題。這些問題給很多初次到國外旅遊、留學、訪問的人造成很多不適應，例如，因語言不通無法到達目的地，因生活習慣不同產生誤會等。當然，即使雙方可以使用同一種語言進行溝通，但是如果雙方來自不同的文化背景並且對對方的文化不是很瞭解，誤會等問題依然無法避免。

不同文化間的交流需求和人類的歷史一樣久遠，然而，四五十年前人們才真正開始對文化交流進行理論研究，發展出跨文化交際學。跨文化交際學作為一門獨立的邊緣學科，其誕生有三個代表。一是 1959 年美國人類學家愛德華·霍爾的 The Silent Language 的出版；二是 1970 年國際傳播學會正式成立了跨文化交際學分會；三是 1974 年《國際與跨文化交際學年刊》創刊。在 The Silent Language 中霍爾首次使用了「跨文化交際」這一術語，並被視為跨文化交際學科之父。

跨文化溝通在經濟快速發展的今天，除了對人們的日常生活產生影響外，它帶來的巨大經濟效益引起了更多的關注。幾乎每一個跨國企業的發展都無法逃避跨文化溝通問題。

二、跨文化溝通的經典理論

跨文化溝通理論中影響最大的是吉爾特·霍夫斯塔德的文化分類系統，該理論對不同文化的行為標準做出了系統分析，並對跨文化的價值觀進行了比較。

荷蘭學者霍夫斯塔德是著名的組織人類學和國際管理學專家，早在 1966 年，他就開始在 IBM 公司中進行跨文化溝通的研究，對 IBM 公司員工做跨文化的價值觀分析。他領導的團隊進行了 2 次大樣本的調查。一次是從 1967 年到 1969 年，一次是從 1971 年到 1973 年。他採用的調查問卷是對文化進行綜合性調查，共有 150 多道題，其中 60 道題涉及員工的基本價值觀和信念問題。問卷還包括員工收入、工作安全感、挑戰性、自由、合作等工作特性，

另外還涉及管理風格等問題。最後，這個團隊收集了來自 72 個國家和地區、使用 20 種不同語言的 1160000 份調查問卷。

吉爾特 ·霍夫斯塔德

霍夫斯塔德在調查數據的基礎上，研究分析了在同一個大規模的跨國公司內部，來自不同文化背景下的員工所表現出來的不同的行為方式，重點討論社會文化因素對主管與下屬之間權利分配及其關係的影響。研究的目的是為了建立一個理論來描述國家間的文化差異，總結不同國家和民族文化中的差別。霍夫斯塔德認為，不同的群體，不同的國家或地區的人們，共有的心理程序之所以會有差別，是因為他們從小接受不同的教育，有著不同的生活和工作，從而就有了不同的思維方式。他從四個維度分析了不同文化中人們的價值觀差異。

1. 權力距離

權力距離通常是指某種文化中社會和組織對權力的分配，以及權力較小者對權力分配不平等的接受程度。權力距離是民族文化差異的最典型特徵，不同文化對權力距離的強調程度是不一樣的。對權力距離越強調的文化，權力的影響越明顯，社會等級的差異也越鮮明，人與人之間越不平等，帶有權力意義的符號和行為也會更多，不太容忍社會地位上遷的可能性，例如對開會時的座次、稱呼的用語等有明確的限制。日本、菲律賓、印度、墨西哥等

屬於這種強調權力距離的文化。在日本，社會組織較看重地位，上級與下級的稱呼之間都能明顯地體現等級差異。對權力距離強調低的文化，不太強調地位的差異，人與人之間更平等和一致，價值觀念多半是民主、平等的。奧地利、瑞典、美國、以色列等屬於這種文化。例如，瑞典是屬於權力距離比較小的國家，上下級之間關係比較平等和融洽。員工之間願意學習和交流，不斷實現自我價值。

2. 個人主義和集體主義

個人主義重視自身的價值和需要，強調個人的成就、自主性、獨立性，依靠個人努力來實現自身的利益。集體主義通常是指以緊密的社會框架為特徵，個體是群體中的一員，強調團體的成就、相互之間的依賴和人際關係，透過集體的成功來獲得個人價值的實現。個人主義文化中的個體把個人放在首位，對與自我有關的訊息更加關注，相對而言個體間的人際關係較鬆散。集體主義文化中的個體更多地表現出對他人關注的傾向，比較容易維持親密的自然親屬關係，更強調家庭的重要性和對家庭成員的責任感。

美國、英國等屬於典型的個人主義文化的國家，在社會文化中表現為更推崇個人英雄主義。中國、日本、墨西哥等屬於集體主義文化，表現為更推崇集體的力量。

3. 男性價值和女性價值

男性價值和女性價值主要涉及在社會文化中居於主導的價值標準是傳統的男性價值觀（如強調物質、權力、地位和影響），還是女性價值觀（即強調人際關係的和諧、個人慾望的滿足和幸福，人們崇尚關係與合作、友好氛圍和職業安全）。強調男性價值感的社會，人們會更關注生活中物質資源的多少，如薪水的高低、住房的大小等，通常性別分化比較明顯，男性通常擁有更多的社會資源、更高的權力地位，女性的生活通常受到男性的支配和控制。日本、德國、墨西哥等國家屬於男性價值文化。女性價值為主的社會，人們會更關注生活的幸福程度，如我是否能從工作中得到愉悅、居住的地方是否使我感到舒適等，通常強調男女之間的平等，反對性別歧視。瑞典、挪威、芬蘭等國家屬於這種文化。

4. 不確定性規避

不確定性規避是指一個社會感受到的不明確、模糊狀態的威脅程度，以及在多大程度上會採取一些措施來避免這些不確定性，即某種文化是否傾向於迴避不確定性事物。不確定性規避低的文化，更能容忍未來的模糊性和變化性，歡迎對現狀提出挑戰。人們對新環境有更好的適應性，更容易接納他人的不同意見，待人較寬容，不喜歡受諸多規則的限制。不確定性規避高的文化，會希望對一切行為都制定具體的規定，知道會有哪些問題以及如何解決這些問題。人們傾向於在熟悉的環境中生活，並為了避免失敗而不樂於承擔風險，更傾向於迴避反對的意見，更喜歡讓人感覺安全和避免模糊的社會規則。比較能容忍不確定性的國家有英國、印度、美國、丹麥、瑞典等，比較不能容忍不確定性的國家有日本、韓國、希臘、葡萄牙、法國等。

隨著經濟全球化進程的加快和訊息技術的推廣，跨文化溝通越來越頻繁，所以關於跨文化溝通的研究目前仍然是研究的熱點問題。

三、跨文化溝通的障礙

有很多因素導致跨文化溝通不順暢，包括語言因素、溝通風格、非語言因素、民族中心主義、思維模式等。

1. 語言障礙

語言普遍論的核心觀點是世界上存在著適用於所有文化的語言規則，支持的證據包括人類語言器官的解剖特徵和神經體系都具有普遍性，語言的發展過程具有普遍性，語言的規則具有普遍性。

語言的普遍性使不同語言的溝通存在可能性，但語言是文化的載體，不同的語言帶有不同的文化烙印，有不同的文化內涵。在跨文化溝通中，語言的多樣性與複雜性是造成溝通障礙的主要原因。溝通中的語言障礙常常表現在語義和語用兩個方面。語義方面的障礙主要是由於溝通雙方沒有掌握對方的語言，溝透過程是透過翻譯進行的，而翻譯有可能導致意義的流失或誤解。例如，中國一家名叫「白象」的電池生產企業在進軍國際市場時，把品牌名直接翻譯為「white elephant」，導致該產品在市場上出現滯銷。原因是

英語中「white elephant」表示的是「無用」，翻譯上的錯誤引起誤會，導致溝通無法進行。

　　語用方面的障礙表現為語用遷移，即用本文化的語言規則去套用另外一種文化中的語言。語言使用規則因文化不同而不同，某一文化的標準規範只適用於該文化，需要按其特定的條件加以解釋。溝通失敗有時就是因為人們缺乏對語言差異的敏感性，無意識地進行了語用遷移。一個典型的例子是2002年2月7日《北京青年報》刊登的一則報導，標題是《中國貨在俄羅斯》。文章講述的是中國某生產洋芋片的企業在跨國推廣自己的商品時，因文化之間的差異導致失敗的案例。該洋芋片在美國被稱為「YAMI而在中國則叫做「卡卡」。有一家俄羅斯公司決定購買這種產品，並提供了俄文標準譯名，譯名就是在美國使用的「YAMI並強調按這一譯名製作包裝，簽訂了合約。一個月後，幾千箱洋芋片用火車運到了俄羅斯，當在場的中俄雙方人員打開車廂門，看到外包裝紙箱上醒目地印著「KAKA」四個字母時，皆目瞪口呆。因為在俄文中「KAKA」表示的是大便的意思。後來這一則新聞被報導出來，當地的報紙和電視臺都發表了對此事的評論，甚至連俄羅斯全國性主要報紙《共青團真理報》也發佈了新聞，報導說：「中國一家企業把大便作為食品向俄羅斯出口。發布之後，俄方有關人員與該企業進行交涉，質問該公司為什麼沒有按俄方提供的譯名來製作，而是擅自更改譯名。該企業解釋道，他們專門請了某大學的一位教授對產品的俄文說明書和譯名進行核定。該教授認為，「YAMI詞不具有形象性，而「KAKA」卻極具形象色彩，作為一個像聲詞，會使人聯想起吃洋芋片時發出的那種清脆聲響，更利於商品的推廣，於是這位教授建議該公司把「YAMI」換成了「KAKA」。該案例表明，在跨文化溝通中，不恰當的語用遷移會對溝通產生很大障礙。

　　2. 溝通風格的差異

　　所謂溝通風格，就是人們在溝透過程中將自己表達給對方的一貫的方式，包括自己喜歡談論的話題，最喜歡的交往方式，如禮儀、應答方式、辯論、自我表白及溝透過程中希望達到的深度等。它還包括訊息的意義是透過語言和內容來進行傳遞，還是透過手勢、語調、語速等情境因素來表達。

不同的文化有不同的溝通風格，溝通風格的差異往往會影響溝通的方式和效果。例如，有的文化強調直截了當的溝通，有的文化強調含蓄、委婉的表達；有的文化傾向於以自己的體驗來開展談話，有的文化喜歡以他人的經歷來作為談話的基礎。

2.1 高情境與低情境

著名的社會學家愛德華·霍爾在 1976 年提出了高情境溝通文化與低情境溝通文化的概念，根據溝透過程中對情境的依賴性來區分這兩種不同的溝通風格。霍爾創造了「高情境」和「低情境」這兩個術語，用以描述某種文化的共同模式和偏好。高情境文化是指溝通的訊息主要是透過表達的方式、手勢、語調等情境因素來傳遞，語言傳遞的訊息只是很小的一部分。低情境文化中的訊息主要透過直接而明確的語言來傳遞，對情境因素的依賴少。高情境、低情境只是溝通風格的傾向性不同，這兩種情境存在於一切文化中，其中一種佔主導。

高情境文化和低情境文化導致溝通出現問題的一個典型例子是日本和美國的貿易談判。美國談判者的溝通方式屬於低情境的溝通方式，日本談判者的溝通方式屬於高情境的溝通方式。在談判中，美國談判者會直截了當地提出自己的要求，關注談判的成功。而日本談判者則主要使用非語言的談判方式，重視雙方之間關係的建立。在推銷商品時，美國談判者往往不等日本買主做出反應，就提出新的提案，因為日本貿易談判代表的點頭和沉默，常常讓美國談判者無法理解。他們發現，無論日本談判者同不同意新的報價都會不斷點頭，而且他們不明白日本談判者表示出的沉默是代表不同意還是在思考，所以往往最終以妥協告終。其實，日本人的點頭只是一種禮貌性的反應，不代表同意，他們透過點頭的行為鼓勵美國談判者提出新的報價。

2.2 直接與間接

不同文化在溝通風格上的另一個顯著差異就是直接和間接。直接的溝通風格一般是用清晰的語言明確地傳遞訊息，並且傾向於重要訊息重點講或先講。間接的溝通風格是用含糊、含蓄的語言傳遞訊息，傾向於透過微妙方式暗示關鍵訊息。例如，向朋友借錢這件事上，美國人會馬上切入主題，用

清晰的語言表述自己的目的，他們會說：「John，I want to borrow 200 dollars」。而華人往往會先做一番鋪陳，營造一種「含而不露」的氛圍，讓對方自己意會，他們會這樣表述：「薪資還有一段時間才能發，但是一大家子都還在等著我養活，你看⋯⋯」真正要表達的內容隱含在語言營造出的氛圍內，沒有直接表述出來。美國人講求實效，他們通常會避免過長的問候語和告別語，離題太遠或是花大量的篇幅來描述事情的來龍去脈，都會讓美國人覺得不耐煩。而華人認為把問題直接提出來，會讓對方覺得尷尬，是一種不禮貌的表現。

3. 非語言溝通障礙

非語言溝通是指透過人的手勢、各種姿勢（身勢）、臉部表情等「無聲言語」傳遞訊息的過程，或是透過使用不屬於語言範疇的方法和手段來傳遞消息的過程。非語言溝通不僅包括手勢、臉部表情、人們對時間和空間的看法，還包括交際時的音高、語調等，甚至還包括交際參與者的穿戴和交際發生時的環境。在跨文化溝通中，溝通的手段不僅僅是語言，還有很多非語言的溝通方式。David Abercrombie 指出：們用發音器官說話，但其實是我們整個身體在交談。」心理學家 Mehrabian 也提出：話中的 93% 的意義是透過非語言形式傳遞的。此可見，非語言溝通方式在人際互動中是很重要的。

不同文化背景的國家對非語言溝通方式的使用偏好不同。在高情境文化的國家，溝通雙方非常重視非語言溝通，語言只傳遞了很小的一部分訊息，其餘部分依靠聽眾自身的理解來補充。而低情境文化的國家，人們較多使用直接性的溝通方式，運用清晰、準確的語言來傳遞訊息。

非語言行為能傳遞大量的訊息，它既是社會關係的反映，又是行動及感情的暗示。很多非語言行為在不同的文化中有共同之處，例如微笑和伸出手都表示歡迎；皺眉頭表示不滿或厭惡；揮手表示再見等。但是，也有很多非語言行為在不同的文化中傳達的是不一樣的意義，例如掌心向下、手指連續彎曲的手勢，在中國文化中表達的是招呼對方靠近，而在美國文化中則表示呼喚小動物過來；「OK」手勢在美國文化中表示「很好」、「同意」的意思，而在法國文化中則代表「零」或「毫無價值」，在日本文化中表示「錢」，

在泰國意味著「沒問題」。可以看出,當非語言行為的意義不一致時,交流很難實現。

4. 民族中心主義

民族自我中心主義在跨文化交際領域又可稱為民族／群體中心主義。它是由兩個希臘詞根 ethos(民族) 和 ketron(中心) 組成,指以某人所處的文化為評判其他文化的價值標準,即用本族文化的觀點和標準去理解和衡量不同文化成員的行為,或者指個人認為本民族文化優於其他文化。威廉‧格雷厄姆‧薩姆納 1840 年曾對這一概念進行比較詳細的解釋。他認為民族中心主義是指某個民族把自己當作世界的中心,把本民族的文化當作對待其他民族文化的參照系,以本民族的文化標準來衡量其他民族的行為,並把本民族文化與其他文化隔離開來。民族中心主義產生於民族情感,這種情感有積極性和創造,它能使整個民族更加團結,資源上更加集中。但是當民族情感過度,就會產生民族中心主義。民族中心主義導致溝通雙方缺乏跨文化意識,缺乏對文化差異的敏感性,一味地以本民族文化的模式看待其他文化,從而造成誤會,使溝通無法繼續。

5. 思維模式差異

思維從廣義上來講是人腦對客觀現實概括的和間接的反映,它反映的是事物的本質和事物間規律性的聯繫。

西方人的思維是直線式的,注重抽象邏輯思維,擅長運用抽象的概念表達具體的事物;東方人的思維是曲線式的,習慣用形象的事物表達抽象的概念。英語中常用概括的詞來表達理性概念,給人以「虛」「泛」之感;漢語習慣用具體形象的詞來表達虛的概念,如「草木皆兵」,給人以「實」「明」的感覺。

思維模式的差異還表現在用整體性、系統性的表達還是使用具體的、個性的表達。在很多事件的報導中總喜歡以「全體國民」、「全體師生」、「全體部門」開頭,營造一種團體的氛圍和聲勢,體現整個群體的團結一致。西方人喜歡從個人的角度出發,採用個案來傳遞他要表達的意思和訊息。

拓展閱讀

整體式思維與分析式思維

著名跨文化心理學專家 Nisbett 和彭凱平教授等人指出，以中國人為代表的東方人的思維方式是整體式的，而以美國人為代表的西方人的思維方式是分析式的。

所謂整體式思維，是把背景或領域作為一個整體，包括注重客體與背景之間的關係，更偏重於把事件放在事物的關係中進行解釋和預測。整體取向依賴於以經驗為基礎的知識，而不是抽象的邏輯和辯證性思考。它強調的是變化、矛盾的識別，多重觀點的需要，以及在對立的觀點中尋找折中。中國是一個比較強調整體式思維的國家，在它文化的各個方面都有所體現，例如儒家的中庸思想、中醫的全面調理思想。

所謂分析式思維，是把客體從它所處的背景中分離出來，聚焦於對客體進行分解和分析；傾向於根據規則對客體的行為進行解釋和預測；傾向於在內容脫離語境的結構中進行推理，使用形式邏輯，避免矛盾。美國是一個強調分析式思維的國家，注重對具體和個別的分析。

複習鞏固

1. 不同文化的人的價值觀差異體現在哪些方面？

2. 哪些因素容易導致跨文化溝通的障礙？

本章小結

性別會影響溝通。性別主要包括生理性別、性別角色和性取向。溝通中的性別差異主要表現在男性比女性更多採用高權力語言形態；在談話中男性傾向於強調身份地位，女性強調親密和對等的關係；男性強調解決問題，女性強調表達情緒；男性更多地使用工具性表達，女性更多地使用表意性表達。

採用符合男女兩性溝通特點的談話方式進行溝通更容易促進關係，提高溝通的質量。例如，和男性談話時，要注意維護他們的身份地位，尊重他們

的獨立性；話語要簡潔明確，關注事實，將注意力集中於要解決的問題上；表達出對對方的尊重。和女性談話則需要避免排斥對方，不要讓女性感受到孤獨；要認真傾聽，理解其談話背後蘊含的情緒和需要；要時刻表現出對女性的關心和關懷，保障其心理上的安全感。

隨著社會開放程度的加深，跨文化溝通變得越來越頻繁，文化對溝通的影響也日益顯現出來。霍夫斯塔德的研究顯示，不同文化中體現出的權力距離大小、個人主義和集體主義價值觀、男性價值和女性價值、不確定規避會深刻地影響溝通。語言、溝通風格、非語言行為、民族中心主義和思維模式的差異則會導致跨文化溝通的障礙，需要在跨文化交流中加以注意。

本章關鍵詞語

性別與溝通 男女兩性溝通模式 工具性談話 表意性談話 文化 跨文化溝通

跨文化溝通障礙

章後練習

1. 以下哪個術語不屬於性取向（ ）

A. 同性戀 B. 異性戀 C. 雙性戀 D. 變性戀

2. 下面男女兩性溝通差異的描述中，正確的是（ ）

A. 男性和女性每天說話的詞句數量是差不多的

B. 女性比男性更多地表露自己的情感

C. 女性比男性問更多的問題

D. 以上都是

3. 下面屬於表意性交談的例子是（ ）

A.「你最好明天就去找主任把事情辦完。」

B.「我很感激你。感謝你在我最困難的時候幫助我。」

C.「你都和她分手了，再糾纏下去有什麼意義呢？」

D.「如果我是你的話，我會選擇不去參加那個會議。」

4. 那些擁有滿意、幸福伴侶的夫妻通常（ ）

A. 工具性特徵高，表意性特徵低

B. 工具性特徵低,表意性特徵高

C. 工具性特徵高,表意性特徵高

D. 工具性特徵低,表意性特徵低

5. 太太回家就對老公說:「今天逛超市,碰到張太太,她開口就講我胖了很多,氣死我了。」丈夫哪種回應方式較為妥當( )

A. 沉默不語

B.「哎呀,人家隨口一句,你也氣成這樣啊!」

C.「就是啊,我也被人說胖,張太太怎麼能隨便說人呢,真是太過分了!」

D.「看來你要減肥了。」

6. 丈夫下班回家,妻子見其臉色不好,哪種回應方式較為妥當( )

A.「如果你想和我說話,我隨時奉陪。」然後沉默不語,做自己的事情。

B.「怎麼了,你還好吧?」

C.「今天發生什麼事了,你說給我聽聽。」

D.「你到底怎麼啦?跟我說說話。」

7. 在高( )文化中的人們相信特定的個人和群體比別人擁有更高的權利。

A. 權力距離 B. 情境語境 C. 女性價值 D. 表意性特徵

8. 尋找第一名反映的是( )的文化觀點。

A. 集體主義 B. 個人主義 C. 男性價值 D. 女性價值

9. 高度女性化的文化比高度男性化的文化更看中( )

A. 成就 B. 社會地位 C. 金錢 D. 撫育後代

10. 從小被教育沒有任何人有特權的文化屬於( )

A. 高權力距離文化 B. 低表意性文化 C. 低權力距離文化 D. 高語境文化

第七章 溝通中的情緒

情緒是日常生活中常見的心理現象,在人類生活中扮演重要角色。情緒能夠不同程度地影響溝通。動不動就生氣會使溝通不暢,破壞你和他人的關係,而穩重和富有安全感的溝通有助於預防或解決問題。在本章中,你將會學習到:

(1) 情緒與溝通,主要包括情緒的界定,情緒如何影響溝通;

(2) 情緒表達,學習如何在溝通中恰當地表達自己的情緒;

(3) 情緒管理,瞭解如何在溝通中管理自己的情緒。

第一節 情緒與溝通

在現實生活中,人們有時會感到高興和喜悅,有時會感到悲傷和憂慮,有時會感到氣憤和憎惡,有時會感到愛慕和欽佩,有時會感到孤獨和恐懼等等。這些都是人的情緒過程。

一、情緒的性質與特點

1. 情緒的概念

情緒是極其複雜的心理現象,它有著獨特的心理過程。「情緒」出自拉丁文的「emotum」,是指古時候人們看到樹上有蜂窩,用樹枝去捅蜂窩,蜜蜂一下傾巢而出的情景。德國萊比錫大學心理學系教授馮特博士是世界上第一位用科學實驗來研究情緒的專家,他瞭解情緒的特性之後,發現用「emotum」傾巢而出的原意來形容情緒再恰當不過了,就引用「emotum」來指代情緒這個詞。這也是英語中「emotion」一詞的由來。

情緒是人對客觀事物的態度體驗及其相應的行為反應。情緒同認識活動一樣,也是人腦對客觀現實的反映。情緒反映的是一種主客體關係,是作為主體的人的需要和客觀事物之間的關係。情緒以主觀態度體驗的方式來反映客觀對象,並伴隨有身體的行為表現和生理變化。需要是情緒產生的重要基

礎。按照需要是否獲得滿足，情緒具有肯定和否定的性質。凡能滿足已有需要或促進已有需要得到滿足的事物，便能引起肯定情緒；凡不能滿足已有需要或阻礙已有需要得到滿足的事物，便會引起否定情緒。

2. 情緒的分類

心理學家認為情緒本身是非常複雜的，因此要對情緒進行準確的分類就顯得尤為困難。古代有喜、怒、憂、思、悲、恐、驚的七情說。美國心理學家普拉切克提出了八種基本情緒：悲痛、恐懼、驚奇、接受、狂喜、狂怒、警惕、憎恨。還有的心理學家提出了九種類別。許多研究者對此進行了長期的探索，其中有兩種分類方法頗具代表性。

2.1 依據情緒的性質分類

依據情緒的性質，情緒分為快樂、憤怒、悲哀、恐懼四種基本情緒，在以上四種基本情緒之上，可以演生出眾多的複雜情緒，如厭惡、羞恥、悔恨、嫉妒、喜歡、同情等。

2.1 快樂

快樂是目的實現後，繼之而來的緊張解除時的情緒體驗。由於需要得到滿足，願望得以實現，心理的急迫感和緊張感解除，快樂隨之而生。它是具有正性享樂色調的情緒，使人產生超越感、自由感和接納感。快樂有強度的差異，從滿意、愉快到大喜、狂喜，這種差異和所追求的目的對自身的意義以及實現的難易程度有關。

2.1.2 憤怒

憤怒是由於受到干擾而不能達到目標時所產生的情緒體驗。憤怒時緊張感增加，有時不能自我控制，甚至出現攻擊行為。憤怒也有程度上的區別，一般的願望無法實現時，只會感到不快或生氣，但當遇到不合理的阻礙或惡意的破壞時，憤怒會急劇爆發。具體來說，憤怒的程度依次是：不滿、生氣、慍怒、憤、激憤、大怒、暴怒。

2.1.3 悲哀

悲哀與失去所盼望、所追求的東西或目的有關，是在失去心愛的對象或願望破滅、理想不能實現時所產生的體驗。悲哀情緒體驗的程度取決於對象、願望、理想的重要性與價值。悲哀的程度依次是：遺憾、失望、難過、悲傷、哀痛。悲哀所帶來的緊張的釋放會產生哭泣。當然，悲哀不總是消極的，它有時能夠轉化為前進的動力。

2.1.4 恐懼

恐懼是一種有機體企圖擺脫、逃避某種情景而又無能為力的情緒體驗。恐懼是因為周圍有不可預料、不確定的因素而導致的無所適從的心理或生理的一種強烈反應，是人與動物才有的一種特有現象。恐懼往往是由於缺乏處理、擺脫可怕情景的力量和能力而造成的。

2.2 依據情緒狀態分類

依據情緒狀態，情緒可分為心境、激情與應激。

2.2.1 心境

心境是一種微弱、瀰散和持久的情緒。心境的好壞，常常是由某個具體而直接的原因造成的，它所帶來的愉快或不愉快會保持一段較長的時間，並且把這種情緒帶入工作、學習和生活中，影響人的感知、思維和記憶。愉快的心境讓人精神抖擻，感知敏銳，思維活躍，待人寬容；而不愉快的心境讓人萎靡不振，感知和思維麻木，多疑，看到的、聽到的全都是不如意、不順心的事物。

2.2.2 激情

激情是一種猛烈、迅急和短暫的情緒。激情是由某個事件或原因引起的當場發作，情緒表現猛烈，但持續的時間不長，並且牽涉的面不廣。激情透過激烈的言語爆發出來，是一種心理能量的宣泄，從較長的時間來看，對人的身心健康的平衡有益，但過激的情緒也會使當時的失衡產生潛在的危險。特別是當激情表現為驚恐、狂怒而又爆發不出來的時候，容易出現全身發抖、手腳冰涼、小便失禁、渾身癱軟等症狀。

2.2.3 應激

應激是出乎意料的緊張所引起的情緒狀態。在突如其來的或十分危險的條件下，必須迅速地、幾乎沒有選擇餘地地做出決定的時刻，容易出現應激狀態。當人面臨危險或突發事件時，身心會處於高度緊張狀態，引發一系列生理反應。在應激狀態下，人可能有兩種表現：一種是目瞪口呆，手足無措，陷入一片混亂之中；一種是頭腦清醒，急中生智，動作準確，行動有力，及時擺脫困境。對付應激狀態是可以訓練的，但應激的狀態不能維持過久，因為這樣很消耗人的體力和心理能量。若長時間處於應激狀態，可能導致適應性疾病的發生。

3. 情緒的過程

美國心理學家伊扎德認為，情緒包括生理層面上的生理喚醒、認知層面上的主觀體驗、表達層面上的外部行為。當情緒產生時，這三種層面共同活動，構成一個完整的情緒體驗過程。情緒與有機體的需要聯繫緊密，它是以需要為中介的一種反映形式。客觀世界的某些刺激並不全都能引發人的情緒，只有與人的需要有直接或間接聯繫的事物，才使人產生情緒。

3.1 生理喚醒

人在產生情緒反應時，常常會伴隨著一定的生理喚醒。生理喚醒是指情緒與情感發生時的生理反應，它涉及一系列生理活動過程，如神經系統、循環系統、內分泌系統等活動。20世紀80年代，艾克曼等研究人員讓被測試者用臉部肌肉來表達愉快、發怒、驚奇、恐懼、悲傷或厭惡等情緒，同時給他們一面鏡子，以輔助他們確定自己臉部表情的模式，要求他們把每一種表情保持10秒鐘，並對他們的生理反應情況進行測量。結果表明，各種臉部表情的生理反應存在明顯差異。保持發怒和恐懼的表情時，被測試者心率都會加快。保持發怒的表情時，被測試者的皮膚溫度會上升。保持恐懼的表情時，被測試者的皮膚溫度則會下降。另一些研究發現，許多情緒都使人的心率加快：發怒時，被測試者脖子以下發熱，感覺熱血沸騰；恐懼時，被測試者骨子裡發冷、渾身發涼。

3.2 主觀體驗

主觀體驗是個人對不同情緒狀態的自我感受，喜、怒、哀、懼等每一種情緒都有不同的主觀體驗，都代表了人們對特定事物的不同感受，也構成了每個人情緒的心理內容。當一個人處於某種情緒狀態時，當事人都能體驗到，而且每個人體驗到的情緒內容、性質、強度等都是主觀的。正是由於只有當事人才能真切地體驗到不同情境引起的不同情緒，局外人雖然能夠從當事人的反應（如表情、姿態、行為等）上察言觀色，細心揣摩出其情緒狀態，但不能直接透過具體刺激來推測其情緒。因為外部刺激與情緒反應之間存在著其他中介因素，如感覺、認識、評價等，所以標準化的外部刺激所引起的當事人的情緒反應難以標準化。例如，某企業員工因工作成績突出，意外領到獎金 5000 元，該員工可能會興奮不已，但他身邊與他有競爭關係的同事，也可能因沒有拿到獎金而懊惱。作為人們的主觀體驗，一方面情緒具有不可控制的特點，因此情緒往往「不由自主」地影響人們的心理生活；另一方面，既然情緒是一種主觀體驗，人們就能夠透過自主調節來影響這種體驗，這也為更美好的生活提供了可能。

3.3 外部行為

在情緒產生時，人們還會出現一些外部反應過程，這一過程也是情緒的表達過程。例如，高興時會開懷大笑，激動時會手舞足蹈，悲傷時會痛哭流涕等。伴隨情緒出現的這些相應的身體姿態和臉部表情，就是情緒的外部行為。它經常成為人們判斷和推測情緒的外部指標。由於人類心理的複雜性，有時人們的外部行為會出現與主觀體驗不一致的現象。例如，有的人能做到內心緊張驚慌，但外表卻鎮定自若。

學者 Paul.Ekman 和 W.V.Friesen 走訪世界各地，研究各種文化背景下的人。透過研究國外城偏遠島嶼和與世隔絕的叢林中的人，他們發現人類至少有七種情緒，並且有些外部行為具有跨文化的一致性。例如，人們高興時的臉部動作包括：嘴角翹起，面頰上抬起皺，眼瞼收縮，眼睛尾部會形成「魚尾紋」。傷心時的臉部特徵包括瞇眼，眉毛收緊，嘴角下拉，下巴抬起或收緊。害怕時，人們的嘴巴和眼睛張開，眉毛上揚，鼻孔張大。憤怒時人們通常眉

毛下垂，前額緊皺，眼瞼和嘴唇緊張。厭惡的表情包括嗤鼻，上嘴唇上抬，眉毛下垂，瞇眼。驚訝時，下顎下垂，嘴唇和嘴巴放鬆，眼睛張大，眼瞼和眉毛微抬。而輕蔑的特徵就是嘴角一側抬起。

生理喚醒、主觀體驗和外部行為作為情緒的三個組成部分，只有三者同時活動，同時存在，才能構成一個完整的情緒體驗過程。

二、情緒對溝通的影響

1. 情緒上的感染力能決定溝通的效率與影響的力度

情緒在一定程度上能夠決定溝通的效率和影響力度。在我們的日常生活中，常常有這樣的體驗，當你心情很差的時候，別人給你任何意見你都很難聽進去；當你心情愉快的時候，你則比較容易接納他人的意見。這就是情緒對溝通效率的影響。

很多人在溝通時，一直將重點放在自己的訊息、材料與邏輯上，他們也常常覺得很困惑，自己講得這麼清楚，怎麼對方卻不能理解呢？其實，人是「知、情、意」的統一體。其中，「知」是指認知，在溝通中主要指的是所傳遞的訊息與材料；「情」是指情感、情緒；「意」是指意志，是當方向確定以後，努力地排除困難，付諸行動，直到達到目標為止的決心與毅力。正因為人是「知、情、意」的統一體，在溝通中，完備的材料、訊息、知識固然重要，闡述觀點時的方式、語氣和表情以及雙方在情緒上的感染力對溝通也具有重要的影響。例如，如果說話者所講的內容自己都不相信，說話的語氣比較猶豫、遲疑，或者表現得好像不得不講，就很容易給聽話者產生一種印象，認為他們只是出於禮貌不得不聽，最後，弄得講的人白講，聽的人白聽。為什麼會這樣？因為「連他自己都不信」，不夠真誠、確定的事實，透過情緒感染力，被別人感受到了。

其實，人和人交往是很容易發生情緒感染的。例如，今天你宿舍的室友很高興，你也很容易感受到高興；如果今天和你一起生活的朋友心情很糟，你也容易覺得心情很糟。美國夏威夷大學的心理系教授埃萊妮·哈特菲爾德和她的同事經過研究發現，包括喜怒哀樂在內的所有情緒都可以在極短的時間

內從一個人身上感染給另一個人,而且這種情緒感染的傳遞速度非常快,比較隱蔽,甚至連當事人都不會察覺到這種情緒的蔓延。因為情緒感染的存在,隱含在說話者話語中的情緒訊息會被傳遞出來,從而影響溝通的效率。例如,當一個演講者用熱情、充滿自信的話語進行演講,讓聽演講的人感覺到尊重,感覺到安靜、舒暢,那麼聽演講的人會更傾向於認為演講者的演講特別有說服力。我們在日常生活中也會發現,那些能夠保持冷靜與泰然自若的神態的人,能夠更有效地與他人進行溝通。

2. 強烈情緒對溝通和人際關係有不良影響

溝通不只是訊息的傳播,更是情感的交流。由於人是情感的動物,行為模式容易受到情感的影響,因此在溝通中,也容易受到情緒的影響。有研究發現,在人際溝通中,30% 處理的是內容訊息。如果溝通中情緒問題沒有解決,70% 處理的是情緒訊息,會嚴重影響溝通的效果。例如,教育家阿黛爾・費伯就主張,成人與兒童的溝通中,要優先處理兒童的負面情緒,只有兒童的情緒問題被解決,他們才能理智地解決他們面臨的問題。在我們的日常生活中,也能看到許多強烈情緒特別是強烈負性情緒影響溝通的例子。例如,有些人為一些雞毛蒜皮的小事發生爭吵,場面驚心動魄、火藥味十足;有些人經常信奉「人爭一口氣,佛爭一爐香」,對他人的情緒反應很激烈,尤其是中國人對面子問題有根深蒂固的舊觀念,經常會因為一些所謂的面子問題起爭執,導致鄰里不睦,家庭不和,影響人際關係。過於高興,也容易導致溝通問題。俗話說,樂極生悲,就是過度高興影響溝通的例子。

強烈情緒對溝通和人際關係的不良影響,與情緒本身的特點有關。首先,情緒對溝通的影響具有隱蔽性。人們通常不容易察覺情緒對我們自身想法、觀點和認知的影響,也不容易瞭解情緒對每個個體的溝通模式的影響。例如,你還沒有察覺到你自己的憤怒時,別人可能早就注意到你頸部肌肉已緊張起來,臉部開始漲紅,說話聲音也變了調。其次,情緒具有偽裝性。有的時候我們做出的行為反應,在我們看來是自然而然的,是經過理性思考的,但這種行為反應可能是過去某種情緒經驗的反應,當面臨類似的情境時,我們根據過去的經驗做出反應,卻誤以為我們的反應是理性的、順理成章的。最後,

強烈情緒特別是負面情緒具有破壞性和誇大性。當我們產生負面情緒時，會誘發我們的負面思維，從而誇大自己的不良感受、擴大事件對自己的不良影響，有時甚至會在後續的事實描述中產生顛倒黑白的現象。例如，研究發現，一些在學校常被欺負的兒童，會更容易將他人的行為理解為攻擊行為，從而使他們的人際關係變得更差，變得更容易被欺負。

生活中的心理學

公車狂躁症

我們常常聽到和看到一些發生在公車上的暴力事件，而這些事件往往是乘客因為一些小事就短暫性爆發狂躁情緒引發的，這就是公車狂躁症。公車狂躁症者平時的行為舉止顯得比較有修養，但到了公車這樣一個公共場合卻一反常態。導致公車狂躁症的原因可能是交通擁擠、趕時間等，一旦發生擁擠碰撞等就自然找到一個爆發點，情緒失控。公車是一個公共場合，觀眾效應也是誘發公車狂躁症的一個原因。所謂觀眾效應，指由於他人的存在會使人的心理發生微妙的變化的心理特徵。這種變化有積極和消極兩種趨勢。當發生積極的變化時，即在有人的情況下，會表現得比較好，心理學上稱為社會促進效應。發生消極的變化時，即「人來瘋」類的人，越是人多，行為表現越是怪異，稱為社會干擾效應。與公車狂躁類似的還有公路狂躁症，是汽車司機在公路上表現出的瘋狂超車、超速、瘋狂按喇叭，在極端情況下用車子撞人等行為。公路狂躁症也較普遍，男性與女性的頻率相當，且主要發生在 25 歲以下的司機身上。其實，每個人都有可能在遇到讓自己不舒服、不順心的事情時，由於情緒變壞而與他人發生衝突，關鍵是要學會自我調節，讓自己的心理經常處於平衡狀態，才能避免類似事件發生。

複習鞏固

1. 情緒有哪兩種主要的類型？
2. 據美國心理學家伊扎德的觀點，情緒的過程是怎樣的？
3. 情緒對溝通的影響體現在哪些方面？

第二節 情緒表達

情緒表達對溝通和人際關係有重要的影響。有許多研究認為,良好的情緒表達能有效地促進溝通,增進人際關係。例如,Flioyd 就曾指出,能夠良好表達情緒的人比不能良好表達情緒的人更快樂、更自我肯定,在生活中也不容易感受到壓力,也不容易沮喪。在人際關係方面,能夠良好表達情緒的人比不能良好表達情緒的人較少感受到人際關係的孤立,相反,他們更容易在人際關係中體驗到親密,也比較容易接受別人的感情,有更滿意的朋友關係、家庭關係和戀愛關係。也有研究發現,那些不善於表達情緒的人和那些抑制自己情緒的人,較容易患抑鬱症、心臟病、癌症等疾病。此外,過度表達情緒,也容易損害健康。例如,當人激動時,他們的血壓會升高。建設性地表達情緒,不僅能帶來事業和生活上的成功,也能幫助個體心情更佳,生活滿意度提升。

一、影響情緒表達的因素

1. 性別

生理性別和性別角色對情緒表達有著重要的影響。生理性別是檢測和解釋情緒表達能力的有效預測指標,比教育程度、文化等更能有效預測情緒表達能力。有關情緒表達的大量研究都顯示,在許多文化中,男性不善於表達情緒,而女性則較善於表達情緒。還有研究顯示,女性能比男性更好地完成情緒回憶任務。在許多文化中,男性比女性更多地表現出憤怒等敵對情緒。相反,女性要比男性更多地表現出恐懼、難過、羞愧和內疚等意味著脆弱的情緒。不管是同文化還是跨文化的研究都發現,男性和女性在一些情緒的表達方式上也有不同。女性比男性更善於表達積極情緒,如快樂和愛,比男性更容易表達難過和沮喪的情緒。總之,文化間的一致性說明了情緒體驗的性別差異是有生物學原因的。

情緒表達既受生理性別影響,也受性別角色的影響。一些研究人員認為,傳統的女性化是鼓勵女性表達有利於促進關係的情緒(如開心),或者使她們看起來比較脆弱的情緒(如悲傷),而抑制她們看起來很強勢的情緒(如憤

怒)。而傳統的男性化鼓勵男性表達憤怒而抑制其他情緒。例如,在一項研究中發現,女人味十足的女性比具有男子氣概的女性更善於表達消極情緒,包括內疚、難過、悲觀和自我反感。相對而言,具有男子氣概的男性比女性化的男性更容易產生社會性退縮情緒、不滿情緒以及自殺念頭。有研究也發現,與傳統性別角色的男女相比,具有男子氣概的女性和女性化的男性都會更多地表現積極情緒。總之,這些觀察和研究發現,傳統的性別角色會影響溝通中情緒的表達。

2. 社會習俗

情緒表達受到許多社會規範的影響。例如,銷售人員必須要對顧客展現笑容,不論顧客多麼令人反感;工作場所必須理性行事並且情緒控制得宜等。人們通常習慣於分享正向的情緒,例如,誇獎、讚揚他人(歌唱得真好,把這首歌的意境都表現出來了,就好像看到了真實的畫面一樣),或者給別人留面子(很抱歉讓您久等了)。同時,我們很少直接向交談對象表達負面情緒(例如,「你太讓我失望了」都快要被你逼瘋了)。

不過,有些社會規範也禁止太多的正向情緒表達。例如,在傳統社會中,夫妻之間像「我愛你」這樣單純的表達也並不常見。一個小男生可以和父親牽手,甚至對母親擁抱親吻,但隨著年齡的增長,親人之間的這種積極情感的表露越來越少。

3. 情緒智力

情緒智力,是心理學家丹尼爾·戈爾曼提出的概念,通常人們將此概念簡化為「情商」,是指準確地感知和表達情緒,使用情緒促進思想表達,理解情緒、管理情緒以及增進感情的能力。具有高情緒智力的人能夠很快感受到自己和他人的情緒並關注他人的情緒,隨之決定如何反應。大部分研究都顯示,情緒智力高的人往往比情緒智力低的人更善於表達熱情、愛以及其他親近型情緒。很多取得成就的人士,並不依靠其天才的智商,而是靠著瞭解和管理自己的情緒,體察他人的情緒而成功的。例如,一些研究發現,具有高情緒智力的銷售員往往比低情緒智力的銷售員能夠獲得更多的業績。用情緒

智力作為聘用或晉升管理職位的基本標準往往也會很奏效。研究還發現，對管理人員進行情緒智力的培訓也有利於提高生產率，減少員工抱怨。

影響情緒智力的一個因素是述情障礙。具有述情障礙的人在理解、加工和描述情緒時存在困難，他們往往不能很好地理解自己的情緒，經常面無表情、冷淡；他們也不關心他人的感覺，可能會避免發展親密的人際關係。即便是在已確定的關係中，述情障礙也會削弱人際關係的滿意度，因為述情障礙使雙方都很難理解彼此的感受。根據目前的研究結果，述情障礙的發生率約為5%～9%，並且男性和女性都可能會出現述情障礙，沒有顯著的性別差異。

4. 個性

個性與情感的表達有顯著的關聯性，例如，外向的人比內向的人更容易表達正面的情緒。研究發現，個性的三個方面即宜人性、外向性和神經質會影響情緒表達。

宜人性是指個體對其他人所持的態度，包括對他人是否有同情心、是否信任他人、是否具有復仇心等。宜人性高的人通常被認為是很討人喜歡、隨和、友好、慷慨大方並且是具有合作意識的人。和普通人相比，高宜人性的人更加快樂，能更好地處理壓力和情緒；更加重視合作與人際關係的和諧；更多地透過建設性的方式管理衝突。

外向性的人通常表現出快樂、樂觀、樂於與人接觸。他們更加享受社交，他們通常善於言談，高度自信和熱情，往往關注他人或情境的積極方面，因此，外向性的人比內向性的人更容易在生活中表達出正面的情緒。

神經質是指對自身有消極想法的傾向。神經質的人通常具有易緊張、好激動、多愁善感、敏感多疑、容易沮喪等特點，他們容易擔心、焦慮、牽掛，通常看到事情消極的一面，把大部分注意力放在消極的事情上，因此，神經質的人比一般人更易於感受消極情緒，如憤怒、內疚、憂慮和沮喪，他們往往也很難快樂。同時，他們在管理和控制自身的情緒方面也不太成功，更容易在日常生活中表現出負面情緒。

5. 父母的情緒教導方式

有觀點認為成人的情緒表達能力與童年時父母的情緒教導方式有關。父母的情緒教導方式可以分為情緒教導型和情緒疏離型。情緒教導型父母很懂得幫助孩子去抒發和調節情緒；情緒疏離型父母則壓抑孩子的情緒，使孩子不懂得如何正確處理自己的情緒問題。例如，當孩子因心愛的狗死了，非常傷心，在那裡痛哭。情緒教導型父母會說：死了，你好傷心，是不是？而情緒疏離型的父母會說：死了，換一條就好了，哭什麼！當孩子在學校被欺負了，情緒教導型父母會說：同學欺負了，你很傷心，是吧？你是怎麼被欺負的呢？而情緒疏離型的父母會說：學校這麼多同學，怎麼只有你被欺負，肯定是你不好，先欺負了別人。緒教導型父母養育的孩子成年後通常有好的溝通能力和更滿意的人際關係，而情緒疏離型父母養育的孩子成年後在溝通能力上通常也會存在很大問題，較之於前者更不容易獲得良好的人際關係。由此可見，兩種截然不同的教育方式會對兒童的情緒處理產生巨大的影響，甚至影響其成年後的情緒表達能力。

二、溝通中情緒的表達

1. 辨認情緒

辨認自己的情緒是最重要的情緒溝通技能。研究發現，那些能夠明確識別自身情緒感受的人，能用有效的方式管理情緒，能夠發展出處理這些情緒的策略，不管這種情緒是生氣、緊張、難過、羞愧還是內疚。至少有三種方法能夠幫助我們辨認情緒：傾聽你的身體、關注你的想法、觀察你所處的情境。

1.1 傾聽你的身體

關注身體的變化能幫助我們辨認情緒。情緒會引起生理變化，儘管不同的情緒會引發非常相似的生理變化，但是瞭解身體如何反應會有助於你判斷自己的情緒是什麼。例如，在感受的基礎上，你能瞭解到嫉妒引發的生理變化與憤怒、高興、厭惡和驚奇是不同的，因此，理解生理反應能夠幫助你確定自己所體會的情緒感受是什麼。透過觀察身體各部位情況，能從中得到有

關自己情緒的重要訊息。例如，腸胃不適、手心冒汗、下巴肌肉緊繃、握緊雙拳或者使勁抓著什麼東西、說話聲調提高等動作多半意味著憤怒、沮喪或害怕的情緒。輕柔的聲音、濕潤的眼睛等身體反應，則通常意味著愛慕、同情或者傷心。身體感受在不同的場合可能表達著不同的情緒。一旦注意到這些變化，察覺自己的情緒也就不難了。為了培養這種意識，你可以在不同場合和不同程度的壓力下進行練習。例如，你可以在和朋友吃飯、看一場傷感的電影、進行一場困難的討論等場合進行練習，隨著對自己身體反應越來越瞭解，察覺情緒變得越來越容易。

1.2 關注你的想法

關注你的想法能幫助辨認情緒。情緒不僅會影響你的身體，同樣會影響你的想法，因此，關注你的想法能夠幫助你澄清自己的情緒感受。例如，你想對某個人大吼或者說苛刻的話，這些想法可能就來自生氣、憤怒。如果你關注你所失去的(例如，一段珍貴的友誼，一段美好時光)，你感到的是難過。同樣，瞭解他人的想法，也能幫助你識別他人的情緒。

1.3 觀察你所處的情境

確定產生情緒的情境也能幫助你識別情緒。例如，考試成績下來了，你感到心煩，但是無法分清是焦慮還是羨慕。但你發現是因為最近生病而導致成績下降，那麼這種情境會讓你感到焦慮，因為它干擾了完成學業這個目標。通常，我們能夠透過認清什麼事情阻礙了目標的達成以識別自己目前所體會的情緒。觀察所處的情境也能幫助我們確定他人的情緒。例如，你發現平時活潑的室友突然變得非常安靜，但是你無法確定他是在生氣、擔心還是僅僅有點勞累。觀察他所處的情境，然後換位思考，想像自己處在這樣的情境下會有什麼樣的感受，你就能準確瞭解他現在的真實感受。

2. 區分情緒和行為

情緒總是和行為相連的，大多數情緒都有特定的行為傾向，但是感受一種情緒並不意味著你必須對它有所行動。事實上，表現出生氣的人，即使是透過在沙包上打拳發洩出來，也會比生氣而沒有發洩出來的人感覺更差。因

此，恨一個人不一定要辱罵對方，愛一個人也並不一定要表達出來。瞭解辨認情緒和發洩情緒之間的差異，有助於你在溝通中建設性地表達你自己，透過最合適和最有效的方法對自己的情緒做出反應。

3. 用語言描述情緒

用語言描述情緒是溝通中非常重要的一部分。在用語言來表達自己的情緒時，我們可以用一些簡單的詞語來描述自己的情緒，例如，「我在生氣」「我很高興」等等。在一些對話中，許多溝通者用一種偽裝的方式來表達情緒，例如，一個談話者感到無聊，就說「我們應該去看場電影」。這種談話方式中缺乏明確的表達情緒的詞彙，因此句子中蘊含的無聊的情緒就不容易被理解。在日常對話中，可以用「我覺得＋情緒詞彙」來描述我們的情緒，清楚地表達心中各種複雜的情緒。不過，很多時候，人們在說「我覺得……」的時候，都以為自己在表達情緒，事實上，他們大多只是在描述他們心中的「想法」。

溫柔：我覺得我們最近玩得太多。

振國：我覺得我們現在比以前勤奮多了。

溫柔：我覺得你還是要少玩遊戲……

振國：我覺得你才該少逛街呢。

振國與溫柔的對話實際上只表達了他們的意見（或看法），兩個人說「我覺得」時，實際上是在說「我認為」。這是想法，而不是情緒。如果能加上一些情緒詞彙，會使他們對彼此的想法與感受有更深一層的瞭解，進而幫助他們解決問題。

溫柔：我們約會花了很多時間，馬上要考試了，我覺得很緊張，我想我們需要好好計劃下溫習功課。

振國：我也覺得緊張。一想到考試不及格要補考，我就覺得害怕。

溫柔：我們在一起讀書的時間比以前已經多很多了。我們只要稍微再努力一點，就沒問題了。

振國：是啊，我也有同感。

人在溝通時若只談想法，會令人覺得被拒於千里之外。較有效的溝通是先表達感受(這有提綱挈領的功用)，接著解釋自己的想法。當振國和溫柔懂得用「擔心」、「怕」等情緒詞彙進行表達時，這些情緒詞彙不但促進了溝通，也幫助他們更加瞭解彼此的想法與感受，因而會增加他們之間的親密感。

當我們使用「我覺得你……」的句子時要非常小心。當你告訴對方「我覺得你……」時，通常你不是在表達自己的情緒，而是在評價對方。用「我覺得你……」開頭，常會給對方你要開始批評了的預感。因此，這樣的開頭常會引起對方的防衛心理與緊接而來的反擊。

溫柔：我覺得你睡眠不足。

振國：我認為我睡得很飽。

溫柔：我覺得你要是病了，會把感冒傳染給我。

振國：(防衛性)這麼快就擔心我妨礙你了啊！

溫柔用「我覺得你……」作為一句話的開頭，振國聽起來就覺得溫柔在批評他，本是好意卻引起一場不愉快。解決的方法，是用「我覺得」為開頭，以情緒字眼來表達感受，最後再把個人的想法說出來。

溫柔：看你這幾天睡眠不足，我覺得很擔心。

振國：我不覺得累啊！

溫柔：我擔心你要是累出病來怎麼辦啊。

振國：謝謝你關心，我會找時間休息。

溫柔懂得在「我覺得」後面加上情緒詞彙，讓振國瞭解她的感受，然後再表達她的想法，結果雙方都能感受到彼此的愛與關懷。

要用語言來表達你的感覺，而不要用非理性、非語言的「發洩」來表達情緒，這樣做一方面可以減少誤會，另一方面也給對方一起解決問題的機會。例如，在與溫柔激烈地爭辯之後，振國衝出教室，「砰」的一聲把門關上。

此後兩天溫柔拒絕與振國說話，也不和他一起去讀書。在此情境中，振國就是採用了非語言的方式來發洩自己的情緒。他生氣時，用「掉頭就走」與「甩門」的動作來表達他的情緒。溫柔也一樣，未能用語言表達她的怒氣，而是以冷戰的方式來對付振國，結果兩個人都換來了好幾天的不愉快。當你受到傷害、非常生氣時，本能的反應是馬上用一些誇張的動作來表達你的感受。可是，用摔門或冷戰這類動作來發洩情緒，會阻礙溝通，使戰火升高，同時減少了雙方彼此同情、相互幫助的機會。在同樣的情況下，振國如果先把憤怒的情緒用語言表明，然後告訴對方他的需要，解決問題的機會就會大增。

振國：我已經氣得快受不了了！現在能不能不談了。

溫柔：我不希望就這樣不了了之。15 分鐘以後再談好不好？

振國：好吧，不過等一下我們最好到外面談，也許我可以冷靜些。如果 15 分鐘後我還很生氣的話，我可能需要多一些冷靜的時間。

當你決定用情緒詞彙表達自己的情緒時，可以清楚地向你的溝通對象闡明你的情緒所處的特定情境。使用「當你……時，我覺得+(情緒詞彙)」能更好地與對方溝通。例如，你可以說，你遲到時，我覺得很生氣。」生日那天你沒能參加我的聚會，我覺得很遺憾。」

情緒詞彙還可以幫助你表達不同強度的情緒。比如，你可以說「我有點擔心……」，或用更強烈的「我非常惱火……」。用詞彙表達不同程度的情緒不會威脅到對方，也可以幫助你的夥伴清楚地知道事情對你的影響。

有時候，你需要表達的情緒是很複雜的。例如，你可能在生氣之前經歷了困惑、沮喪、失望等複雜的情緒。通常，我們只表達多種情緒中最負面的那種情緒，此時，溝通的對象將沒有機會去瞭解你的所有情緒。如果全面地描述自己的情緒，將更加有利於他人瞭解你的情緒，促進問題的良好解決。「例如，要遲到了卻不打電話通知我，我覺得很生氣」可能會導致爭執，如果更全面地表達自己的情緒：約會時間到了，你還沒到，我很擔心，害怕出了什麼意外。同時，你要遲到了卻不打電話通知我，我覺得很生氣，我認為你不尊重我。後一種方式能讓你的溝通對象更能理解你的感受。

4. 接納和尊重他人的情緒

接納和尊重他人的情緒在溝通中有非常重要的作用。排斥他人的情緒會使對方感覺自己被排斥，自尊受到威脅，他們通常會感到不安全、害怕和憤怒，這些情緒會成為解決問題的障礙，從而導致溝通中出現很多障礙。例如，有自卑傾向或擔心失去自尊的人，通常會在爭執中固執己見。他們怕丟臉，做事猶豫不決，最終使結局變得糟糕。

雖然排斥他人的情緒並沒有造成雙方溝通的實際障礙（溝通管道仍然暢通），但排斥帶來的心理障礙是具有破壞性的。例如，正熊穿著剛買的衣服去上化學實驗課，結果，女同學艾咪不小心把試劑弄翻了，濺到了正熊的衣服上。這時，我們可以想像一下當時可能的場景。

談話內容	效果
真見鬼,你是怎樣做實驗的?	指責對方
真是不能讓女人學化學。	貶低對方
沒有像你這樣做實驗的,別找藉口了。	不容對方分辯

經過這番發脾氣，艾咪沒有辯解的餘地，又被損了一頓，自然很生氣。這樣的結果便是：(1) 艾咪不可能與正熊誠心誠意地溝通；(2) 正熊不可能理解艾咪對事情的看法；(3) 正熊和艾咪彼此都不會相信對方。這樣，他們不太可能很好地處理這件事。即使沒有完全排斥對方，這對雙方的關係也有損害。

在日常生活中，我們經常會遇到一些人試圖透過貶低別人來抬高自己。他們經常說：總是樂於幫助別人，但是他卻很自私。斥他人，不管是採用明顯的方式還是採用隱蔽的話語，都傳遞了同樣的意思：我是對的、你是錯的，我沒什麼可以從你那兒學的，你根本就一文不值。本來對方可能還有誠意同你溝通，瞭解你的看法，信任你或者與你合作，產生了這層意思，對方也就沒有什麼誠意來保持溝通了。排斥對方等於宣布：你對於我無關緊要，我絲毫不會受你的影響，這樣的行為和思考問題的模式將破壞雙方共同解決分歧的能力，使人際溝通出現障礙。那我們應該如何接受和尊重他人的情緒呢？

4.1 認真傾聽對方的情緒表達

完全站在傾訴者的角度，體驗對方的情緒，和溝通對象同悲同喜。感受到關懷的傾訴者自然會對傾聽者敞開心扉。在傾聽時，你可以用身體語言體現你的關注：身體稍微傾向對方，目光始終投向對方的眼睛，不要受別的因素干擾；避免下意識的小動作；不要輕易打斷對方的話，當然更不能自始至終總是點頭，要抓住適當的時機，以適當的方式提問。例如，詢問事件發生的細節，詢問事件發生後對方的感受等等。回應對方的感受時，不要從你的角度和立場出發對對方進行評價。不要說「你怎麼會有那種感受呢？」我一點也不覺得那很恥辱。為每個人的感受都是真實的，不存在對和錯。要尊重對方感受的真實性，你可以試著用「當……的時候，你覺得 +(情緒詞彙)，是不是？」來回應對方，如果你把對方想表達的情緒表達出來，對方會感到你是真正理解他的情緒的。

4.2 瞭解對方的情緒

在日常生活中，人與人之間的交往大都是戴著「面具」進行的：人們喜歡把真實的情緒藏在心裡，只把希望對方看到的情緒放在臉上。這樣做有時是為了不傷害對方，避免尷尬，但有時隱蔽自己的情緒會妨礙他人瞭解我們，從而增加有效溝通的難度。

仔細觀察對方行為的細節，能幫助我們瞭解他人的情緒。對方的眼神、表情、身體語言等向你傳達了他的情緒。例如，朋友過生日，你送了一件禮物給他。儘管從拆開包裝的那一刻起他就驚呼「心儀這個禮物很久了」，你對他的心思「真是無比瞭解」，可你卻能感覺到他並不喜歡這個禮物，因為他的手指不停地敲桌子。

人們的話語模式也能包含一些隱蔽的情緒，需要被識別和瞭解。通常有八種典型的隱藏情緒的話語模式。第一種是「我很好」。「我很好」有多種表達的形式，例如，很成功」「我很勇敢」「我很有權力」「我很有錢」。這種句子的核心是突出自己的品質，背後隱藏的情緒是自己是一個完美的人。第二種是「我很好，但是你不好」。這種話語含有批評和指責，是竭力透過顯示別人不好來證明自己優秀，從而提高自尊。第三種是「你很好，但是我

不好」。這種句子表達的情緒通常是奉承、拍馬屁，有時也被用來拒絕不合理的要求和期望。這個句子是沮喪者的常用語，用作逃避、拒絕的方式和不去改變的藉口。第四種隱藏情緒的句子模式是「我很無助，我很痛苦」。這個句子表達的情緒是「我陷入困境、竭盡全力也不能逃避，是沒有希望的，不要讓我對痛苦做些什麼，我沒有這個責任，也沒有什麼辦法」。「我很無助，我很痛苦」隱藏的情緒，是避免提出可能會引起恐慌的新辦法或者推遲即將面臨的人生重大改變的藉口，這種模式也容易對親密的人產生「愛」的勒索，用來控制和操縱他人。第五種是「我毫無過錯」。這個句子主要用來推脫自己的責任，讓外界或他人來為自己的失敗承擔責任。第六種隱藏情緒的句子是「我很脆弱」。這個句子蘊含的情緒是「不要傷害我，我需要保護」。這種句子的典型表達有「你們總是吵架，我不想捲進去」為什麼總是告訴我那些讓我頭疼的事情呢？」。第七種隱藏情緒的句子是「我很堅強」。在交談時，他們會列出很長的一個工作或任務的清單，表明自己工作多忙，多能幹。其實，這種表達蘊含的隱蔽情緒是已經很忙了，不要要求我太多，目的是躲避傷害，是對自己沒有信心的表現。第八種典型的隱藏情緒的句子是「我無所不知」。他們在談話中滔滔不絕，就像教授在課堂上上課一樣。這種「我無所不知」所蘊含的，可能是情緒低落或壓力過大，或者避免以前因為瞭解不多而造成的恥辱經驗。總之，這些隱含有情緒的句子和話語模式，目的是建立或保護自己現在的地位，是將自己的動機或需要以隱蔽的方式表達出來，需要在溝通中被識別和被尊重。

4.3 分清接受和贊同之間的差異

接納他人的情緒，並不是要求你贊同對方。我們在意對方，願意傾聽他的意見，尊重對方的情緒，願意與他合作，目的是為了順利溝通，解決問題。但我們也沒有必要對對方的錯誤行徑視而不見。例如學生翹課，老師肯定不贊同。老師可能會採取兩種做法。一種是，由於擔心不給學生點厲害就會姑息學生的行為，所以他不給學生解釋的機會：可不想聽到任何藉口，學生不允許逃學曠課，要寫報告。學生會覺得老師不理解他，不聽他解釋，也不信任他。從此以後，學生和老師間可能有數不清的爭執。另一種做法是，老師說：同學，我在你這麼大的時候也翹過課，後來很後悔。如果你有什麼正當理由

翹課的話，我很想聽聽。但是我要把話說在前頭，我可不贊成你這種行為。這樣的話，學生感覺到了尊重和關心，同時也明白老師不贊同曠課這種事。接納他人的情緒，並不表示我們必須接受對方的價值觀。不必認為對方的觀點是正確的，也沒有必要讚許對方的行為，認為對方的行為是可以接受的。但是，我們有必要真心誠意地與對方打交道，傾聽他人的觀點和情緒，並充分考慮他應得的利益。

複習鞏固

1. 影響情緒表達的因素有哪些？

2. 如何在溝通中表達情緒？

第三節 情緒管理

情緒在我們的日常溝通中扮演著重要的角色，能影響我們溝通的效率，對我們的人際關係產生影響，因此我們需要對情緒進行良好的管理。

一、情緒管理的錯誤

在情緒管理方面，我們通常會有一些錯誤。

1. 情緒管理就是將情緒發洩出來

一些人認為情緒管理就是要將情緒發洩出來。如前所述，有研究顯示有時將情緒發洩出來反而比情緒沒發洩出來更糟糕。在我們的日常生活中，某些情況下不表達出自己的情緒可能是更好的選擇。例如，當你的授課老師問你「我的課上得如何」時，如果你覺得老師的課上得很無聊，讓你想睡覺，那麼，直接表達你的不滿可能不是好的回答。

2. 情緒管理就是要消除負面情緒

情緒管理的第二個錯誤是認為情緒管理就是要消除負面情緒，讓自己一直處於非常高興的狀態。其實，任何事物都是有其自身規律的，情緒也一樣。情緒有高有低，也是一個自然的過程，因此，讓自己一直處於非常開心的狀

態,本身就是一種不合理的要求。我們在生活中,不僅感受到高興、愉快等積極的情緒,也能感受到沮喪、悲傷等消極情緒,這些情緒都是自然而然產生的。一些消極情緒本身也是有建設性的。例如,當你生氣或者憤怒時,這時的情緒暗示你是對現狀不滿的,從而激發你去改進現狀。研究也表明,適度的緊張能夠更好地完成工作。美國心理學家耶克斯和多德森就提出,中等程度的壓力水平最有利於學習效果的提高。

3. 情緒管理就是要壓抑自己的情緒

情緒管理的第三個錯誤是認為情緒管理就是壓抑自己的情緒。在一些文化和家庭教育中,人們從小就被教育表現出自己的負面情緒是不好的,例如,在傳統文化中,人們被教育要冷靜,不要激動,要含蓄,要做控制自己情緒的人,逐漸地他們學會了壓抑自己的情緒,學會了「感情不外露」「能忍就忍了吧」冷靜,不要激動。許多人壓抑自己的情緒,是因為害怕感情的流露會帶來不好的後果。如果我表現憤怒或失望,別人可能不喜歡我。如果我對他人表示同情,可能會被認為是軟弱的表現。

抑制自己的情緒會對溝通產生不利的影響。首先,我們只有能表達自己的情緒,或至少承認有情緒存在,才能應對它們。一些具有破壞性的情緒,如憤怒和怨恨,容易在心中積累,一旦爆發會嚴重影響溝通,甚至會對雙方關係造成長期破壞。抑制自己的情緒,我們可能因此而忽略那些誘發我們情緒的潛在的需要關注的問題。其次,抑制情緒也就抑制了我們建立良好關係所需要的積極情緒。許多公司領導人不受下屬喜歡,一個很重要的原因就在於他們沒有對下屬表示感情上的關切。一位表現得漠不關心的領導,不管他內心多麼在乎下屬,如果不把關心表達出來,就不可能激發下屬的熱情、忠誠,而這些品質對於一個充滿活力、高效率運轉的團隊來說是非常可貴的。

二、無助益情緒的來源

人的情緒包含有助益的情緒和無助益的情緒。有助益的情緒會提高溝通的效率,而無助益的情緒破壞溝通。減少無助益情緒、進行有效情緒管理的一個重要方面,是瞭解無助益情緒的來源。

1. 情緒 ABC 理論

美國著名心理學家阿爾伯特·艾利斯於 20 世紀 50 年代提出了情緒的 ABC 理論，用於解釋人的情緒的來源。該理論認為，人們的情緒及行為反應與人們對事物的想法、看法有關。激發事件 A(activating event 的第一個英文字母) 只是引發情緒和行為後果 C(consequence 的第一個英文字母) 的間接原因，而引起 C 的直接原因則是個體對激發事件 A 的認知和評價而產生的信念 B(belief 的第一個英文字母)。根據這一理論，合理的信念會引起人們對事物的適度的情緒反應；而人的消極情緒和行為障礙結果，不是由某一事件直接引發的，而是由於經受這一事件的個體對它不正確的認知和評價所產生的錯誤信念或非理性信念所引發的。因此，每個人都得對自己的情緒負責。因為不是由於別人造成我們喜歡或者不喜歡，當人們陷入情緒障礙之中時，是我們自己使自己感到不快，是我們自己選擇了這樣的情緒取向。例如，你去逛街，正好碰到了你的一位同學，但這位同學沒有跟你打招呼，就直接走過去了。此時你可能有兩種想法：一種是「他可能正在想別的事情，沒有注意到我，沒有看到我」；另一種是「是不是他瞧不起我，故意不理我啊」。兩種不同的想法就會導致兩種不同的情緒和行為反應。前一種想法會讓你覺得無所謂，對方的行為是可以理解的；而後一種想法可能會讓你覺得憤怒，讓你覺得你的同學很沒有禮貌，產生不快，因此你在後面的學習生活中減少與對方的交往。

根據情緒的 ABC 理論，人既可以是有理性的、合理的，也可以是無理性的、不合理的。當人們按照理性去思維、去行動時，他們就會很愉快、富有競爭精神，行動有成效。不合理的、不合邏輯的思維則導致情緒上或心理上的困擾。但是，任何人都不可避免地具有或多或少的不合理的思維與信念。瞭解這些不合理的思維和信念，有助於我們瞭解無助益情緒的來源。

2. 誘發無助益情緒的認知

以下是存在於人們日常生活中的一些常見的但沒有被察覺、影響特別大的不合理觀念和思維。

2.1 絕對化

絕對化有兩種典型的類型：極端思維與自我預言。第一種典型的絕對化的思維是極端思維。持極端思維的人傾向於用「非黑即白」的思維方式看待事物和評價自己。他們評價事情不是完美，就是非常糟糕。他們的情緒很容易大幅度地波動，當事情順利時，就覺得自己無所不能，事情稍有不順，就認為自己一無是處。擁有極端思維的人很容易轉化為完美主義者，在人際交往中追求完美。他們認為，在人際交往中，如果某個步驟是不完美的，那麼別人就不會喜歡和欣賞他們。他們會努力得到別人的重視和關注，努力試著表現得很完美。陷入完美迷思的人，當他們無法達到自己提出的高標準時，就不容易喜歡自己。過於追求完美，很容易使自己沉浸在消極的氣氛中，有時甚至過分自責，把自己看成負面事件的唯一原因，經常產生負面情緒，引發負罪感和痛苦，產生低的自我價值感，影響溝通和人際關係。其實，人都是不完美的，事情也總是具有兩面性，很少有絕對的好，也很少有絕對的壞，要學習坦然地接受自己的不完美，誠實地瞭解自己的潛能，準確全面地評價自己，盡力去實現自己的目標。

　　絕對化的另一種典型思維是以自己的意願為出發點，認為某事物必定發生或必定不發生。他們思考的典型邏輯是「我知道，所以你也應該知道」。「你是我的朋友，你應該更瞭解我」。他們常常將「希望」「想要」等絕對化為「必須」「應該」或「一定要」等。例如，「我必須成功」「別人必須對我好」等等。持有這種絕對化思維的人，容易將對事情的預期看成固定的程序，他們不善於聽不同的意見，不會換個角度看問題。這種絕對化其實是因為他們沒有區分「是什麼」和「應該是什麼」。個人的預期固然也可以被理解為合理的，但是，這也僅僅是個人的角度和觀點。別人可能有不一樣的視角和觀點，需要給別人留下餘地。每一客觀事物都有其自身的發展規律，不可能依個人的意志轉移。生活中總是充滿了變數和不確定性，我們經歷的事件也不能全部都是完美無缺的，周圍的人和事情的發展和表現也不會完全符合我們的意願。混淆「是什麼」和「應該是什麼」很容易導致我們對世界的抱怨。與其抱怨，不如直接表達自己的願望。例如，你的室友經常晚歸，打擾了你休息，與其抱怨說「你應該準時回宿舍」，還不如說「我希望你能準時回宿舍」。

2.2 過度推論

過度推論也能大大增加負面情緒的效果。過度推論的典型思維是過度概括、以偏概全，常常把「有時」、「某些」過分概括為「總是」、「所有」等。過度推論可能把生活中一些小的事情，習慣性地過度渲染。例如，男友因為塞車偶爾遲到一次，女友就抱怨：怎麼老是遲到啊？就不能準時一次嗎？這就是誇大了男友遲到的次數，男友多半都會顯得很委屈：不過是遲到了一次，還是因為塞車。過度推論也表現在當與別人短暫接觸或者對事情尚未有全盤瞭解之前，就根據某一特定的事件進行推斷，進而產生喜歡或者憎惡等強烈的情緒。例如，在上述男友遲到的例子中，要是女友不滿意男友解釋，就大發脾氣：知道今天週末，很容易塞車，就更應該早點動身啊！約會遲到，就是人品不好，人品不好，我怎麼安心嫁給你啊！這就是根據偶然的事件推論到整個人品，以偏概全了。有些人遭受一些失敗後，就會認為自己「一無是處、毫無價值」，這種片面的自我否定往往導致自卑自棄等不良情緒。而這種評價一旦指向他人，就會一味地指責別人，產生怨恨、敵意等消極情緒，這些都是過度推論的思維在影響我們。

2.3 災難性的自我預言

容易誘發無助益情緒的一個重要的內在思維是災難性的自我預言。災難性的自我預言也被稱為「世界末日綜合症」，也就是我們通常所說的「杞人憂天」。災難性的自我預言有兩種特徵。一種特徵是認為自己是無助的，面臨生活中的困難自己是無能為力的。例如，在的社會都有學歷歧視，我是專科，找不到什麼好工作，也不會有出息的，我能做的就是接受它。生性就比較害羞，我想要變得開朗，但是實在是沒有辦法改變現實，找工作重要的是企業覺得你能為他們做什麼；想讓自己變得開朗重要的是自己願意還是不願意下決心去改變。把大多數時候說的「我無能為力」改成「我不願意」或者「不知道怎樣才會更恰當」，會幫助我們減少災難性的自我預言。

災難性的自我預言的另一種表現是，某些糟糕的事情可能發生，就武斷地認為糟糕的事件一定會發生。例如，如果我去應徵那個工作，一定不會被錄取；我邀請她參加我的生日聚會，她一定不會來。當遇到不順利的事件時，他們也會誇大自己的不良感受。災難性的自我預言容易導致對事件持續性的

負面解釋，容易誇大負面訊息，從而妨礙理性決策，破壞溝通，削弱人際關係。對事情做最壞的打算有時是未雨綢繆，但過分擔心就會陷入糟糕的負面情緒。對任何一件事情來說，都會有比之更壞的情況發生，所以沒有一件事情可以被定義為糟糕至極。如果一個人堅持這種「糟糕」觀時，那麼當他遇到他所謂的百分之百糟糕的事時，就會陷入不良的情緒體驗之中，一蹶不振。

三、情緒管理的策略

有效情緒管理的基礎，是瞭解我的情緒是什麼(What)，瞭解為什麼產生這種情緒(Why)，知道怎麼辦(How)。因此，有效的情緒管理包括理解和談論情緒、用積極與理性的視角看待消極事件和保持樂觀的態度。

1. 理解和談論情緒

我們不瞭解自己和對方的情緒，往往會阻礙我們在溝通中保持理智。在溝通中，如果溝通雙方都沒有注意到自己或對方的情緒，我們就很難控製表達感情的方式，雙方處理實際問題的效果就會受到影響。即使我們能夠有意識地控制自己的情緒，但有時情緒也會不由自主地產生。即使我們在溝通中壓抑了我們的情緒，但它最終還是會冒出來，影響我們的行為。因此，情緒管理的重要步驟就是理解和談論情緒。

1.1 理解自己與他人的情緒

首先，我們可以透過觀察來瞭解自己和他人的情緒。例如，我們可以在溝通中注意自己和他人說話的音調，臉部表情和身體姿勢。這些都能傳遞關於我們和他人的情緒的訊息。

其次，我們可以暫時讓自己從產生情緒的情境中脫離出來，更好地理解自己的情緒。在溝通時，當我們產生激烈的情緒之後，可能沒等自己做出理性決定就貿然行事，從而使溝通出現問題。此時，等激烈的情緒平靜下來，會更有利於大家做出理性的決策。減輕激烈情緒對溝通的負面影響的一個簡單方法就是溝通雙方暫停接觸，稍事休息。當雙方都怒氣沖沖或不滿情緒高漲時，適當地休息一下，利用這個機會平靜一下，也利用這個機會想出一個既能保持互相尊重又能處理眼前問題的方式，更加有利於溝通，幫助雙方更

好地維持彼此的關係。當然,在激烈的討論中,如果置身局外很難冷靜思考,尋求第三方控制討論的氣氛,也是一種選擇。例如,在家庭糾紛中,讓家庭中的長輩來進行協調,是一種常見的方法。

我們還可以用想像的溝通來幫助我們理解和管理情緒。想像的溝通是指在溝通之前,想像一下自己如何與他人溝通,預想自己與他人溝通時可能會產生的情緒,這樣,我們就能夠對溝通可能產生的情緒做預先的處理。例如,你可以預想「什麼情況下我會生氣?」「什麼情況下她會生氣?」「我生氣了會做出怎樣的反應?」生氣之後需要多久才能平靜下來?」「她會在意我說的哪些話?」「我會在意她說的哪些話?」預先想到可能出現的情緒,可以幫助我們更好地應對它們。想像的溝通讓我們暫時從旁觀者的角度,客觀分析雙方的情緒,並想出對策。這種距離感同樣能減少自己情緒的波動對行為產生的影響,有助於讓理性造成平衡作用。

1.2 談論情緒

理清對溝通具有破壞性的情緒,一種重要的對策是公開地談論情緒。有些人認為,公開談論自己的情緒是軟弱的表現,其實,說出自己的情緒而不是透過行為表現出來,是自信和自制的表現。承認情緒的存在,並且向對方解釋產生這些情緒的原因,這樣,情緒才不會成為人們建立良好關係的絆腳石,雙方才能依據事情本身的是非曲直來解決爭端。說出自己的情緒可以表明你的態度是積極的,是想緩和氣氛,促進彼此的溝通與合作,而不是來找人鬥氣或泄憤的。公開談論情緒會讓對方也採取自制的態度,積極地理清自己的情緒,使溝通雙方都歸於理智。

公開談論情緒,你可以開門見山。例如,你可以說:不起,但這件事實在有點兒讓我生氣了。」不起,太意外了,我現在情緒實在是有點激動。也可以直言不諱,解釋一下自己不滿的原因。「我感到很惱火。剛才我正解釋獎學金的事,結果你們都在各自講話,聲音很大,讓我沒辦法繼續下去。獎學金是關係到大家的事情,把規則講清楚有利於大家,不是嗎?」談論情緒時,你可以聲情並茂。例如,眼睛看著對方,降低音量,放緩語速,適當停

頓以加強語氣。我覺得很煩……很難將注意力集中在獎學金評定的規則上。我想我們能不能改變一下討論的氣氛。」

在公開談論情緒的時候，我們要避免責備對方。可以多使用「我」開頭的句子。例如，剛才可能錯誤地理解了您的意思，請多多包涵。某種程度上，我們會認為自己的情緒是由對方引起的。「我情緒不好，是因為你不講道理。」在日常溝通中，我們也常常傾向於認為是對方情緒化、不講理，而對方也是這麼看我們的。因此，在溝通中，沒有必要責備對方誘發了我們的負面情緒。我們應當對自己的感情和感情的表達方式負責，以及對別人的情緒造成的影響負責。只有這樣，我們才能更好地化解情緒的衝動，理性地面對問題。如果我們情緒失控或激怒了對方，一聲道歉是很有幫助的。道歉表示對自己的行為負責，不管話說得是否充分，都表明給對方以關切，如此一來，對方也會採取同樣負責的態度，這才能使溝通順利地進行下去，將雙方關係拉回正軌。

我們都會產生強烈的情緒，我們應該勇於面對自己的情緒，並對自己的情緒負責。如果對情緒進行掩飾和壓抑，情緒就可能會像火山一樣，總有一天會爆發，到那時，將對人際關係造成嚴重的危害。在任何人際交往中，真誠對待感情、直言不諱地討論感情並且共同面對，將會幫助我們處理理智與情感的衝突。

2. 用積極與理性的視角看待消極事件

根據情緒 ABC 理論，我們對事件的態度和觀點決定我們的情緒。每件事都有其積極的一面，變換看事情的角度，從積極與理性的視角去看待問題，對事物持積極的態度，會幫助我們克服無助益的情緒。

2.1 多使用積極的字眼

我們在日常談話中，可以多使用積極的字眼。「失敗」「困難」「麻煩」「緊張」等等，是我們在日常生活中常常會說到的負面的字眼。如果你常使用這些負面字眼，一方面可能會讓自己覺得恐慌、無助，試想一下，既然有「麻煩」了，那除了自嘆倒霉，還能怎麼辦呢；另一方面，負面的字眼也會

影響聽話者的心理狀態，甚至有時會讓聽話者覺得自己被指責和被挑剔，從而破壞關係。例如，一對青年男女約會，男性為了使這次約會特別有意義，計劃一起騎自行車去郊外遠遊，結果，自行車在路上壞了，由於是郊外，找不到地方修車，他們不得不扛著自行車走回來了。這時，如果女性採用負面的話語：怎麼搞的啊，走之前也不好好檢查下自行車，又笨頭笨腦的，修不了自行車，害得我們不得不扛著自行車回來，不是人騎自行車，而是自行車騎人了，今天的旅行就這樣泡湯了，真鬱悶。男性聽了多半會覺得不高興：怎麼這樣啊，自行車又不是我故意搞壞的，就知道找碴，真難伺候啊！兩個人可能不歡而散。如果女性換一種說法：今天真是一段奇異的讓人興奮的旅行。本來我們是騎自行車的，結果車壞了，我們一起把車扛回來，變成了車騎人的旅行，這真是令人難忘的旅行。男性可能會因此而感激：來是我沒安排好這次旅行，結果你這麼大度，對我真好啊 ；！由此可見，同樣的事情，說話採用的字眼不同，溝通的效果也就不同。

　　研究發現，樂觀的人很少使用負面的字眼，他們會用正面的字眼來代替。例如，他們不說「有困難」，而說「有挑戰」；不說「我擔心」，而說「我在乎」；不說「有問題」，而說「有機會」。當你一旦開始使用正面的字眼，心中的感覺就積極起來，更有動力去面對生活。除此以外，樂觀的人也會把中性的詞語變得更正面。例如，「改變」就是個中性詞，因為改變可能是好的，但也可能是變得越來越糟。試試看，如果把「我需要改變」，換成「我需要進步」，這就暗示自己是會越來越好的，自然就樂觀起來了。所以，改變你用語中的負面詞彙，換成正面積極的詞彙，會讓你有積極的生活態度，促進溝通和維持良好的人際關係。

　　2.2 關注積極的方面

　　觀察和看待事物和人時，先關注積極的方面，再關注消極的方面，也能幫助你更好地管理情緒。例如，一位女士和一位男性在網上聊天，交往了很久，女士對這位男士各個方面都很滿意，於是決定約會。可是第一次約會的時候，女士就發現這位男士有一個缺點，就是吃飯的時候會發出咀嚼的聲音，讓這位女士很不滿意，於是就拒絕與這位男士進一步交往。這種思考問題的

模式，就是關注了他人的消極方面，而沒有多從積極方面去看人。吃飯會發出聲音，其實只是一件很小的、可以在日後的生活中加以改正的小毛病，並不足以證明對方人品或者價值觀有問題，這位女士僅僅因為這一點就拒絕了對方，可能因此錯過了一個適合自己的伴侶。總是先看到他人的缺點，就會產生習慣性的負面思維，這樣會妨礙你與他人的溝通和交往。在日常生活中保持積極心態的人，他們其實並不是盲目地樂觀，只不過他們習慣於先看事情積極的一面，而且樂意把注意力集中在這些令人興奮之處，並多花精力經營這些優點，因此他們能更好地與他人溝通並和他人維持良好的人際關係。

2.3 不抱怨

在生活中不抱怨，把精力集中在要解決的問題上，也是用積極和理性的視角看待事情。研究發現，樂觀的人所列出的煩惱事項遠低於一般人，而他們花在抱怨上的時間也遠少於一般人。樂觀的人在面對挫折的時候，共同的態度是「現在沒時間怨天尤人，因為正忙著解決問題」。而當我們少一分鐘抱怨，就多一分鐘進步。如果你研讀大陸著名企業家馬雲的人生，你就會發現，在前 37 年裡，他的人生就充斥著 2 個字：失敗！他大學畢業，應徵過 30 份工作，全部被拒絕；想當警察，和 5 個同學一起去，4 個錄取，只有他沒有被錄取；杭州第一個五星級飯店開業的時候去應徵服務員，也沒有被錄取；和 24 個人一起應聘杭州肯德基，23 個人被錄取，沒有被錄取的那個還是他。37 歲之後，他成功了，秘訣就是四個字：永不抱怨。把時間花在進步上，而不是抱怨上，這就是成功的秘訣。這也正說明了為何樂觀的人比較容易成功，因為他們的時間及精力永遠用來改善現狀，把注意力的焦點從「往後看、怨天尤人」改為「向前望、解決問題」。

2.4 重新評估負面情緒

當你感受到消極情緒時，處理它的一個有效方式是重新評估負面情緒。重新評估負面情緒，指換個角度思考引起消極情緒的情境，從而降低該情緒的影響。假設你要交某個課程的課程論文，你仔細進行了撰寫，而且你認為自己的觀點新穎，思路清晰，論文寫得很好，但是，導師給你的分數卻很低，也沒有對你的論文進行評價，你覺得很心煩。如果你直接去找老師辯論，可

能反倒讓事情變得更糟糕。如果你換個角度思考，重新評估，你可以去想，怎樣將自己的觀點進行更清晰的闡述，怎樣使你的論文做得更好；你還可以安慰自己，老師給你低分可能是因為他不同意你的觀點，可是他同意我的觀點並不表示我就正確，他不同意也不表示我就錯誤。這樣的練習可以幫助你重新評估情緒所在的情境，能夠使你從更多的角度分析所處的情境。採取這個策略能夠減少你的消極情緒，幫助你更有效地溝通。

3. 保持樂觀的態度

保持樂觀的態度是一種重要的情緒管理方式。心理學的大量研究也表明，保持樂觀的態度有益身心健康。我們的身體會因為壓力過大導致腎上腺素及壓力激素過多，從而導致免疫系統失調，保持樂觀的態度能減少壓力對我們身體的影響，使我們的免疫系統保持活力。醫學研究發現，樂觀的人比悲觀的人更少患感冒、心臟病、血管病變及中風等。也有研究發現，成功者通常對自己深具信心，對未來保持樂觀態度，而且具有極佳的挫折忍耐力。也有研究發現，樂觀的人財富積累得比較快，因為對未來有信心，願意積極去開創，往往也能在理財上獲得比較好的成就。樂觀積極的態度，以及懂得肯定生活中小小成就的智慧，是良好溝通能力和獲得幸福的關鍵。

3.1 ；60秒快速樂觀法

美國兩位專門研究「樂觀」的心理學家麥瑟及楚安尼曾整理出60秒快速樂觀法，方法簡單而且效果神速，能讓人立刻變得樂觀起來。這種方法包含兩個基本的行為：一是抬頭挺胸；二是用愉快的聲音說話。生理和心理是息息相關的，我們身體的姿勢也會影響我們的心理狀態。當心情低落、情緒不佳的時候，我們往往也是無精打采、垂頭喪氣；而心情愉快時，自然是抬頭挺胸、昂首闊步了。換一個角度來看，當一個人抬頭挺胸的時候，呼吸會比較順暢，而深呼吸能幫助我們緩解壓力。抬頭挺胸時，我們會覺得比較能夠應付壓力，也就容易產生「這沒什麼大不了」「我能應付」的樂觀態度。同樣，在人際溝通中，當我們說話時，同樣的一句話，用不同的語調來說，傳達的意義可能完全不同。你可以試試下面的練習。

A. 很生氣地說：「你真討人厭！」（用你最窮凶極惡的表情及聲調吼出來。）

B. 很撒嬌地說：「你真討人厭！」（用你最惹人憐愛的語調，拉著尾音說出來。）

顯然這兩種說話的方式傳遞的是不一樣的含義。然而，許多人卻往往不知道自己說話的聲音會不經意地洩漏出心情。例如，有人在接電話時，習慣性地大聲說：「喂！」很容易讓電話另一端的人還未開口，就已感覺到他有火氣。正因為我們的語氣能傳遞情緒，那麼，想讓自己變得樂觀，就請你先假裝你就是一個幸福的人，用很愉快的語調說話。這樣久了，也便成真了。總之，無論是抬頭挺胸，還是用愉快的聲音講話，都是為了透過我們的行為來改變態度。當我們有樂觀自信的行為，就會自然而然地影響我們的心理狀態了。

3.2 幸虧沒有更糟

保持樂觀的另一個秘訣是「幸虧沒有更糟」。「幸虧沒有更糟」是心理學博士張怡筠常常教的一條緩解煩惱的方法。生活中我們的抱怨無處不在，學會安慰自己「幸虧沒有更糟」是一個好方法。惱人的事情已經成為事實，如果再賠上糟糕的心情，那損失不僅不會減少，而且還會擴大。慶幸沒有更糟糕，調整看待事件的態度，用一個好心情開始後面的日子。例如，你穿上你新買的裙子，一輛車經過你旁邊，把髒水濺到了你身上，把你的新裙子給弄髒了，多糟糕的事情啊。如果運用「幸虧沒有更糟」這個緩解煩惱的技術，你可能會想，好車沒撞到我身上，只是把衣服弄髒了」。換個角度看問題，就可能大大緩解因為衣服弄髒引起的不愉快。美國一家超市總裁路易斯·劉就常常在他的工作和生活中運用「幸虧沒有更糟」這一方法。路易斯·劉的超市是德州10家最具競爭力的超市之一，其成功的秘訣那就是「幸虧沒有更糟」。路易斯超市的員工普遍反映，他們的總裁是個很樂觀很有寬容心的好人。在工作中出點紕漏，要是在別的超市，員工們可能就要被喝斥、被扣薪水甚至被解僱，但是路易斯·劉不會這麼幹，他總是安慰員工，沒什麼，小事情而已，幸虧沒有更糟。所以，大家工作起來更能放開手腳，幹勁也挺足，時刻想著要努力工作來回報總裁的寬容大度。「幸虧沒有更糟」，當我們在生活和工

作中遇到一些挫折和困難的時候,請千萬不要垂頭喪氣,要盡快忘記痛楚,儘量往好的方面去想,幸虧沒有更糟。

拓展閱讀

我們該怎樣表達憤怒

表達憤怒並不是稍有不順就火冒三丈,暴跳如雷,胡亂發洩,如果這樣做,不僅於事無補,反而會破壞溝通,對親密關係也是一種傷害,自己更得不到任何心理補償。在生活中,我們常聽到人們說「你要氣死我啊」「你讓我傷透心了」這樣的話,認為是別人讓我們憤怒,別人應該認錯或者受到責備。其實,根據前面所講的情緒ABC理論,我們生氣並不是因為他人的行為,而是表明了我們未充分滿足的需要。憤怒的價值,其實是提醒自己有未滿足的需要。那麼,當我們生氣的時候,我們該怎樣來表達我們的憤怒呢?

首先,當我們生氣之後,可以先停下來,深呼吸,什麼都別做。此時,我們特別要注意不要去指責或懲罰對方。以指責或者懲罰對方的方式去溝通,很難取得積極的回應,因為對大多人來說,被指責和懲罰使我們很難把注意力集中到滿足對方的需要上去。同時,指責和懲罰也不利於我們瞭解事實的真相,幫助我們更好地解決問題。即使問題得到了解決,也會產生新的問題。

其次,當我們深呼吸的時候,我們可以用心去體會,好好想想是什麼想法讓自己生氣的。例如,「這不公平!這是典型的歧視!」等等。接著,試著去瞭解自己想要滿足的需要。例如,你需要接納、尊重、被承認和認可等等。

最後,你可以用語言來表達自己的憤怒。憤怒的表達可以在充分認識到事情的不合理性和憤怒的必要性的基礎上,就事論事,並注意到表達的方式、語氣、態度。

複習鞏固

1. 情緒管理的常見錯誤有哪些?

2. 情緒ABC理論的內容是什麼?

3. 誘發無助益情緒的認知因素有哪些？

4. 如何有效地管理情緒？

本章小結

情緒有生理喚醒、主觀體驗、外部行為三個過程。依據情緒的性質可分為快樂、憤怒、恐懼、悲哀，依據情緒的狀態可分為心境、激情、應激。情緒對溝通有重大的影響：情緒上的感染力能使聽話者更容易信服；負面情緒誘發負面思維，使個人感知與實際情況產生差距。

性別、社會習俗、情緒智力、個性和父母的教養方式等影響情緒的表達。在溝通中注意辨認情緒、區分情緒和行為、用語言描述情緒、接納和尊重他人的情緒，能夠使自己的情緒得到尊重的同時，也不傷害他人。

認為情緒管理就是要將情緒發洩出來、消除負面情緒或者壓抑自己的情緒是情緒管理中常見的錯誤。情緒是我們生活的一部分，我們需要承認它、尊重它才能應對它。管理我們的情緒，需要特別注意無助益情緒。

本章關鍵詞語

情緒 情緒的類型 情緒的過程 情緒與溝通 影響情緒的因素 情緒的表達 無助益情緒 情緒 ABC 理論 情緒管理

章後練習

1. 關於情緒的敘述，下列說法不正確的是（ ）。

A. 指人們在內心活動過程中所產生的心理體驗

B. 人腦對客觀事物與人的需要之間的關係的反映

C. 人們在心理活動中，對客觀事物的態度體驗

D. 人們在心理活動中，對客觀世界的心理體驗

2. 「憂者見之則憂，喜者見之則喜」，這是受一個人的（ ）的影響所致。

A. 情操 B. 心境 C. 熱情 D. 應激

3. 依據情緒狀態分類，可以分為（ ）。

A. 情操 B. 心境 C. 激情 D. 應激

4. 當人處於應激狀態時會出現肌肉緊張、血壓升高等反應，這是情緒的（　）表現。

A. 主觀體驗　B. 外部表現　C. 生理喚醒　D. 行為反應

5. 依據情緒的性質，情緒分為（　）。

A. 喜怒哀樂　B. 喜怒哀懼　C. 酸甜苦辣　D. 悲歡離合

6. 情緒和情感是人對客觀事物的態度體驗及相應的行為反應，它是以（　）為中介的一種心理活動。

A. 對客觀事物的感知

B. 個體的願望和需要

C. 事物本身所具有的特性

D. 個體的能力與人格

7. 下面屬於情緒而不屬於情感的是（　）。

A. 對藝術作品的欣賞

B. 對國家的熱愛

C. 助人為樂的幸福感

D. 大學考試被錄取帶來的喜悅

8. 個性會影響情緒表達，下列不屬於個性方面的內容的是（　）。

A. 宜人性　B. 外向性　C. 神經質　D. 穩定性

9. 影響情緒表達的因素不包括（　）。

A. 性別　B. 年齡　C. 社會習俗　D. 情緒智力

10. 美國著名心理學家阿爾伯特·艾利斯提出了情緒的 ABC 理論，其中 A 代表（　），B 代表（　），C 代表（　）。

A. 信念　B. 激發事件　C. 行為後果　D. 直接原因

11. 情緒管理的錯誤不包括（　）。

A. 發洩情緒　B. 保持樂觀　C. 消除負面情緒　D. 壓抑情緒

12. 無助益情緒的來源不包括（　）。

A. 絕對化　B. 急於辯駁　C. 過度推理　D. 災難性的自我預言

13. 下列屬於絕對化典型的特徵的是（　）。

A. 抱怨思維　B. 糟糕思維　C. 從自己意願出發　D. 從他人意願出發

14. 心理的「人」，就是所謂的人格，不包括（　）。

A. 意志力　B. 認知　C. 情感　D. 注意力

15. 公開談論情緒時,你可以( )。
A. 責備對方 B. 開門見山 C. 加以掩飾 D. 口若懸河

第八章 溝通中的衝突及其應對

在人際溝通中，衝突是難以避免的。衝突既是溝通中的危機，也是改善關係的機會。在本章中，你將學習到：(1) 什麼是人際衝突，人際衝突有哪些特徵；(2) 哪些行為模式容易誘發衝突；(3) 實際生活中怎樣建設性地應對衝突。

第一節 溝通中的衝突

衝突在很多人眼裡是一個令人不悅的名詞，因為在人們關於衝突的大多數經驗中，衝突意味著麻煩。這種麻煩可大可小，也許是同學之間不愉快的爭執，也可能是國與國之間發起的戰爭。衝突的過程似乎總伴隨著尷尬、爭吵、冷戰、暴力。我們不得不承認，很多人在生活中都對衝突抱有敬而遠之的心態，但是對於每個人來說衝突都是不可避免的，生活中的每一個側面都可能存在它的身影。那麼衝突到底是什麼？衝突是否如我們所想總是有害的？本節中，我們將探討人際衝突的含義，並就人際衝突的某些特性做一些討論。

一、溝通中衝突的特徵

1. 衝突的要素

什麼是人際衝突？人際衝突是一種廣泛存在的社會現象，很多學者都對衝突提出自己的看法，這些看法在關注的焦點和闡述的角度存上在差異，Thomas 和 Rahim 就曾指出：「並不存在一個被普遍接受的衝突定義。著研究的深入，關於衝突的定義也在不斷發展。瓊斯認為衝突是一個人被迫做出兩個或更多個互不兼容的反應時所處的狀態。湯瑪士認為衝突是起始於參與者覺察到他人侵害或準備侵害自身利益的一個過程。Rahim，M.A. 認為衝突是社會實體內部或社會實體之間出現不相容、不調和或不一致的一種互動歷程。俞文釗認為衝突是由於工作群體或個人試圖滿足自身需要而使另一工作群體或個人受到挫折的社會心理現象。衝突表現為由於雙方的觀點、需要、慾望、利益或要求不兼容而引起的一種激烈爭鬥。特納認為衝突是「雙

方之間公開與直接的互動,在衝突的每一方的行動都是力圖阻止對方達到目標」。黃培倫認為衝突是「行為主體之間,由於目的、手段分歧而導致的行為對立狀態」。從上述觀點可以看出,衝突是一個過程,這個過程的主體可以是個人或群體;衝突是一種明確表達出來的分歧。

不同學者從不同的側面為人際衝突下了定義,這些定義在一定程度上都揭示了衝突的某些特徵。我們也可以列一份人際衝突清單,寫下人際衝突的背景、主題、主體、形式,歸納出人際衝突的特徵。

無論什麼形式的人際衝突,都存在共同的特徵。人際溝通學家威廉·威爾莫特和喬伊斯·霍克為人際衝突提供了一個廣泛的定義:兩個或兩個以上相互依賴的個體之間,感到彼此的目標不相匹配、資源不足以及彼此的行為對對方實現目標產生干擾的時候,所表現出來的明確的鬥爭。

根據威廉·威爾莫特和喬伊斯·霍克所提出的定義,我們可以仔細分析定義人際衝突所要具備的關鍵要素:明確表達出來的鬥爭、彼此間的相互依賴、感到目標的不匹配、感到資源的不足和來自對方的阻撓。

1.1 明確表達出來的鬥爭

人際衝突是一種外化的分歧,只有雙方都意識到矛盾的存在,並且對矛盾採取行動,衝突才會真正存在。例如,你可能很不喜歡某個明星的穿衣風格,但你們之間不一定會產生衝突,除非你採取某些行動讓明星瞭解到你對她的品位的不認同,衝突才會存在。衝突是明確表達出來的鬥爭,除了語言,還可以透過非語言的形式表現,例如諷刺的語調、不友善的目光、冷漠的迴避等。

1.2 彼此間的相互依賴

只有相互依賴的個體之間才會產生衝突,當個體彼此獨立,也就沒有產生衝突的需要。產生衝突是因為一方的行為會影響另一方的利益,這樣一層聯繫是衝突發生的前提。這也就是為什麼我們的生活中總是存在各種各樣的衝突,因為我們的生活依賴於與其他人、其他群體發生各種聯繫,這種聯繫存在於朋友、家人、組織、國家之間。彼此之間依賴的程度越高,產生衝突

的頻率也就可能越高,例如與父母、愛人、朋友之間產生衝突的機率高於與你的鄰居。

實際上,意識到衝突雙方彼此依賴,是建設性地處理衝突的前提。很多人在解決衝突的過程中把問題弄得越來越複雜,可能就是因為沒有意識到彼此相互依賴這一點,在應對衝突時採取的策略更為極端化。

1.3 感到目標的不匹配

衝突的導火線往往來自雙方意識到彼此的目標是不匹配的,這種不匹配不是單純地指目標不同,它還體現在雙方認為彼此的目標無法同時滿足,一方的獲得是以另一方的失去為前提。例如,你的室友參加歌唱比賽,想在寢室練歌;而你希望能在安靜的寢室裡為明天的考試熬夜複習。你們的目標是不匹配的,如果室友在寢室練歌,那麼你就不能有一個安靜的環境來複習;如果你得到安靜的環境,你的室友就將為該在哪裡練歌而頭疼了。

當然,目標匹配與否有時取決於雙方對目標的認知,這種認知受經驗的影響,即在目標並不是完全不相容的情況下,如果雙方能意識到可以在一定程度上滿足各自的目標,而不是只關注自己的目標,那麼衝突就能得到避免或是解決。例如,在上述的例子中,你可以和室友進行一次溝通,分配對寢室的使用時間,上午和晚上你可以進行自己的複習,而整個下午可以讓室友在寢室盡情地練歌。

1.4 感知到資源的不足

人際衝突的發生有時是因為人們感知到資源的不足,資源的不足通常體現在時間和金錢上。職場中員工與老闆之間常會發生衝突,這些衝突很多涉及時間與金錢。老闆總是希望員工花更多時間加班,員工則更希望有更多時間與家人在一起;員工希望能得到更多的工資,而老闆則更想用錢擴大生產。不只在職場中我們會感知到資源的不足,日常生活中我們也常常為怎樣分配和使用時間產生衝突。好不容易得到的假期究竟是和家人在一起,還是一個人享受休閒時光?你的妻子可能會希望你能和家人在一起相處,但你可能更想一個人放鬆一下。

1.5 來自對方的阻撓

存在分歧並不意味著衝突就會發生，只有當一方的需要因另一方的阻撓而得不到滿足時，衝突才會表現出來。例如，你喜歡鋼琴，但你的母親喜歡小提琴，你和你的母親之間存在分歧，這僅僅是你們在樂器喜好上的不同。但是，當你的母親要求你學習小提琴而不是鋼琴時，這種分歧才有可能轉變為衝突，你的需要因為母親的阻撓得不到滿足。

2. 衝突的維度

我們可以從三個維度進一步瞭解和認識衝突：內容維度、關係維度和程序維度。我們對一場衝突的認識與記憶大多是它的內容維度，即發生的衝突是圍繞什麼事件展開的，引起它的主題是什麼。但是對人際關係來說，有時衝突的關係維度更有意義。舉個例子，艾米和勞拉是室友，有一天艾米不在寢室，勞拉偷偷穿了她的裙子去參加一場聚會，結果不小心弄髒了。艾米回來後知道了這件事，很生氣地和勞拉進行爭論。勞拉覺得沒有爭論的必要，不過就是把她的衣服弄髒，洗乾淨就行了。她關注的是內容維度，即她弄髒了艾米的衣服。艾米卻不這樣認為，因為她更加關注的是這次衝突中的關係維度，即勞拉在沒有經過她同意的情況下就擅自穿她的衣服，這是一種不尊重她的表現。

關係維度很少涉及衝突的內容，它聚焦在雙方對彼此關係所產生的認知和情緒上，它更為重要，造成的影響也更深遠，受到傷害就很難修復。所以在處理衝突時，更多的是要處理好關係維度這個部分。

衝突的程序維度是指我們在處理衝突時希望採用的規則與程序。例如，艾米希望自己能和勞拉開誠布公地對這一衝突進行溝通，把雙方的想法都講出來，共同解決問題。勞拉卻希望雙方都不要再談論這件事，迴避衝突。她們在衝突的程序維度上是不一致的，這種不一致會導致她們很難處理彼此的衝突，溝通很難進行下去。

二、溝通中衝突的性質

很多人總把衝突看作麻煩的代名詞，認為它總是與負面情緒聯繫在一起，這是人們從過去經驗中得出的結論。但是，衝突是否真的如人們對它的印象那樣，有百害而無一利？是否可以透過某些策略來完全避免衝突？

1. 衝突是自然的

很多人常常覺得生活不如意，他們發現生活中充斥著各種各樣的衝突，這些衝突可能意味著他們的很多需求得不到滿足。所以很多為衝突所累的人幻想存在一個更為和諧的社會，人與人之間沒有或僅存在少數的衝突，每個人的需求都能得到滿足。就像老子「小國寡民」的思想，一個國家的疆域不要太大，人民不要太多，這樣人與人相處產生的衝突就會更少。但是，人是一種社會性的生物，不可能活在「真空」之中，我們總是與周圍的人發生著這樣那樣的聯繫，因為聯繫而產生依賴，衝突的發生也就存在可能。

衝突的存在是合理的，也是必須的。因為衝突的發生意味著我們的人際關係是彼此依賴、互相影響的。我們與不同的人存在著或近或遠的聯繫，無論彼此之間多麼互相包容，目標有多麼相近，都不能避免衝突，即使在家人、戀人、朋友之間依然存在衝突，所以衝突的發生是一件非常正常的事。

2. 衝突有利有弊

日常生活中的經驗讓我們對衝突所帶來的弊端深有體會，衝突造成的傷害有時不僅是情緒上的，我們的身體也可能受到衝突的影響。衝突會帶來焦慮，國家之間的衝突可能會引起戰爭，擾亂社會秩序，帶來經濟損失。家庭的衝突可能引起冷暴力，戀人之間的衝突可能帶來言語攻擊、身體攻擊。

那衝突是否如我們所想，沒有任何益處？仔細回想生活中發生過的衝突，我們對它更傾向於採取迴避，因為我們的經驗告訴我們，迴避衝突可以減少麻煩，獲得短暫的平靜。但是衝突是否一定會帶來不好的結果？我們可以這樣猜想，有時破壞人際關係的不是衝突本身，而是我們處理衝突的方式。衝突帶來的麻煩並不是它本身造成的，而是我們處理衝突的過程導致的，我們為解決衝突進行的溝通沒有取得想要的效果。如果我們在處理衝突時能採用

更有建設性的應對方式，就能得到更有收益的結果，而不是那些讓我們頭疼的麻煩。衝突就像一個信號彈，讓我們發現人際關係中存在的問題。當我們用富有建設性的應對方式，也許我們就可以從中獲得持續的收益，這些收益有時可以促進彼此之間的關係。就像上文中提到的例子，你想學鋼琴，而你的母親希望你學小提琴。在就學什麼樂器發生衝突之前，你們可能沒有就這個問題進行過溝通，你的母親可能按照自己的想法來做出決定，而這場衝突會讓你的母親瞭解到你喜歡什麼，你的需求是什麼，看到彼此之間存在的分歧，從而有處理分歧的可能。因此，衝突是可能帶來益處的。

3. 迴避衝突對溝通有嚴重的不良後果

一些人習慣在溝通中迴避衝突，他們認為，減少衝突是維持良好關係的方式。其實，這是對溝通中衝突處理的錯誤。例如，在婚姻關係中，一般人的直覺是，在夫妻關係中，夫妻吵架的頻率越高，則婚姻就越不幸福。然而，心理學的實證研究卻發現，痛苦的夫妻與幸福夫妻爭吵的頻率沒有顯著差異。換言之，那些幸福的夫妻之間爭吵的次數與那些不幸福的夫妻爭吵次數是一樣多的，不僅如此，他們吵架的內容也差不多，都集中在日常的瑣事上。綜合三十年的研究，他們發現，爭吵的頻率與內容不能完全決定夫妻是否離婚，長期避免衝突才是造成夫妻離婚的最重要的原因。因此，溝通中有衝突本身不是問題，我們怎麼去處理和應對衝突，才是問題的關鍵。

生活中的心理學

親密關係中的辯證張力

人們在生活中常常存在這樣一種體驗，感覺到自己與他人之間的關係進入了一種矛盾狀態，當然我們能意識到這種矛盾，但可能會感覺無法協調，無法找到一個適合的點以求得平衡。例如，有的人在希望能和某一個人保持親近關係的同時，又期望保有自己的獨立空間；樂於與他人保持穩定關係的同時，又希望這種關係中能有一些驚喜；有時候想要告訴對方自己的秘密，又想保留一些隱私。這些矛盾的心情就是關係學家所說的「辯證性矛盾」的狀態，即人對一種親密關係產生了多種訴求，而有時這些訴求同等重要卻又

相互排斥，為了實現這些訴求，我們就不得不陷入一種辯證的張力之中，不斷拉扯，不斷平衡。這些辯證張力在親密關係中是非常普遍的，通常體現為三類矛盾。

獨立與親密之間的矛盾。這一類辯證性矛盾在親子關係與夫妻關係中很容易發現。例如，在青春期時，孩子在希望與父母保持親密關係的同時，開始渴望獨立，獲得一種自主感。這時他們會陷入這種辯證性矛盾，而且可能會在兩極上來回搖擺，因為他們才剛剛開始學習怎樣去平衡它。夫妻之間也存在這樣一種張力，我們從與伴侶保持的親密聯繫中獲得滿足，但是太過親密又覺得無法呼吸，所以又渴望有自己的獨立空間。

公開與隱私之間的矛盾。從我們與朋友的交往中可以看到這種矛盾。例如，當朋友詢問你與丈夫之間的相處情況，因為她對你的關心，你可能很想告訴她關於你丈夫的事。但是因為可能涉及你丈夫的隱私，又希望能為他保密。

穩定與新奇之間的矛盾。每個人都希望與他人建立一種穩定的關係，但是在某些更為親密的關係例如夫妻關係中，太過穩定的關係有時候會讓人覺得乏味，沒有驚喜。然而當關係中充滿新奇時，又會讓人缺乏安定感。人們常說的「七年之癢」可能就是這種矛盾無法調和所帶來的結果。

辯證性矛盾為親密關係帶來考驗，需要去嘗試與發現，當我們能平衡好這些矛盾時，可能會讓彼此之間的關係變得更加牢固與堅韌。但是，如果這些矛盾無法找到一個適合的點，可能就會給我們的親密關係帶來傷害。

複習鞏固

1. 人際衝突的關鍵要素是什麼？

2. 我們可以從內容、關係和程序三個維度進一步瞭解和認識衝突，這三個維度的含義是什麼？

3. 衝突的性質有哪些？

第二節 溝通中誘發衝突的行為及其應對

一、容易誘發衝突的行為

　　衝突是一種個體和他人之間的互動，不僅僅取決於其中一方的行為方式。導致衝突的因素有很多，例如性別、文化等，都能夠導致衝突。然而，心理學的研究發現，一些行為特別容易誘發溝通中的衝突，從而影響我們的人際關係。例如，夫妻關係是日常生活中一種很重要的親密關係，大部分人一生中有很長一段時間都處於這樣一種關係中。被公認為對婚姻研究做出很大貢獻的學者高特曼夫婦，花費數十年的時間，對數千人進行實證研究，並曾花費十八年的時間長期追蹤其中六百五十對夫妻。他們在婚姻持久預測和婚姻指導上進行了深度研究，發現了一系列容易誘發婚姻衝突甚至導致離婚的行為。

　　哪些行為特別容易誘發溝通中的衝突，嚴重破壞人際關係呢？約翰·高特曼認為，夫妻間有四類嚴重破壞婚姻關係的行為：批評、輕蔑、防衛、築牆。他以《聖經·啟示錄》第六章中的「災禍四騎士」──「白」、「紅」、「黑」、「灰」四匹馬來比喻以上四類「婚姻終結者」。《聖經》中，每一匹馬出現時，都意味著會給世間帶來巨大的災難。婚姻中，上述每一種行為的出現都可能會給夫妻雙方造成極大的傷害。除了約翰·高特曼提出的導致婚姻破裂的「四大殺手」外，以丹佛大學的豪爾·馬克蒙博士為首的研究群體也對什麼樣的行為會造成夫妻關係破裂這一課題進行了研究，他們提出了婚姻的四大毒瘤：戰火升高、否定、負向詮釋、逃避。

　　從約翰·高特曼和豪爾·馬克蒙對婚姻的研究中，可以看出他們都認為夫妻間的互動中有幾類行為對婚姻的殺傷力不容忽視。旅美臨床心理學家黃維仁與約翰高特曼和豪爾馬克蒙兩位學者討論後，將他們的研究成果進行整理，提出了四大「愛情超級終結者」：(1)抱怨、批評、蔑視；(2)防衛；(3)築牆；(4)負面詮釋。我們認為，這四種行為不僅影響夫妻間的溝通，也容易誘發我們日常生活其他方面的衝突。

　　1. 抱怨、批評、蔑視

第二節 溝通中誘發衝突的行為及其應對

日常生活中,夫妻之間、朋友之間甚至父母與孩子之間總是充斥著各種各樣的事情,他們試圖透過溝通在這些事上達成一致,但有時因為各自的需要與期盼不同,或者在溝通中存在非良性互動,有些問題就得不到解決,進而對彼此產生失望、埋怨等情緒,抱怨也就不可避免。差異導致分歧,分歧引起抱怨,抱怨是生活的一部分。有時,抱怨並不是一件壞事。抱怨通常描述的是事實和感受,很少涉及對他人的評價,例如,「怎麼這麼晚才回來?飯菜都涼了,我也等得好餓啊!」「你買衣服能不能在降價的時候再買。」抱怨總體上對溝通和關係的影響較小,它讓溝通中的個體瞭解彼此的訴求,發現問題,解決問題。容易導致衝突的行為是持續的抱怨。短時間內抱怨次數太多,也相當具有殺傷力。例如,頭髮太長,好難看啊!今天你衣服顏色不對,和褲子不配。怎麼忘了幫我把乾洗店的衣服拿回來。一回家就看電視,怎麼也不到廚房來幫我一下。」聽話者聽到一連串的抱怨,心情自然大受影響。

不適宜的抱怨可能轉化為一種對對方的批評。當抱怨聚焦在對人的價值觀或者人格的判斷上,而不是針對衝突本身的內容時,抱怨就會表達出一種對對方的批評。例如,怎麼搞的,老是讓別人等你,讓別人遷就你。」這人真浪費,不曉得打折的時候去買啊。理學的研究指出,說出此類話語的說話者可能沒有惡意,但是當人聽到此類對其人格特徵進行判斷的句子時,容易產生被否定、不被尊重的感覺。

如果人格評價之外再加上攻擊性的詞彙,抱怨就變成更為嚴重的破壞關係、導致衝突的蔑視了。例如,妻子對丈夫為了應酬每天喝得醉醺醺這件事表達不滿。正常的抱怨可能只會說:知道應酬少不了要喝酒,但是你每次喝酒回來都是醉醺醺的,把孩子都吵醒了。而且我很擔心你的身體,你就不能少喝點嗎?」妻子對丈夫喝酒太多發出抱怨,但這種抱怨傳達出對丈夫的體諒和擔心,有利於和丈夫進行喝酒問題的溝通。而不適宜的抱怨可能就會說:天喝得醉醺醺的回來,你的應酬就那麼多?那怎麼到現在都沒有升遷,沒本事,再喝酒也喝不出個業績來……」這種抱怨變成一種批評,表達出對丈夫的輕視和否定,他的自我價值受到來自妻子的評價的威脅,容易引起丈夫的反擊。

從上面的例子可以看出，抱怨不一定引發衝突，但當抱怨含有對對方的價值和人格的否定與輕視時，就變成一種批評，而批評無疑會使溝通的焦點從對事件的討論轉移到對對方的攻擊和自我的防衛上，從而容易誘發溝通中的衝突，破壞關係。

2. 防衛

抱怨往往會帶來第二個危險信號「防衛反擊」。防衛的出現不是無緣無故的，只有我們受到攻擊或自認為受到攻擊時，才可能本能地出現防衛行為。

2.1 防衛產生的原因

一般說到防衛，很容易聯想到因為身體受到攻擊而採取防衛，但我們發現在愛情或者婚姻中有時並沒有身體攻擊，防衛行為卻時常出現。是什麼引起我們的防衛？

生活中，防衛總是出現在我們被否定、被批評之後，感受到來自對方的威脅，並且這種威脅指向我們的自我形象。在人際交往中，我們總試圖控制自己在他人眼中的形象，當對方接受並喜歡我們表現出來的自我形象時，我們能從中獲得滿足，並不會出現防衛行為。而當對方的言語或舉動流露出威脅我們自我形象的訊息時，一方面，我們的自我價值感會受到挑戰；另一方面，認知失調會帶來不一致感，這些令我們不舒服的感受本能地促使我們產生抗拒，防衛也就自然而然地產生了。這裡所說的認知失調，是指自我認知與對方表現出來的關於我們的認知在態度和行為上存在矛盾和衝突，這種衝突會帶來不一致感，從而迫使我們採取措施去消滅衝突。防衛在這裡就是一種有效並具有破壞性的手段，它能使我們在一定程度上擺脫不一致感帶來的難受，但相互防衛可能造成惡性循環，導致戰火升高。夫妻之間「翻舊帳」就是一種典型的相互防衛的現象，不停地攻擊對方，保護自己，使氣氛變得越來越緊張。「翻舊帳」對夫妻關係的破壞力比我們想像的大。

2.2 防衛時的行為表現

瞭解防衛產生的原因的同時，我們也有必要關注防衛出現時有哪些表現。瞭解這些表現有助於更清楚地看到我們生活中出現的防衛行為，從而有意識地控制它的出現並減少它帶來的傷害。黃維仁提出了三種防衛行為的表現。

(1) 當面臨衝突時，不肯承擔責任，不會道歉，把過錯推給別人，喜歡使自己扮演無辜角色，使對方不知不覺扮演迫害者角色。例如，不是你亂花錢，我會把錢偷偷藏起來？」不是你無理取鬧，我會和你吵架？」

(2) 看不到他人的有理之處，只急著指出對方的錯誤。例如，有什麼資格說我，至少我都是準時交作業的」。

(3) 一面保護自己，一面猛攻對方的弱點。例如，為什麼總是批評你，還不是因為你身上缺點太多，又不會吸取教訓」。

除了黃維仁提出的這三種防衛行為之外，也有一些其他的防衛行為。有些人在防衛時，會產生一些攻擊他人的行為。例如，在溝通中反唇相譏：很感謝在我休息的時候可以和你一起吃垃圾食品和看肥皂劇。們也會扭曲所聽到的批評進行自我防衛。例如，我們可能會借自己較強的一面掩飾自己較弱的一面。「我物理不好，但是語文還不錯。我們也會透過表現出無助和不能做的樣子，來掩飾我們實際上不想做的意圖，用「不行」替換「不要」。例如，想和你建立親密關係，但是我試了很多次，就是不行。」

防衛在我們的自我保護中有其存在的價值，但它也在保護的過程中帶來很多無形的傷害。我們往往只把焦點放在自己被攻擊、受傷害上，從而拒絕理智地看待問題，沒有試圖去理解對方的想法，誤會變得越來越深，「翻舊帳」的現象也就不可避免地出現，讓當前的衝突變得更加不可調和。

2.3 防衛的類型

日常生活中，防衛的身影隨處可見，它可能藏在我們的話語中，也可能躲在我們的行為裡，有時候我們可能沒有意識到自己的言行都存在防衛的色彩。下面，我們對防衛的類型進行說明，分析防衛的身影會隱藏在哪裡。

2.3.1 迴避

迴避是一種消極的防衛，試圖透過某些方式來躲避那些讓自己受到傷害的訊息。例如，當遭受到來自伴侶的連續攻擊或批評時，離開溝通現場，不與對方待在同一個空間，物理上直接阻止自己受到攻擊。這種防衛可能會帶來更糟糕的情況，因為這種拒絕的姿態常常是表明「我不想理你」「我討厭你，不想與你說話」，而這些無疑會給對方帶來更多的傷害，引起更強烈的不滿情緒。現代心理學的研究已經證實，避免衝突反而會帶來更大的衝突。除了離開現場外，我們也會透過壓抑或是表示漠不關心來隔離威脅自我價值的訊息，這是一種體現在心理上的防衛。防衛者透過假裝沒有注意到這些威脅訊息，若無其事地繼續其他的話題，壓抑自己內心體驗到的傷害，或是承認這些訊息，但是偽裝出一種不在乎的表象，讓自己看上去完全不受影響，從根本上說也是壓抑傷害，假裝堅強。還有一種「逃避」的防衛，假壓抑真反擊，就是在受到傷害時把情感壓抑下來，然後在不具威脅的場景中發洩出來，以擺脫挫折感，獲得平衡。

2.3.2 反擊

反擊是一種積極的防衛，但這種防衛常常帶來戰火升高的結果。這裡的反擊，主要是指口頭上的反擊，用語言上的侵犯來實現防衛。這種防衛是透過貶低別人抬高自己，來獲得心理上的平衡。例如，妻子說：為什麼又要換手機，現在這個手機買了半年都不到，完全沒有問題。而且一部手機就是幾千塊，你把錢都拿去買這種多餘的東西，我們到底還要不要過日子。丈夫馬上反擊說：怎麼不說說你自己，你的衣櫃都已經擠得什麼都裝不下了，你還三天兩頭買衣服，一件衣服也是好幾千，家裡的大部分錢都花在你的衣服上。你有什麼資格來說我。」接下來可能就是夫妻之間相互「翻舊帳」，最終可能會偏離溝通的初衷。

2.3.3 找藉口

找藉口是一種看似積極實則消極的防衛，因為這種防衛存在推卸責任的意味。它常常含有幾種形態，例如合理化、補償。合理化就是我們最常用的防衛，表達出一種做這個決定與自己的意願無關、只與現實有關的意思，從而為自己不被接受的行為提出一種合理的解釋。例如：又不是真的喜歡抽菸，

但是工作壓力大,不抽菸工作怎麼完得成。」真的想幫你這個忙,但是我再怎麼學也肯定達不到你的要求。」買衣服還不是為了你,我穿得漂亮你就有面子。一種找藉口的防衛就是補償,透過其他方面的給予來彌補自己受到攻擊的部分。例如,妻子埋怨丈夫說:居然忘了昨天是我的生日,我做好飯一直等你,等到菜都涼了你才回來。」丈夫說:不是故意忘的,你不是喜歡那一家店的包包嗎,我特意去買了一個給你,你看看喜歡嗎?」丈夫用送禮物的方式彌補忘記妻子生日的事,防止來自妻子的埋怨。

3. 築牆

築牆從字面意思理解就是在溝通雙方之間樹立一道牆,使溝透過程中斷。我們經常在日常生活中看到溝通中的一方採取這種方式。例如,妻子站在一旁不停地指責丈夫的過錯,丈夫坐在沙發上一言不發,感受到丈夫的沉默,妻子怒火更加高漲。在爭吵的過程中,一方急著與對方溝通,希望得到回應解決問題,而另一方急著把自己封閉起來,逃避讓自己感到敏感不安的話題。從日常生活中,我們可以看到逃避的幾種形態:打岔,提出新的話題,企圖轉移對方的注意力;頻頻點頭,用敷衍的態度應付對方的提問,希望對方盡快停止交談; ;不回答,不正視對方,不給予對方回應等。溝透過程中出現築牆,有時看上去是使衝突得到暫停,防止爭吵的局面出現,但當築牆的出現不是為了暫時冷靜理清思緒,而是拒絕溝通,可能會使衝突更難以消除。

溝通受到築牆的阻礙,會讓說的一方體驗到一種強烈的挫折感,這種挫折感會帶來更多的憤怒,從而加劇矛盾。有研究發現,在婚姻中,當丈夫對衝突採取築牆時,妻子的心跳與血壓都會急劇上升,因為這種逃避行為對她而言意味著否定和拒絕,這會給她帶來極大的傷害和威脅。

4. 負面詮釋

當抱怨、批評、蔑視、防衛、築牆等經常出現在人際溝通中時,負面詮釋就很容易出現,導致衝突。人的行為依賴於經驗,試想當婚姻充斥著否定、防衛、逃避,雙方都感受到來自對方的排斥、冷漠,內心對婚姻幸福度的評價還會剩多少分?生活中不斷積累的傷害遮蓋了雙方的眼睛,看不到對方做出的努力,甚至在對對方行為進行解讀的過程中存在惡意猜想,衝突在不良

的互動中愈演愈烈。負面詮釋也容易出現鏡像效應。所謂鏡像效應，就是不正確的認知佔了主導，在自己預設的錯誤認知的框架內「過濾」有關對方的訊息，把那些能夠證明自己的預設的訊息留下，常常無意識地過濾那些同自己的預設相悖的訊息，而思維的慣性進一步加強了鏡像效應的生命力，在這個過程中錯誤認知又不斷地被再生產。例如，最近幾個月夫妻之間關係比較緊張，丈夫想緩和一下彼此之間的氣氛，特意邀請妻子出去吃晚餐，沒想到妻子收到邀請後的反應不是高興而是充滿懷疑，說：約我出去是想和我談離婚的問題吧，我就知道你不想和我過了，就這麼急著擺脫我！當惡意懷疑的種子埋下，整個婚姻生活就會染上黑暗的色彩，夫妻雙方對婚姻的認知就會進入痛苦、沒有希望的區域。

　　以上是在溝通中容易導致衝突發生的幾種行為，這些行為具有強大的殺傷力，對關係造成的威脅不可估量。在這裡，我們不是說這些行為出現就一定意味著關係會破裂。有些學者的研究發現，幸福和不幸福的婚姻中以上幾種行為都會出現，只是在幸福的婚姻中這些行為是偶發的，他們能意識到這些行為所帶來的傷害，並且能採取具有建設性的方式來應對。而不幸福的婚姻中，夫妻之間會讓這些導致衝突的行為反覆出現，讓溝通陷入一種惡性循環，像一個死結把彼此纏住，無法解脫。

二、建設性地處理溝通中的衝突

　　現實生活可能帶給我們很多關於衝突的不良經驗，但是衝突也讓我們發現問題，使改變成為可能；衝突帶來的結果可能並不取決於衝突本身，而是與你處理衝突的方式有關。例如，衝突發生時，我們容易被情緒所掌控，有時甚至會失去理智，這時就衝突進行的溝通可能不是為了處理問題，更多帶有發洩情緒的色彩。因此，在情緒激化的狀態下，想要理性分析衝突中的種種因素是很難辦到的，所以關於衝突的溝通應該在事態稍顯平息之後開始進行。在衝突時，能採取客觀分析的態度，找到衝突的根源，使雙方在一定程度上達成共識；在衝突中，帶著責任感來看待衝突，強調自己在解決衝突中的責任，對此形成責任感，擺脫固有立場的束縛，承認衝突不只是別人的過

錯，解決衝突也不是在幫助別人收拾爛攤子。以上解決衝突的行為和態度，可以稱為「建設性地處理衝突」。

所謂建設性地處理衝突，是指衝突的處理必須著眼未來，考慮事態的長遠發展，有利於人際關係的維繫和發展。建設性地處理衝突，與情緒化、慣有的處理方式不同，需要更理性，需要個人更多的努力。建設性地處理衝突的技巧有很多，以下著重介紹幾個方面：避免心理防衛、自信應對批評、勇於道歉、雙贏方法、重視衝突的情境。

1. 避免心理防衛

溝通中產生衝突，容易導致人際關係的緊張狀態，處理不當則容易導致衝突升級，使溝通的效率受到影響，嚴重的甚至會破壞關係。在衝突中產生心理防衛，把責任都歸於感到被威脅的人身上，過分地保護自己的自尊，那麼，溝通雙方則很難坦誠地溝通，衝突難以在對立的氛圍中得到解決。建設性地處理衝突，可以採用支持性的溝通方式，避免心理防衛所導致的隔閡與敵意。支持行為包括採取描述式溝通、面對問題、平等協商等方法，使對方得到心理支持，有助於衝突的化解。

1.1 不妄加評論，採用描述性溝通

言語是情感的一種載體，言語表達常常帶有強弱不等的感情色彩，褒貶都體現了較為強烈的價值偏向。在人際溝通中，多採用描述性溝通而非評價性溝通，較有利於化解衝突。描述性溝通側重描述自己的想法和觀點，主要採用「我」句式，針對自己，重點闡述自己的感受和想法。而評價式溝通側重價值判斷，句子中經常包含有「你」，反映的是說話者的價值取向，是對另一方價值取向高低的評定。每個人都有自尊，都有自己所認同的自我價值，公開質疑一個人的能力、價值觀等，很容易引發他人防禦心理。如果溝通雙方地位平等，評價別人會給人一種身處高位的印象，容易引發高度的心理防禦。如果評論含有負性的訊息，則容易使聽話者覺得自尊受損，產生反感和牴觸情緒。

評價性溝通常常是對立和衝突的導火線，而採用描述性溝通，能緩和溝通的緊張氣氛，使問題得到更好的解決。例如，在溝通中，評價性溝通「你知不知道你究竟在說什麼？」「這地方真亂！」容易誘發聽話者的防衛，如果改用描述性的溝通「我不明白你所要表達的意思。」如果你不打掃，我們的生活會很髒亂，這點讓我有點生氣」可能會大大減少衝突。

在進行描述性溝通時，說話者真誠而不掩飾能造成更好的效果。真誠的表達意味著在溝通中不操縱對方，也不能為了獲得別人的信任與同情而故意表現得很真誠。有些人故意把坦白溝通作為一種達成自己目標的手段。例如，在夫妻和戀人之間經常會出現這樣的場面。一個對另一個說：你看看，我就為了愛你，放棄在美國高薪的工作；我就為了這個家，才這麼拚命地掙錢養家，所以你必須對我好。在這種對話中，說話者也可以說得很真誠，但其行為的本質，卻是以「愛」的名義進行的強制性控制，讓他人按照自己的意願去做。這種溝通模式，即使是真誠的，也會對他人產生一種被強迫、被勒索的感受，並不利於溝通。真正的描述性溝通，是誠實地表達自己內心真實的想法，同時不操縱他人或隱藏自己的目標。

1.2 面對問題

衝突情境下，企圖控制一切，指責對方未盡責任，是另一種引發心理防禦的方式。在溝通中相互指責，爭論對錯，試圖控制對方，對於解決衝突沒有積極意義。有時人際溝通之所以產生衝突，只是因為溝通雙方立場不同、人生經驗不同而已，是沒有什麼對錯可言的。溝通的目的是什麼，這在一定程度上決定瞭解決衝突的目標和方法。為了更好地解決人際衝突，溝通應該立足現在，著眼未來，共同尋找最優的解決方法。因此，在溝通中，與其判斷誰對誰錯，控制對方，還不如面對問題，以解決問題為導向。例如，你有一個重要的電話要等，希望別人不要使用你的電話，你如果說「你接下來兩小時最好離電話遠一點」，這樣容易引起他人的心理防衛，不如說「我在等一個重要的電話，想麻煩你一下，讓電話暫時保持暢通不佔線」更為恰當。

在溝通中面對問題，要注意避免支配性的話語。支配性話語的主要特點是不顧他人的需要和興趣，自顧自地解釋和決定事情。例如，照我的話去做，

事情就會成功,有一個方法來解決問題了,這就是……。控制是親密關係的敵人,在溝通中也是如此。支配性話語容易引起他人的心理防衛,導致溝通中的衝突。問題導向的衝突應對方式應該更加理性,把溝通的焦點集中於滿足他人和自己的需求,讓每個人都有良好的結果,讓每個人都覺得自己是贏家。

1.3 平等協商

人際衝突的解決有賴於衝突各方的共同努力,平等協商是良好溝通的前提。優秀的溝通者都是平等地對待溝通對象,爭取相互尊重,在此基礎上進行深入的瞭解。而自高一等的架勢顯示出一種內心的優越感,這種「別人都不如我」的姿態極易招致人的反感,良好的溝通根本無從談起。高傲和優越感營造了一種競爭和對立的氛圍,各方難以全身心投入衝突解決中,不利於衝突的化解。

相信自己完全正確、認為自己的方法是唯一正確的方法、堅持認為自己知道全部事實,這些行為和態度都容易引發他人的防衛,因為這樣的溝通者把注意力集中在自己所持的觀點上,漠視了他人的觀點,也漠視他人觀點的重要性,容易使聽話者覺得自己受到冒犯,轉而採用防衛行為。而協商的方式不容易誘發心理防衛,尊重他人的意見,當他人的意見看起來更合理的時候也能改變自己的立場,這樣更容易溝通,更容易化解溝通中的衝突,使問題更容易得到解決。

2. 自信地面對批評

每個人都可能面對過別人的指責和批評。有的人會被動地回應批評,他們可能會變得沉默寡言、臉紅、哭泣或者逃離,也可能假裝沒有聽到批評者說的什麼,或者為了避免衝突迅速地同意批評者說的每件事情。如果自認為沒有過錯,無端遭受一陣責難,會感受到一種不公正感。被動地對他人的批評做出回應,則可能抑制憤怒,使個體感到抑鬱。如果你立刻以牙還牙,進行言語回擊,這會讓你和你的批評者互相對立,從而招致更多的批評,使衝突升級,對於解決衝突有害無益。批評和詆毀有太多差別,更算不上攻擊。而每當人們在批評和攻擊之間畫上了等號,強烈的情緒衝動便完全佔據了優

勢，失去了清晰的邏輯思考。在情緒化的回擊之前，或許會喪失理智，使你根本不會去考慮這種衝動行為的後果。建設性的應對方法是先弄清事實，然後表示一定的贊同和支持。

2.1 澄清事實

面對批評時，人們習慣性地進行反擊，往往忽視了批評的內容，也沒有認真考慮過內容是否真實。在並不清楚衝突內容的前提下回擊對方，衝動地發洩情緒，不顧一切為自己辯護，這不是明智之舉。對方的批評，有時會嚴重脫離事實，有時會在表達上出現偏差，也可能出現自己對對方的用意產生錯誤理解。因此，在遭受批評時，首先澄清事實很重要，這是進一步行動的必要依據。

澄清事實之前，有必要讓對方充分表達，不要急著說出你的看法。聽取別人的批評是有價值的，可以大概瞭解其批評的內容，也許其中不乏中肯的評價。透過兩種角度的對比，能更全面地看待相關事情，對自己的立場也有更清晰的認識。

有時，對方的批評是極為概括的。例如，「你不值得信任！」這個人簡直無法理喻……」，諸如此類的批評，除了傳達出一種否認的態度外，缺乏批評的具體依據，此時應該將問題具體化。具體化可以採取提問的方式，挑出批評中你認為批評者感覺最強烈的部分。例如，詢問對方「是什麼讓你覺得我不值得信任？」「是什麼讓你覺得我不可理喻？」。而「你到底想說什麼？」「我做的有什麼問題嗎？」之類的問題不僅本身過於籠統，而且聽起來會讓對方感覺你有防禦性，會阻礙批評者表達真正的感覺和希望。

除了直接提問，還可以採用先猜測後引導的方法，逐步向事實靠近。針對批評中的線索，有意識地引導對方逐步深入話題，得到更多具體訊息。一旦有了線索，自己可以依據經驗猜測對方所指的事情，然後嘗試引導話題，證實自己的猜想。

2.2 考慮批評者的觀點

除了關注事實本身，還不能忽視批評者。如果執著於自己的立場，很在意別人的評價，批評更可能導致衝突。讓批評者提供一個具體的例子，仔細傾聽並判斷他的感覺、想法和希望。批評者的言語透露出其需求，這些需求才是其批評的關鍵，需要加以關注。動機體現了需求，知曉對方的需求有助於溝通，儘量不浪費時間和精力。例如，如果別人心煩意亂，隨意指責，此時便不必十分在意批評的內容，因為此時批評更像是在發洩煩惱。而如果別人十分鄭重地曆數你的過錯，此時就不得不傾聽具體內容了。瞭解對方為什麼採取批評的溝通方式，需要對溝通情境、對方的個性、批評方式等具有敏銳的覺察力。關注批評者，可以提供更多有關批評的訊息，減少與別人對立的可能性。

對批評者的關注有多種具體形式，可以採取積極傾聽，也可以圍繞對方展開話題，一些小動作也能傳達積極的信號。換一個角度看問題，積極地傾聽，嘗試客觀地解釋批評者的用意。通常，批評者發現有人在傾聽自己的抱怨時，態度會相對溫和。考慮批評者的觀點，更加體現了足夠的尊重，是對外界批評的積極應對。

2.3 接受批評

如果對方的批評很有道理，與事實相符，此時最有利於解決衝突的自然是接受批評。建設性的批評能夠幫助你提高自我。當你犯了錯誤的時候，建設性的批評可以理解為對你行為的一種積極的回饋，可以幫助你學習如何不再犯這個錯誤。有時你受到的批評沒有建設性，但卻是正確的。當你接受你所受到的批評時，不管它是有建設性的批評還是只是一個沒有必要的提醒，你都要承認批評者是正確的。同意對方批評的事實，真誠地面對批評，這也是對別人的尊重。

有時你受到的批評是你不同意的、非建設性的、操縱性的批評，這些批評的目的是為了貶低你。那麼，你也可以在堅持自己觀點的同時，發現批評中你可以同意的某些東西，使批評者冷靜下來，繼續交流一些重要的問題或是結束對話。接受批評並不是卑躬屈膝，低人一等，而是勇敢地正視自己的問題。

批評者：你講了這麼長時間的故事，無非是在賣弄自己。

回應：我理解你的看法，我一直喜歡聊自己的經歷。

上面對批評者的回應並不具有攻擊性，理解對方的批評，但並不表示為被批評的事情負責。接受批評，依然可以保留自己的立場，在平等的基礎上相互溝通。

可以從批評者說的內容中找出一些你同意的部分，例如，找出一部分事實並且承認他們是正確的，忽視其餘的批評。修改批評者使用的絕對化的詞，例如「總是」不，重新說出你同意的句子，但是不要扭曲批評者最初的意思。

批評者：你總是在玩遊戲，你一天不玩遊戲，日子就沒法過了啊！

回應：是的，我玩遊戲的時間比較多。

同樣，我們也可以理解批評者的感受。此時，你並不需要認同批評者的結論，而是試著站在批評者的角度，以他們的眼光看問題，回應他們的情緒。

批評者：我不完全相信你現在頭痛，我覺得你只是不想洗碗。

回應：我完全理解你為什麼這麼想，我的確不喜歡洗碗，但我現在真的是頭痛。

個性成熟的人不會否認自己的不足和所犯錯誤，這是積極的生活方式。很多人雖然口頭上接受批評，但不一定真實，言語中透露出怨氣，心有不甘，一些表達方式顯得很勉強，如「你對，你對，我錯了」，大家都能察覺到這是在敷衍。接受批評往往和道歉聯繫在一起，承認對方的批評，如有必要還應該主動道歉，以消除衝突的負面影響。

3. 學會道歉

我們是否曾為一段關係的無法挽回感到遺憾？很多時候，我們明白自己的失誤，只要道個歉，衝突就能消除，但就是怎樣都說不出口。為什麼有時候做出了道歉的行為，對方卻沒有給予想要的回應？說出道歉很難，道歉被對方接受很難，這一重重的困難似乎讓道歉堵在喉裡，欲吐不能。

人們不喜歡道歉，因為道歉意味著要承擔責任，要承認自己的不完美。但是沒有道歉，憤怒就會聚集。衝突帶來的創傷如何撫平？受損的關係如何修復？內心的內疚感如何減輕？衝突已經發生，並帶來不好的結果，我們為此產生負面的情感，但這不意味著我們對這些結果只能照單全收，我們可以用道歉去彌補那些已經造成的傷害。

其實很多人已經感受到了道歉在生活中所扮演的重要角色，但是依然無法在需要道歉的情境中，做出道歉的行為。這可能是因為我們在成長過程中受外在文化的影響，生活在一個不習慣道歉的環境中，我們很難把道歉內化為自己的行為模式。但是，很慶幸，道歉是一門能被學習的藝術，我們可以學會道歉。

享譽全球的婚戀輔導專家蓋瑞·查普曼博士和詹妮弗·湯瑪士博士對道歉進行了研究，發現道歉包含5個最主要的方面，他們稱其為道歉的5種語言。下文中，我們將對這5種道歉的語言進行說明，透過瞭解和使用這些語言來處理衝突造成的關係後遺症。當然，你也可以試著從中發現自己偏愛的道歉語言。

3.1 表達歉意

人們道歉時最常說的一句話是「對不起」，透過語言向對方表達自己內心的歉意。這種歉意的表達是情感上的，為自己的行為對對方造成傷害，感到深深的內疚和痛苦。但道歉不只是說「對不起」，人們更在乎的是「對不起」三個字後面的歉意與誠意。道歉始於懷有歉疚之意，但我們也能在生活中發現，有些人只是將「對不起」當作道歉的代名詞，說出來只是為了避免更多麻煩，敷衍了事。這種敷衍的道歉毫無誠意，當接受歉意的人從中感覺到對方表達歉意的目的是想停止爭論，而不是認識到對自己造成的傷害而心生內疚，新一輪的怒火也就有了導火線，人際衝突的解決也就無從談起。

那麼，什麼樣的道歉是有誠意的？

甲：你不是答應過我今天晚上的聚會絕對不會遲到的嗎？

乙：對不起，但是你真的把聚會的時間安排得太早了。

在說了「對不起」之後，馬上說出自己的藉口，甚至把錯誤歸結到對方的頭上，這種道歉不會顯得真誠，反而給人逃避責任之感。即使有正當的理由時，可以在道歉之後，另找合適的時機進行說明，而不必當場進行爭辯。

真誠的道歉不應該作為要求對方同樣表達歉意的籌碼。我們不能在表達歉意的同時，迫使對方做出相同的回應。例如，都為自己愛亂花錢的習慣向你道歉了，你為什麼不為自己不做家務感到抱歉？;

真情流露的道歉才會是真誠的，表明已經意識到自己的錯誤，願意為自己的過錯承擔責任。但是在表達的過程中，準確的語言表達是必要的，「對不起」並不是萬能的道歉語句，應該具體談論自己的行為，並對給對方造成的傷害表示歉意。

3.2 承認過錯

「你以為說一句『對不起』就可以了？」並不完全是一句玩笑話。「對不起」是一種最為常見的道歉語言，但對某些人來說，傷害不是一句「對不起」就能撫平的。除了表達歉意，他們還需要對方承認自己的過錯，真正知道自己的某些行為是錯誤的。

很多人不願主動道歉、承認過錯，是源於內心過於強烈的自尊感和面子觀念。人們似乎存在這樣一種觀念：道歉即弱者，有損自尊，是一件令人羞恥的事。道歉意味著退讓和弱勢，因此，人們會對是否道歉猶豫不決。有時候迫不得已道歉，但又心有不甘，常常一邊道歉，一邊自我辯解。這種表達歉意的方式很難讓人覺得真誠，容易引起當事人的反感。

承認自己的過錯，在衝突過程中做出讓步，可以讓矛盾得以緩解。一個人真誠地承認過錯，應該首先在心底承認自己的錯誤，並透過言語表達出來，讓對方知道。承認錯誤，對自己的所作所為負責，意味著敢於承擔責任。認錯時不要只是不停地說「我錯了」，說出自己的錯誤之處更能讓對方感受到你道歉的誠意。承認錯誤並不是流於形式的敷衍行為，真誠而具體的言語表達是不可或缺的內容。

3.3 彌補過失

平等公正的觀念深深紮根於人們的腦海中，在人際關係中，破壞公平就等於破壞了隱性的心理契約，成為人際衝突的導火線。道歉，是一種做出補償的行為，追求心理上的平衡。道歉之後的補償或積極改變就是天平一端的籌碼，達到一種心理上的平衡。

道歉的誠意沒有一個客觀衡量的標準，有的人認為表達歉意就足以說明其誠意；有的人則要聽到對方承認了自己的過錯才會感受到道歉的誠意；有的人要看到對方對自己的過錯進行彌補和補償，才會相信對方道歉的真誠。一個人如果真心為對別人造成傷害感到抱歉，他的內疚心與公平感就會促使他盡自己所能去彌補。當然，有些錯誤可以直接進行彌補，但有些無法挽回的過失就只能從其他方面彌補。

彌補過失除了獲得心理上的平衡之外，也表達著這樣一種意義，即在乎並且重視彼此之間的這一段關係。雖然發生過衝突，並對對方造成傷害，但他們還是渴望能有機會彌補，修復彼此受到傷害的關係。

3.4 真誠悔改

實際生活中，大多數道歉都以口頭表達歉意而結束，似乎這成為人們習慣的道歉模式。但有時說出了一句「對不起」，也勇敢地承認了自己的過錯，人際衝突卻不一定得到徹底解決。如一個人經常遲到，每次遲到之後總是誠懇地道歉並承認自己的錯誤，你會信任此人嗎？恐怕不會，經驗告訴我們此人很可能下次繼續遲到。一個人可以隨口說出「對不起」，可以承認自己失責，卻不一定做出相應的改變。下一次遲到，衝突依然存在，問題依然沒有得到解決。

千里之堤，潰於蟻穴。人際衝突的問題，常常是由於人們對細節的忽視。一次次地重蹈覆轍，實際是在削弱下一次道歉的真誠度，增加解決衝突的困難。不做出主動改變，之前獲得的信任就蕩然無存，這是口頭道歉失敗的重要原因。在有些人看來，道歉不應該只是口頭說說，而應該拿出行動，只有在行為上做出表示，道歉才會顯得真誠。很多夫妻為雞毛蒜皮的小事發生爭吵，發現自己不對的地方也的確會向對方承認錯誤，但是下次依然再犯。這種口頭承認、行為不改的道歉，會讓平復下來的怒火再一次升溫。所以在這

個時候，道歉除了說出「對不起」之外，還應該表明這樣一種意思：「我錯了，責任在我，我應該做出改變。」過行動傳達說服力，改變是道歉真誠度最好的指標。

這種道歉語言叫做「真誠悔改」，偏愛這種道歉語言的人需要的不只是對方承認自己的錯誤，他們更想看到對方在行為方式上的改變，只有行為上的轉變才能讓他們看到道歉的誠意。

「真誠悔改」包括兩個層面：一是「悔」，向對方說出自己的歉意，並表達自己改變的意願；二是「改」，真正在行為上做出改變。這兩者缺一不可。悔改是發自內心的，我們發現自己傷害了所愛之人，不想這樣錯下去，所以希望做出行為的改變，並向對方說出這個決定。這種做出改變的決定，表明我們不再為自己的過錯找藉口，而是為自己的行為承擔全部責任。有的人可能認為說的都是虛的，不如直接做，於是沒有向對方說明自己想要改變的意願。但是我們不說出來，對方就不能接收到我們內疚及想改變的訊息，他們可能會沉浸在對我們屢教不改的失望中。也許很久之後，他們會看到你的變化，但他們可能還不知道促使你改變的原因。

我們向對方表達悔改之心時，也可以真誠地告訴對方，有的改變對自己來說是困難的，可能自己無法一下子就改好，但是真的願意去改變，希望他們對我們能有耐心。當他們知道我們願意做出改變，便會感受到道歉的真誠，因而就會原諒我們，而不需要等到改變真正發生之後。

3.5 請求原諒

在整個道歉過程中，這是最容易忽視的部分。很多人在表達歉意後，覺得自己竭盡全力了，就順其自然地等待結果的出現。但除了被動地等待結果，道歉一方還可以做得更多，比如主動請求原諒。

通常，我們總是習慣性地忽視請求原諒的重要性。在大眾的思維中，道歉是有求於人，第一步就請求原諒太過冒失，容易適得其反，很難顯得有誠意。但是，在表達歉意和承認錯誤之後，在恰當的時機提出這種請求，正好

可以體現自己修復關係的誠意。當然，請求原諒的前提是認識到自己的錯誤，在言語上表達歉意，行為上做出改變。

道歉是一門生活中的學問，每個人都可以很好地掌握其中的要領，靈活運用。每一種語言都很重要，但對個人來說，每個人都有自己偏好的道歉語言，其中一兩種語言在溝通中會比其他的更有效。聽到自己喜愛的道歉語言，更容易消除隔閡，拉近心理距離。說出對方偏愛的道歉語言，會更容易獲得原諒。相反，用對方不偏愛的道歉語言，對方會很難判斷你的道歉是否真誠，可能無法獲得你期望的回應。瞭解別人偏愛的道歉語言，對衝突後的關係修復具有很大的作用。

想一想，自己在接受道歉時，最希望聽到什麼內容。一句簡單的「對不起」是否已足夠？是否需要承認過失，是否需要彌補過失，是否需要改變行為習慣，是否需要主動請求諒解，這些都因人因事而異。每個人都有自己偏好的道歉方式，對不同的人道歉時，同一種表達的作用並不相同。人際溝通的過程中，知道別人偏愛的道歉語言會讓溝通更有效，對關係的維繫也大有裨益。

4. 雙贏方法

4.1 雙贏的界定

人際衝突的具體表現形式可能有無數種，但依據衝突的理論模型，解決衝突的方式卻是相對有限的。湯瑪士從自負和合作性兩個維度，將人際衝突處理模式劃分為五種類型：(1) 競爭，雙方只都考慮自己的利益，爭奪資源或權力；(2) 逃避，對衝突抱悲觀的態度，不考慮別人的利益，也不關心自己的得失，不面對衝突；(3) 退讓，犧牲自己的利益以滿足對方的要求，換取人際關係的和諧 ；；(4) 折衷，雙方做出讓步，各自犧牲一部分利益，讓雙方的目標都能得到部分滿足；(5) 合作，雙方為瞭解決衝突共同努力，考慮雙方的利益，實現共贏。

雙贏是一種更具建設性的處理衝突的方法。雙贏的最終目的是找到讓衝突雙方都滿意的解決之道，將雙方的利益都考慮在內，引起了雙方解決衝突

的積極性，不再聚焦於各自的得失，而是聚焦於問題的解決，這是雙贏方法的優勢之一。雙贏創設了一種情境，衝突各方集中精力，共同參與問題解決。在合作過程中，不再僅僅圍繞「我的得失如何」，也不是一味考慮對方的立場而做出犧牲，雙方的平等是其基本前提。

4.2 雙贏的衝突處理模式

雙贏的方法顯然需要更多的冷靜與思考，這讓開始試著用雙贏的方法解決衝突的人們感到有些困難，但當人們熟悉並已靈活掌握這種方法後，就可以運用該方法在人際交往中更為理性地解決衝突，給人際交往帶來很大的益處。溝通是相互的，人際交往也是相互的，一方咄咄逼人，另一方自然難以平心靜氣；如果一方主動採取建設性的衝突處理方法，也就為雙贏的實現打開了大門。那雙贏這種建設性的衝突處理方式究竟是怎樣實現的呢？研究人際關係的學者曾對具體的步驟進行過研究，把處理衝突的步驟分為確認問題、確認雙方的需求、考慮雙方的觀點、探討具體方法並實施、檢驗效果等步驟。

4.2.1 明確自己的問題和需要

發現衝突的具體來源，可以更加清晰地認識到各方的需求，解決衝突的方向才會更明確。在雙贏的衝突處理模式中，首先要對自己的需求做一個分析，明確你的需求是內容維度上的還是關係維度上的。同時，你還必須明確這樣一點，即引起衝突的問題都是「你的問題」，是你覺得室友在寢室唱歌打擾你學習，是「你」認為和合夥人在利潤分配上不公平，而你的室友或者合夥人可能不認為在這些方面存在任何問題。帶著這是解決「你的問題」的態度來處理衝突，溝通的立場和語言可能就會有很大不同。

在明確自己的問題和需要後，我們就需要找到合適的時機進入處理衝突的溝透過程。這一點很重要，有些衝突其實只要溝通清楚就能很好地解決，但因為溝通的時機沒選好，衝突對象沒有平靜下來或沒有做好溝通的準備，那麼本來可以解決的問題可能就會以爭吵結束。所以，在你確定問題後希望能與對方進行溝通時，試著向對方確認現在是否是適合解決問題的時機。如果對方同意，那就可以進入溝透過程；如果對方認為現在的時間不適合，那雙方就再商定一個確切的、適合的時間。

4.2.2 描述自己的問題和需要

衝突發生的根源是我們的某些需求因為對方的阻撓得不到滿足，為了更好地處理衝突，我們不僅要明確自己的問題和需要，還應該讓對方瞭解我們的問題和需要，這樣為解決衝突而進行的溝通才會明確而富有成效。

如果不把我們的需求說出來，對方可能僅僅對衝突的表面問題做出回應，而忽略我們真正的需求。例如，妻子抱怨最近一段時間辛苦做好了菜，丈夫卻沒按時回到家。表面上她似乎在抱怨自己辛苦做的飯菜丈夫沒有珍惜，但她真正的需求是希望與丈夫能有更多相處的時間。如果妻子在與丈夫的溝通中，只是一味地表達對於丈夫沒有按時回家吃飯的抱怨，丈夫就可能會感到委屈，自己是為了賺錢養家才這樣拚命工作的，自己也很不想晚回家。所以在溝通中，我們應該準確地描述自己的問題和需要，並且要確定對方瞭解你所說的內容。

當然，怎樣描述自己的需要以使對方更清楚地接收到你的訊息，以及怎樣驗證對方是否真的瞭解你的意思，都是需要注意的。用描述性的語言說出你的感受、問題與需求，而不是情緒性的或評價性的，會更容易被對方傾聽並接受。

4.2.3 考慮對方的觀點

溝通是一個人際互動過程，雙方平等地參與其中。雙贏這種衝突處理模式的最終目的就是找到一種滿足彼此的需求的方式，在我們表達自己的需要之後，考慮別人的需求也是不可或缺的。除了達到溝通的公平性，考慮對方的觀點也有利於雙贏的實現。當對方在溝通中看到自己的需求被關注、被尊重，積極性就會更高，在處理衝突中的配合度也會更高。當然，考慮對方的觀點之前，你需要確認自己確實理解了對方想要表達的意思。

4.2.4 討論解決方法

各方的需求已經得到明晰，接下來就應該著手確定方法，即找到一個切實可行的方法滿足雙方的需要。首先集思廣益，寫出所有具有可行性的方案，儘可能多地提出意見和想法。之後需要對這些方案進行評估，在這個過程中，

需要每一方都表達出關於這些方案的真實意見，直到找到一個似乎能讓參與者都滿意的方案。這裡的「似乎」表達的含義是，這是一個可修改、可變化的靈活方案，因為在方案真正實行的過程中，可能會有新的因素需要進行考慮。方案的可行性與有效性是確保雙贏實現的關鍵。

4.2.5 檢驗方案的效果

方案實施後，考察方案的效果也是必不可少的，這是後續行動的基礎和前提。如果雙贏的解決方法效果不理想，就需要從全局考慮方案的內容，找到導致失敗的步驟。必要時需要重新思考，甚至重新制訂解訂方案，直到獲得參與者都滿意的溝通結果。

但是在現實生活中，人們解決人際衝突時，會不會把雙贏策略時時列為首選？答案不言而喻，這是不可能也是不必要的。雙贏需要理性地參與，需要對事件進行精細的分析，需要找到一種讓雙方都滿意的方案，這意味著達到雙贏需要的時間、精力往往會更多。同時，人們在選擇應對衝突的方式時，會去衡量這段關係是否值得付出努力去尋求解決之道，而且在某些情境中雙贏是很難達到的。

5. 重視衝突的情境

在處理衝突的過程中，使用哪種衝突處理模式有時並不取決於處理模式本身的優劣，而是取決於衝突的情境。我們在生活中也有這樣的體會。舉一個例子。「囚徒困境」講述的是一個有關博弈的故事，兩名嫌疑犯作案後被警方抓獲，警方分別審理兩人。警察分別告訴他們，如果兩人都否認有罪，各判刑一年；如果只有一人否認，則否認者被判十年，坦白者被釋放；如果雙方都坦白，則各判八年。顯然，在這個例子當中，最好的方法就是合作，雙方都否認有罪，這樣就只各判刑一年。但實際的結果卻並不是這樣，兩個嫌疑犯都選擇坦白，都被判了八年。這是因為不管同夥選擇什麼，每個囚徒的最優選擇是坦白。如果同夥否認有罪，而自己坦白的話就能得到釋放，不坦白的話判一年；如果同夥坦白，自己也坦白的話判八年，而不坦白就會判十年。為什麼明明在可能雙贏的情況下，人們卻選擇放棄合作？這是因為參與者不確定對方選擇某一選項的機率，於是傾向於理智地分析，試圖尋找一

個「不敗」的選項，即無論對方選擇什麼，自己都能立於不敗之地，雖然這個可能不是最優，但卻是最「安全」的選擇。「囚徒困境」為我們展示了情境因素對人們選擇衝突處理模式的影響。衝突的應對方式必須和具體情境相匹配，每一種應對方式都有其應用範圍。當然這並沒有否認雙贏這種衝突處理模式本身的建設性。

前文已經提到過衝突的應對方式可分為五種：競爭、逃避、退讓、妥協、合作，這裡的合作就是指雙贏。合作的衝突互動方式更有建設性，但不是說其他的互動方式都是不好的。例如，逃避實質上並未解決衝突，衝突各方之間的矛盾並未消除。然而逃避問題，不主動解決衝突，在一些情況下也是可取的。例如，當衝突涉及的主題並不重要，或解決衝突的代價太高時，退讓會產生一輸一贏的局面。如果這段人際關係對自己很重要，在爭執中人們就會更容易做出讓步，讓關係得以維繫。另外，如果衝突主題對對方更加重要，對自己意義不大時，輸贏已不再重要，做出讓步也更容易。

總之，每一種互動方式都有它適應的衝突情境，選擇哪種衝突應對方式取決於衝突者對關係的評價、衝突的情境以及衝突者的目標等，不存在唯一正確的解決衝突的方法。

複習鞏固

　　1. 哪些行為容易誘發溝通中的衝突？

　　2. 如何建設性地解決溝通中的衝突？

本章小結

溝通中的衝突是兩個或兩個以上相互依賴的個體之間，感到彼此的目標不相匹配、資源的不足以及彼此的行為對對方達成目標產生干擾的時候，所表現出來的明確的鬥爭。明確表達出來的鬥爭、彼此間的相互依賴、感到目標的不匹配、感到資源的不足和來自對方的阻撓，構成了溝通中衝突的關鍵要素。同時，衝突包括內容維度、關係維度和程序維度三個維度。

衝突在溝通中是自然而然出現的，是有利有弊的。衝突會使身心緊張、影響我們的生活，嚴重的甚至能導致戰爭，但是，衝突也能使我們發現生活中的問題，如果能良好地解決衝突，衝突反而會給我們帶來益處。心理學的研究已經證明，衝突本身不是問題，迴避衝突才是問題。

四種行為類型特別容易在溝通中誘發衝突：(1) 抱怨、批評、蔑視；(2) 防衛；(3) 築牆；(4) 負面詮釋。在溝通中從有利於人際關係的維繫和發展的角度建設性地解決衝突，則需要我們避免心理防衛、自信應對批評、勇於道歉、採用雙贏方法並重視衝突的情境。

本章關鍵詞語

衝突 衝突的特徵 衝突的維度 衝突的性質 誘發衝突的行為 道歉的五種語言 衝突的處理模式

章後練習

1. 下列哪個選項不屬於衝突的維度？(　　)
A. 強度維度 B. 內容維度 C. 關係維度 D. 程序維度
2. 下列哪些是本書中提到的親密關係的四大「愛情超級終結者」？(　　)
A. 打岔 B. 築牆 C. 批評 D. 負面詮釋 E. 防衛 F. 爭吵
3. 防衛的表現有哪些？(　　)
A. 不肯承擔責任，不會道歉，把過錯推給別人，喜歡使自己扮演無辜角色，使對方不知不覺扮演迫害者角色
B. 看不到伴侶的有理之處，只急著指出對方的錯誤
C. 一面保護自己，一面猛攻對方之弱點
D. 用懷疑或惡意的眼光揣測對方的行為和態度
4. 下列哪些屬於防衛的類型？(　　)
A. 迴避 B. 打岔 C. 反擊 D. 找理由
5. 與防衛行為評價性溝通相對立的支持性溝通是下列哪項？(　　)
A. 問題導向溝通 B. 同理心 C. 協商 D. 描述式溝通
6. 下列哪項屬於問題導向的溝通？(　　)

A. 這份任務按這樣的安排進行是最合適的

B. 今天的晚餐我已經定好餐廳了，我們就在那裡吃

C. 因為發現一些問題，一會兒我們可以對任務細節再商量一下嗎

D. 你最好在我回來之前把家裡打掃乾淨

7. 下列哪些屬於築牆的表現？（　　）

A. 打岔，提出新的話題，企圖轉移對方的注意力

B. 頻頻點頭，用敷衍的態度應付對方的提問，希望對方盡快滿意停止交談

C. 假裝有事，離開現場

D. 不回答，不正視對方，不給予對方回應

8. 下列哪些是文中提到的建設性地解決衝突的技巧？（　　）

A. 避免心理防衛 B. 應對批評 C. 勇於道歉 D. 傾聽 E. 雙贏

9. 下列哪個不屬於親密關係中存在的辯證張力？（　　）

A. 獨立與親密 B. 公開與隱私 C. 穩定與新奇 D. 討好與批評

10. 研究者湯瑪士根據自負和合作性兩個維度，將人際衝突處理模式劃分為哪幾種類型？（　　）

A. 競爭 B. 逃避 C. 退讓 D. 折中 E. 合作 F. 爭論 G. 拒絕

11. 下列哪些選項屬於道歉的藝術？（　　）

A. 表達歉意 B. 承認過錯 C. 彌補過失 D. 真誠悔改 E. 請求原諒

12. 雙贏方法的具體步驟包括以下哪幾個方面？（　　）

A. 明確自己的問題和需要

B. 描述自己的問題與需要

C. 考慮對方的觀點

D. 討論解決方法

E. 檢驗方案效果

13. 辨析：衝突是不是一定會帶來不好的結果？

14. 辨析：雙贏是處理衝突最好的選擇。

附錄一 參考答案

第一章

第一節 節後複習鞏固

1. 溝通對我們的生理和心理健康具有重要的作用，還是良好人際交往的基礎，是自我認同與自我成長的途徑，是事業成功的得力助手。

2. 通常整個溝透過程由七個要素組成，包括訊息源、訊息、通道、訊息接收者、回饋、障礙和背景。

3. 人際溝通的主要類型包括：語詞溝通和非語詞溝通、口語溝通和書面溝通、有意溝通和無意溝通、正式溝通與非正式溝通、個人內溝通和人際溝通。

第二節 節後複習鞏固

1. 溝通中常見的錯誤：一是沒有考慮到每個人對問題的看法不同；二是過分看重對等。常見的困惑包括溝通中是否應無條件贊同對方、是否需要不斷讓步和是否等對方先主動。

2. 擺脫偏見、持開放態度、放棄對等、不受意見不一的影響、認識到讓步不是必須，積極主動地參與溝通，能幫助我們進行良好的溝通。

3. 溝通的基本準則包括保持理智與情感的平衡，試圖理解對方，做決定之前徵求和傾聽對方的意見，讓人信賴，不強迫，接受他人。

章後練習題

1.BC 2.ABCD 3.A 4.B 5.ABCD 6.ABCD 7.ABCDEF ；8.ABCD ；9. 說話是個人或群體之間僅僅將訊息進行了傳遞，而僅僅是訊息的傳遞並不能稱之為溝通。 10.「相互之間不說話」並不意味著關係已經破裂；「無所不談」也並不表明雙方關係很親密。良好溝通不必以良好友誼為前提。

第二章

第一節 節後複習鞏固

1. 人際知覺對溝通的影響一是體現在投射效應上,二是體現在滲入人際知覺的情感因素上。

2. 人際知覺中對溝通容易產生影響的典型心理效應包括首因效應、近因效應、暈輪效應、知覺定式、自我中心和情緒效應。

3. 枕頭法有5個基本的步驟,包括:(1) 立場一:我對你錯; ;(2) 立場二:我錯你對; ;(3) 立場三:雙方都對,但雙方也都有錯;(4) 立場四:這個問題不重要;(5) 結論:四個立場都有道理。

第二節 節後複習鞏固

1. 自我概念是由反映評價、社會比較和自我感覺三部分構成。自我概念具有自我引導、自我解釋、自我期望和自我歸因的作用。

2. 自我表露的益處包括增加自我認知與自我認同、維持和加強親密關係、情緒宣洩和促進交流。自我表露有時也是有風險的。我們可能會被拒絕。當你透露了一些別人不知道的事情,可能這些訊息會導致他人對你的反感。

3. 自信的溝通是以直接、堅定、積極甚至在必要時以堅持的態度進行真誠自在的表達,並且在這種表達中重視促進人際關係平等、維護自己的利益和行使自己的權利的同時不踐踏他人的權利進行溝通為特點的。

章後練習題

1.C 2.A 3.D 4.D 5.A BC 6.ABCD 7.ACE 8.B 9.ABCD 10.ABE 11.ABCDE 12.D ;13. 錯。知覺定式既有積極的一面,也有消極的一面。積極的一面表現為可以簡化認知過程,提高認知效率。消極的一面表現為知覺定式往往有偏差,容易產生先入為主的錯誤。

第三章

第一節 節後複習鞏固

1. 傾聽包含需要全身心投入關注別人的講話內容、對聽到的訊息進行重組和處理的是口頭的訊息。

2. 根據 HURIER 模型，傾聽包含聽、理解、記憶、解釋、評價和回應 6 個階段，這 6 個階段在傾聽過程中沒有嚴格的先後順序，但通常都包含在傾聽過程中。

3. 根據傾聽的目的，可以劃分為諮詢性傾聽、批判性傾聽和設身處地的傾聽。

4. 根據傾聽的方式，可以劃分為他人導向型、行動導向型、內容導向型和時間導向型四種類型的傾聽。

第二節 節後複習鞏固

1. 傾聽中常見的障礙有比較、猜測心思、演練、選擇性傾聽、評判、注意力分散、感同身受、勸告、爭辯、自以為是、打岔和安撫。

2. 常見的導致無效傾聽的原因包括噪音和不良身體狀況、訊息量過大、思維速度、努力程度、認知因素、缺乏訓練和媒體的影響。

3. 有效傾聽的核心主要是把握兩個層面的內容：(1) 全面收集訊息；(2) 適時作出恰當的反應。

章後練習題

1.B 2.C 3.B 4.A 5.C 6.C 7.B 8.A 9.A 10.A

第四章

第一節 節後複習鞏固

1. 語言是用來進行意義交流的符號，是長期交流中形成的規則系統。

2. 言對溝通的影響可以體現在以下幾個方面：(1) 語言會影響會話的權利形態；(2) 不同的人稱代詞能蘊含不同的含義。

3. 語言溝通中使用人稱代詞的基本原則是：使用「我」字的語言沒有反映出自私、自誇，使用「你」字不應摻雜對他人的評判而應是讚美、關懷，使用「我們」的語言包含他人而非代表他人。

第二節 節後複習鞏固

1. 語言溝通包含四個方面的內容：感知到的、想到的、感受到的、所需要的。

2. 影響語言清晰表達的因素有訊息混淆、模棱兩可、暗示、越界。

3. 清晰有效完整地表達和注意說話的用詞能幫助我們改善語言的應用。

第三節 節後複習鞏固

1. 肯定性溝通是給溝通對象傳遞有價值的溝通，表達的是對他人的讚賞與尊重。重視表達、承認和贊同對方能促進肯定性溝通。

2. 在溝通中及時給予對方讚許和肯定、使用疑問句來替代祈使句、開門見山和延遲回覆都能在一定程度上給溝通對象保留面子。

3. 語言說服可以採用錨定、利用登門檻效應、互惠、社會確認等方式。

4. 語言的濫用包括說謊和冒犯性語言。

章後練習題

1.ABCD 2.D 3.D 4.A 5.B 6.D

判斷辨析題 1. 對 2. 錯。說謊只須具備訊息的傳遞者知道訊息是虛假的、訊息的傳遞者必須有意識地傳遞訊息和訊息的傳遞者必須是企圖讓接受者相信所傳遞的內容這三個方面的要素，而說謊者本身作為訊息的傳遞者是不可能相信一個並不真實的謊言的。

第五章

第一節 節後複習鞏固

1. 非語言訊息在溝通中可以傳遞訊息、傳遞人與人之間個人關係的信號和有自我保護的作用。

2. 非語言交流有形象直觀、行為動作豐富多樣、同時具有確定和不確定兩個方面的特徵，這些特點使其在溝通中扮演獨特的角色。

3. 社會文化差異、性別和個性對非語言交流有顯著的影響。

4. 非語言交流是無意識的、具有原始性與自發性，因此傳遞的訊息很難與內心違背，因此具有確定性的一面；但是，非語言訊息傳遞的訊息也容易被誤判，同一種動作姿勢，在不同的社會文化背景下可能代表不同的內涵與意義，這些因素又體現了非語言交流的不確定。

第二節 節後複習鞏固

1. 肢體語言包括眼神、臉部微表情和肢體動作等。

2. 距離、話題、人際關係、個性、戴墨鏡或者反光鏡等會影響眼神交流。

章後練習題

1.ABD 2.ABCD 3.ABCD 4.A 5.ABCD 6.A 7.ABCD 8.ABCDE 9. B 10.ABCD 11.C 12.D

13. 這是錯誤的。非語言特徵的確能準確地傳遞一些內心隱秘的心理，但非語言特徵在不同文化、不同情境中也會有不同的解讀。這些因素也會使非語言溝通變得不清晰。

第六章

第一節 節後複習鞏固

1. 女兩性溝通模式的差異主要體現在三個方面：(1) 男性比女性更傾向於採用權力型的說話方式；(2) 在談話中男性傾向於解決問題，而女性則傾向於表達情緒；(3) 男性傾向於工具性談話，女性傾向於表意性談話。

2.，需要優先注意：(1) 注意身份地位，尊重獨立性；(2) 明確立場，關注事實，將注意力集中於要解決的問題上；(3) 表達尊重。

3. 需要優先注意：(1) 建立聯繫，避免對方孤獨、被排斥；(2) 共情傾聽，關注情緒；(3) 時常表示關懷，保障安全感。

第二節 節後複習鞏固

1. 根據霍夫斯塔德的理論，不同文化的人的價值觀差異體現在權力距離、個人主義和集體主義、男性價值還是女性價值、不確定性規避這幾個方面。

2. 語言因素、溝通風格、非語言因素、民族中心主義、思維模式等方面都容易導致跨文化溝通的不順暢。

章後練習題

1. D 2. D 3. B 4. C 5. C 6. B 7. A 8. B 9. D 10. C

第七章

第一節 節後複習鞏固

1. 情緒分為基本情緒和複雜情緒；依據情緒狀態，情緒可分為心境、激情與應激。

2. 美國心理學家伊扎德認為，情緒包括生理層面上的生理喚醒、認知層面上的主觀體驗、表達層面上的外部行為。當情緒產生時，這三個層面共同活動，構成一個完整的情緒體驗過程。

3. 緒對溝通的影響主要體現在兩個方面：情緒上的感染力能決定溝通的效率與影響的力度、強烈情緒對溝通和人際關係有不良影響。

第二節 節後複習鞏固

1. 性別、社會習俗、情緒智力、個性以及父母的教養方式等，都會影響情緒的表達。

2. 在溝通中表達情緒，需要我們首先辨認情緒、能夠區分情緒與行為，然後學會用語言來表達情緒，同時也要學會尊重和接納他人的情緒。

第三節 節後複習鞏固

1. 為情緒管理就是要發洩情緒、消除負面情緒或者壓抑自己的情緒是情緒管理中常見的錯誤。

2.ABC 理論是美國著名心理學家阿爾伯特·艾利斯於 20 世紀 50 年代提出的用於解釋人的情緒來源的理論。該理論認為，人們的情緒及行為反應與人們對事物的想法、看法有關。

激發事件 A(activatingevent 的第一個英文字母) 只是引發情緒和行為後果 C(consequence 的第一個英文字母) 的間接原因，而引起 C 的直接原因則是個體對激發事件 A 的認知和評價而產生的信念 B(belief 的第一個英文字母)。

3. 知覺對化、過度推論和災難性自我預言都容易在認知上誘發我們的無助益情緒。

4. 理解和談論情緒、用積極與理性的角度看待消極事件、保持樂觀的態度有助於我們有效地管理情緒。

章後練習題

1.D 2.B 3.BCD 4.C 5. B 6.B 7.D 8.D 9.B 10.BAC 11. B 12.B ；13.C 14.D 15.B

第八章

第一節 節後複習鞏固

1. 人際衝突所具備的關鍵要素：明確表達出來的鬥爭、彼此間的相互依賴、感到目標的不匹配、感到資源的不足和來自對方的阻撓。

2. 衝突的內容維度即發生的衝突是圍繞什麼事件展開的，引起它的主題是什麼；關係維度聚焦在雙方對彼此關係所產生的認知和情緒上；程序維度是指我們在處理衝突時希望採用的規則與程序。

3. 衝突是自然產生的、是有利有弊的，迴避衝突對溝通有嚴重的不良後果。

第二節 節後複習鞏固

1. 四類行為特別容易引發溝通中的衝突：(1) 抱怨、批評、蔑視；(2) 防衛；(3) 築牆；(4) 負面詮釋。

2. 建設性地解決溝通中的衝突，需要避免心理防衛、自信面對批評、學會道歉、在溝通中建設性的採用雙贏的方法，並重視衝突所在情境。

章後練習題

1.A 2.BCDE 3.ABC 4.ACD 5.D 6.C 7.ABD 8.ABCE 9.D；10.ABCDE 11.ABCDE 12.ABCDE

13. 不一定。衝突帶來的結果好壞不取決於衝突本身，而是處理衝突的方式。當採取建設性的衝突應對方式，可能會獲得持續性的收益。

14. 不一定。雙贏在很多情況下會是一種處理衝突的好方法。但在選擇哪種處理衝突的方式上會受到具體情境的影響。

第二節 溝通中誘發衝突的行為及其應對

國家圖書館出版品預行編目（CIP）資料

溝通心理學 / 龍長權, 張婷 主編. -- 第一版.
-- 臺北市：崧博出版：崧燁文化發行, 2019.06
　　面；　公分
POD 版
ISBN 978-957-735-887-5(平裝)

1. 溝通 2. 傳播心理學

177.1　　　　　　　　　　　　　　　108008567

書　　名：溝通心理學
作　　者：龍長權, 張婷 主編
發 行 人：黃振庭
出 版 者：崧博出版事業有限公司
發 行 者：崧燁文化事業有限公司
E - m a i l：sonbookservice@gmail.com
粉 絲 頁：　　　　　　網　址：
地　　址：台北市中正區重慶南路一段六十一號八樓 815 室
8F.-815, No.61, Sec. 1, Chongqing S. Rd., Zhongzheng
Dist., Taipei City 100, Taiwan (R.O.C.)
電　　話：(02)2370-3310 傳　真：(02) 2370-3210
總 經 銷：紅螞蟻圖書有限公司
地　　址：台北市內湖區舊宗路二段 121 巷 19 號
電　　話:02-2795-3656 傳真:02-2795-4100　　網址：
印　　刷：京峯彩色印刷有限公司（京峰數位）

　　本書版權為西南師範大學出版社所有授權崧博出版事業股份有限公司獨家發行
　電子書及繁體書繁體字版。若有其他相關權利及授權需求請與本公司聯繫。

定　　價：450 元
發行日期：2019 年 06 月第一版
◎ 本書以 POD 印製發行